U0137882

POLITICAL
PHILOSOPHY
IN THE
TWENTIETH
CENTURY

二十世纪
政治哲学

[美]凯瑟琳·扎克特（Catherine Zuckert）◎编

赵 柯 钱一栋 陈哲泓◎译

华东师范大学出版社

·上海·

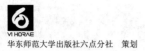

华东师范大学出版社六点分社　策划

目　录

第三部分　自由主义政治哲学的复兴

第四部分　对自由主义的批判

作者简介

露丝·阿比(Ruth Abbey),诺特丹大学政治科学副教授。她是 *Nietzsche's Middle Period* 和 *Philosophy Now*：*Charles Taylor* 两书的作者,也是 *Contemporary Philosophy in Focus*：*Charles Taylor* 的编者。

迈克尔·培根(Michael Bacon)是伦敦大学皇家霍洛威学院政治理论讲师。他是 *Richard Rorty*：*Pragmatism and Political Liberalism* 的作者,并撰写了多篇有关罗蒂、实证主义和自由民主制的文章。

约瑟夫·布蒂吉格(Joseph Buttigieg)是诺特丹大学英语专业 William R. Kenan Jr. 教授,同时担任意大利研究副主任。他是国际葛兰西学会(International Gramsci Society)主席,并且是安东尼奥·葛兰西多卷本评注版 *Prison Notebooks* 的编者和译者。

约翰·M.菲尼斯(John M. Finnis)是牛津大学法律与法哲学荣休教授,诺特丹大学法学 Biolchini Family 教授。菲尼斯是 H. L. A.哈特最出名的学生之一,也是英国国家学术院成员。菲尼斯著作等身,包括 *Natural Law and Natural Rights*。

大卫·福特(David Fott)是内华达大学拉斯维加斯分校政治科学副教授,同时担任 Great Works Academic Certificate 项目主任。

他著有 *John Dewey：America's Philosopher of Democracy*，并撰写了有关杜威、西塞罗、马基雅维利、孟德斯鸠、美国总统以及简·奥斯汀的多篇文章。

提摩西·富勒（Timothy Fuller）是科罗拉多学院政治科学 Lloyd E. Worner 杰出贡献教授。他发表了多篇论文，并编辑出版了大量著作，包括 *Reassessing the Liberal State；Leading and Leadership；The Voice of Liberal Learning：Michael Oakeshott on Education；Michael Oakeshott on Religion，Politics，and the Moral Life；Something of Great Constancy：Essays in Honor of the Memory of J. Glenn Gray*。

威廉·高尔斯顿（William Galston）是布鲁金斯学会（Brookings Institution）治理研究 Ezra K. Zilkha 主席。他著有 *Justice and the Human Good；Liberal Purposes；Liberal Pluralism：The Implications of Value Pluralism for Political Theory and Practice*，其中第五章详细阐述了以赛亚·伯林的自由主义思想。

埃里克·马克（Eric Mack）是杜兰大学哲学教授。他是 Continuum 出版社"Major Conservative and Libertarian Thinkers"书系中 *Locke* 一书的作者，并撰写了多篇有关道德权利基础、财产权与分配正义、强制机关合法限度的文章。

亚瑟·马迪根（Arthur Madigan），耶稣会士，波士顿学院哲学系教授、系主任。他在 *Ancient Philosophy* 上发表了"Plato，Aristotle，and Professor MacIntyre"一文，并著有关于阿芙罗蒂西亚的亚历山大（Alexander of Aphrodisias）和亚里士多德《形而上学》的著作。

威廉·莱昂·迈克布莱德（William Leon McBride）是普渡大学 Arthur G. Hansen 哲学杰出教授，同时担任国际哲学团体联合会（International Federation of Philosophical Societies）主席。他著有 *Social and Political Philosophy；Sartre's Political Theory；Philosophical Reflections on the Changes in Eastern Europe；From Yugoslav Praxis to Global Pathos*：*Anti-Hegemonic Post-Post-Marxist Essays*。

阿伦·米楚曼（Alan Milchman）与 Alan Rosenberg 一同编辑出版了 *Foucault and Heidegger*：*Critical Encounter*；*Postmodernism and the Holocaust*；*Martin Heidegger and the Holocaust*。他是纽约城市大学皇后学院政治科学讲师。

沃尔特·尼克戈尔斯基（Walter Nicgorski）是诺特丹大学"Program of Liberal Studies"教授，政治科学系兼职教授。他有关西塞罗、人文素质教育、美国建国、列奥·施特劳斯和阿兰·布鲁姆的文章被多部文集收录，并刊载在 *Political Theory*、*Interpretation*、*Political Science Reviewer* 等期刊上。他也是 *The Review of Politics* 的前任主编。

阿伦·罗森博格（Alan Rosenberg）与 Alan Milchman 合作编辑了 *Foucault and Heidegger*：*Critical Encounter*；*Postmodernism and the Holocaust*；*Martin Heidegger and the Holocaust*。他是纽约城市大学皇后学院的哲学教授。

埃利斯·桑多兹（Ellis Sandoz）是路易斯安那州立大学政治科学 Hermann Moyse Jr. 杰出教授，同时担任埃里克·沃格林研究中心（Eric Voegelin Institute）美国文艺复兴研究主任，并创建了埃里克·沃格林学会。他编辑出版了 *The Collected Works of Eric Voegelin*（34 卷），并编辑或撰写了 20 本书，包括 *Political Apocalypse*：*A Study of Dostoevsky's Grand Inquisitor*；*Republicanism*，*Religion*，*and the Soul of America*。

威廉·E. 绍伊尔曼（William E. Scheuerman）是印第安纳大学伯明顿分校政治科学教授。他著有 *Between the Norm and the Exception*：*The Frankfurt School and the Rule of Law*；*Carl Schmitt*：*The End of Law*；*Frankfurt School Perspectives on Globalization*；*Hans J. Morgenthau*：*Realism and Beyond*。

史蒂文·史密斯（Steven B. Smith）是耶鲁大学政治科学 Alfred Cowles 教授，布兰福德学院院长。他最近出版的著作有 *Spinoza*, *Liberalism*, *and the Question of Jewish Identity*；*Spinoza's Book of Life*；*Reading Leo Strauss*；*The Cambridge Companion to Leo Strauss*。

特雷西·斯特朗(Tracy B. Strong)是加利福尼亚大学圣地亚哥分校政治科学杰出教授。他著有 *Friedrich Nietzsche and the Politics of Transfiguration*，并撰写了卡尔·施米特《政治的概念》一书导言"Dimensions of the New Debate around Carl Schmitt"，以及施米特《政治的神学：主权学说四论》一书的前言。

达娜·维拉(Dana R. Villa)是诺特丹大学政治科学 Packey J. Dee 教授。他著有 *Arendt and Heidegger*：*The Fate of the Political*；*Socratic Citizenship*；*Public Freedom*；*Politics*, *Philosophy*, *Terror*：*Essays on the Thought of Hannah Arendt*。他还是 *Cambridge Companion to Arendt* 一书的主编。

保罗·魏特曼(Paul Weithman)是诺特丹大学哲学教授。他著有 *Religion and the Obligations of Citizenship*。他在哈佛大学追随罗尔斯学习，并与 Henry S. Richardson 合作编辑了 *The Philosophy of Rawls*：*A Collection of Essays*(5 卷)。

凯瑟琳·H. 扎克特(Catherine H. Zuckert)是诺特丹大学政治科学 Nancy Reeves Dreux 教授，并担任 *The Review of Politics* 的主编。她著有 *Plato's Philosophy*；*Postmodern Platos*；并与 Michael Zuckert 合著了 *The Truth about Leo Strauss*。

导论 20世纪的政治哲学

凯瑟琳·H.扎克特

【1】《二十世纪政治哲学》这本书最早是《政治学评论》的一个特辑,旨在表明在所谓政治哲学已死的表面下,对政治的哲学分析所具有的广度和深度。① 再加上十篇新的文章,本书所呈现的立场与论证都有所扩展。

我们认为,为了回应政治哲学已经虚弱(如果不说死亡的话)的论调,把20世纪政治议题的哲学反思之丰富与活力呈现出来,是有价值的。正如达娜·维拉(Dana Villa)在他讨论阿伦特那一章开头所写的:"20世纪七八十年代,学习政治理论的学生总是听到这样的陈词滥调,说政治理论和哲学已经在50年代的某个时刻死去,直到1971年罗尔斯的《正义论》出版,才得以重获新生。"即便他敬仰罗尔斯的工作,隐含在这种陈词滥调下对政治思想史的彻底遗忘,还是或多或少令维拉感到惊讶。毕竟,在50年代和60年代早期,涌现了大约过去六十年里一批最有趣的(以及影响最持久的)政治理论作品。"回想起来,在这一政治思想的高产期",有一批"里程碑式作品",包括列奥·施特劳斯的《自然权利与历史》(1953),埃里克·沃格林的《秩序与历史》(1956—1957),以

---

① *The Review of Politics* 71, no. 1 (2009).

赛亚·伯林的《自由四论》(1969),尤尔根·哈贝马斯的《公共领域的结构转型》(1963),迈克尔·奥克肖特的《政治中的理性主义》(1962)和汉娜·阿伦特的《极权主义的起源》(1951)、《人的境况》(1958)、《论革命》(1963)。

在讨论 H. L. A. 哈特的那一章中,约翰·菲尼斯进一步评论说,将政治哲学的复兴归功于哈特和罗尔斯,此论既无力又不公。他们打破了分析哲学小圈子内【2】许多人设想的政治哲学的边界——通过超越对历史上既定制度的普遍化,从而为人类个体、团体的需求和理性欲求提供清醒解释。哈特和罗尔斯还提出了一些安排,它们对于跟我们享有同样本性的存在者来说,都是普遍地有价值(善)的。但他们并不想承认其言下之意:政治哲学之独立于道德哲学是不可持续的。他们也不愿接下传统(源自柏拉图和亚里士多德)所提出的全部议题。

1999 年 6 月 9 日,皮埃尔·马南(Pierre Manent)应国会图书馆之邀发表演讲,他如是感叹:

> 20 世纪见证了政治哲学的消失,或者说凋零……不管我们怎样高度评价海德格尔、柏格森、怀特海或维特根斯坦等人的哲学能力与成就,我们却无法挑出其中任何一位,来指出他们对政治哲学的贡献……的确,像卡尔·波普尔爵士和雷蒙·阿隆这样的作者,他们在一般的认识论和政治探究中当然有值得一说的贡献……并且,一些庄严的思想传统——托马斯主义——之现代代表,也在对世界之整全解释下,提供了对道德、社会和政治问题的严肃反思。但尽管算上这些思想,对我而言,一个一般性的诊断是逃不掉的:没有一位现代原创哲学家愿意或能够把政治生活的完整分析纳入他对人类世界的解释中:或者反过来,从对我们政治环境的分析出发,来阐明他对整全

的解释。①

然而,正如他的演讲标题"政治哲学的复归"所表明的,马南也看到一些朝向复兴的运动,他提到了在本文集中出现的几位思想家——阿伦特、奥克肖特和施特劳斯——认为他们已经往这一方向迈出重要步伐。

在本文集中登场的人物和进路均具有相当广度,这是为了表明,马南提到的三位人物,绝非仅有的认为要把哲学分析的严谨性用来处理政治问题的20世纪思想家。他们像苏格拉底一样,已经在持续追问对我们来说是第一位的问题(如果该问题本身不是第一位的话):在一个日益密切关联的世界中,我们怎样才能最好地生活(若不说积极地协作的话),不仅作为个体,也作为共存于共同体中的一员?这便是政治哲学的事业,而本文集中登场的人物均参与其中。

危机之源——哲学的和政治的

【3】那么,为什么在许多评论家看来,政治哲学成了非常可疑——如果不说是濒危——的一项事业?关于这一问题的答案,可以简述为这两个词:科学与历史。

在19世纪早期,黑格尔高调宣称,从字面意义上说是爱智慧的哲学已然终结,因为它在黑格尔的工作中,因占有了科学或知识而达到了顶点。更加著名的是,马克思站在黑格尔的立场上,同意历史发展有一必然的进程,而且它行将结束;但他争论说,这一发展取决于生产的物质条件,而非观念。在黑格尔和马克思之后的

---

① Pierre Manent , "The Return of Political Philosophy," *First Things* 103 (May 2000) : 15.

新康德主义哲学家,则不满于马克思的论点,即观念无非经济基础的反映,或者意识形态的证成。他们主张说,人类并没有独立于心灵范畴或建构的"世界"知识;而列宁将"马克思主义"从一种为历史必然性辩护的论证,转变为一种"马克思—列宁主义者"的政治纲领,这激起了来自左、中、右的强烈回应。然而,对于历史必然性这种说法的哲学批判,比如来自弗里德里希·尼采,或者对一国建成社会主义中压制性政策的逐步揭露,都没法阻挡萨拜因(George Sabine)和昆顿(Anthony Quinton)主张,政治哲学中最伟大的作品,只是对政治机构和行动的描述性"叙述",以及反映作者时代、地点的对理想目标的建议。① 将所有思想判定为具有历史条件因而是受限的,这些学者就不相信思想家有可能提升或超越于特殊、个别的环境,从而能思考(远说不上确定的)人类最佳的生活方式——既是个体的,也是共同体的。

　　尽管与二战有关的恐怖事件,使体验过这一恐怖的一代人质疑所有关于历史必然性(更别说进步性了)论证的有效性,但黑格尔关于"历史终结"的议题在柏林墙倒塌后【4】以及1989年所谓的冷战终结后,得到了复兴。② 然而,这一次关于"终结"的主张与其说是建立在对绝对知识的拥有中,不如说是奠基在所谓令人普遍满意的社会、政治安排上,这一安排已经在自由主义的社会—福利民主制中被发现、建立。正如本文集中的一些文章所揭示的,这种明显的规范性主张饱受争议。

　　如果认为人类的思想与行动受历史局限,就不可能像传统政

① George Sabine , *A History of Political Theory* (New York: Holt, 1937); Anthony Quinton, ed. , *Political Philosophy* (London: Oxford University Press, 1967), 1.

② 当然,最著名的复兴论阐述见于弗朗西斯·福山的《历史的终结》(*The End of History*)。参见 Tim Burns, ed. , *After History? Francis Fukuyama and His Critics* (Lanham, MD: Rowman & Littlefield, 1994) and Jacques Derrida, *Specters of Marx*, trans. Peggy Kamuf (New York: Routledge, 2006),书中对此直接作出了广为人知的批评性回应。

治哲学家那样去探究对于人类而言最好的生活方式。为什么要寻求那些无法改变之物？为什么要追求那对人类来说不可能达致的超历史视角？尽管本文集出场的所有思想家都赞同，将历史环境纳入解释是必要的，这既体现在阅读过去作家的著作，也体现在为同时代的状况提出改进。但他们没人会同意，人类的思想与行动是被历史地、物质地或生物地决定的。然而，这些思想家基于不同理由来与决定论争辩。尽管其中的一些人肯定，存在着人之本性（human nature）这样一种东西，它从一个到另一个历史时期都持存不变，但另一些人则认为，人类生活是历史性的偶在。主张人类生活本质上是偶然的思想家，他们的预言或分析必然是有条件的，而且他们的建议也可商榷。可是，把政治可能性的分析奠基在人之本性这一断言上的思想家，又得面临来自现代自然科学的挑战，这是对政治哲学之可能性或有效性产生质疑的第二大源头。

现代自然科学对世界的分析，带来了对人类自由与能动性的挑战，这早在20世纪就已经得到承认。因为经现代自然科学所描述的因果纽带，并没有给人类自由或道德留下余地。在18世纪末，康德为此不得不设置一个先验来源或根基。不满于康德在智思界（intelligible world）和感知界（sensible world）之间留下的巨大裂缝，黑格尔做了著名的尝试，通过历史综合将两者重新弥合。后来的批评者则不满意黑格尔对现代自然科学的解释，或者关于人类事务最终、最善状态的描述。新康德主义哲学家——比如柯亨（Hermann Cohen）——就反对把自然科学当作人类知识的范式，【5】但他主张说，科学的进步将随之发展出更自由和道德的政治秩序。受黑格尔影响，但又独具特色的美国"实用主义"哲学家——比如皮尔士（Charles Peires）和威廉·詹姆斯（William James）——则发展出一套对自然科学的新理解：不那么具备系统性和逻辑性，但更具经验性、假设性和渐进积累性。正如大卫·福特在本文集第一章中提醒我们的，杜威主张，这一更加实用、以实验为基础的现代自然科学观,不仅跟民主政治机制和实践完全相适,还能积极地促进其传播。不幸的是,正如本文集第二部分关于那些流亡思想家的章节所展示的,在大众以及哲学上的这一信念——即现代自然科学的进步与民主政治本质上是兼容的——被两次世界大战和核武器的开发无情地粉碎了。

如艾耶尔这样的"逻辑实证主义者",继续把现代自然科学当作知识的样板,他们认为,我们能知道的东西是那些基于经验观察(这些观察可被重复并因而得到证实)的"事实"(fact)。① 他们认为,当我们使用像"国家""义务"或"法律"等概念时,去分析其意指何物是可能的。实际上,这逐渐成为一名"分析的""语言的"政治哲学家的工作。然而,这类分析不能告诉我们该去做什么,或为我们提供政治"理念"。因为所有的善恶判断或"价值"都只是情绪回应的表达——它们没有认知地位。这些现代自然科学的仰慕者似乎并没有看到,正如尼采指出的,科学(知识或真理)本身就是一种价值;要不是被认为是善的,那人类将不会去追逐它。尽管实证主义者的论证已经被"道德实在论者"彻底批判(若不说是被拒斥的话),这类实证主义观点仍然主宰着美国社会科学,并且,美国式的社会科学正快速在世界上其他地方蔓延。②

对危机的回应——政治的与哲学的

本文集里登场的思想家,都回应了由现代自然科学表面上的成功所带来的挑战;他们论证道,现代自然科学所使用的框架、方法和模式都【6】没有把握到人类行动与思考的独特之处,为了理解现代自然科学所表现的是何种知识,以及自然科学的价值,他们

① A. J. Ayer, *Language, Truth and Logic* (London: V. Gollancz, 1938).

② See the centennial issue of *The American Political Science Review* (APSR 100, no. 4 [Nov. 2006]: 463—665).

极力主张有必要考察其源头,也就是求知的人,他们为什么要追求知识,这带来什么后果。这些思想家观察到,人类不仅对外部刺激产生反应;人在行动,这意味着他们在特定条件下选择以某种方式去行动或不行动,而且他们的行动有后果——不管有意还是无意;如果他们不认为人类拥有,或至少能有一定程度的能动性,就没有一位思想家会致力于发现人类怎样才能过得最好,换言之,就没有一位会投身于通常被称为政治哲学的事业中。而且,倘若他们认为人类生活是被历史、物质或生物地决定的,那么他们也就不会认为人类具有主动性。

除了对人类能动性或自由的可能性(或事实)都同意外,本文集的思想家在政治和哲学上都有很大差异。他们所采取的极其不同的政治立场和支撑这些立场所使用的哲学论证,表明存在着一个丰富且有活力的反思与论辩传统,这一传统指向人类生存最根本的议题,而且,这些思想家对诸如这类问题的回答——如"人类的独特之处为何?""什么是最佳的政治秩序?"——有力地回击了那些试图说服我们处于"历史终结"中的评论家。可是,围绕这些根本问题持续存在的分歧,也诱使许多观察家认为这些问题无法被回答,因而政治哲学是徒劳的工作。

本文集的思想家也提出论证,表明人类怎样才能且应当面对上述双重挑战,即一方面来自自然科学的成果,另一方面来自历史的挑战。有些人,比如杜威和哈耶克,敦促我们依赖渐进演化的社会秩序和整合进现代自然科学的实验。另一些人,比如施特劳斯、沃格林和西蒙,则不仅把哲学视为对回忆的保存,而且认为它是独特的人类生活方式之本质。一些自由主义政治哲学家,如伯林和哈特,强调了人类理性和知识的限度,他们论证说,应当创建且保留一个或多个空间,在其中人类能且应当【7】有自由去指导自己的生活(个体上讲,也从政治上讲)。其他人,如罗尔斯和罗蒂,则主张要有范围更广的国家行动,这不仅为了保护,也为了向个体提供其发展所需要的资源,过上个人规划的好的生活。然而,所有这些自由派政治家都明显抛弃了旧有"契约论"理论家所持有的"人之本性"(human nature)主张,以回避现代自然科学和历史提出的质问:这些主张的根据都在于诉诸"本性"或自然神。

20世纪的其他思想家认识到,变化并不必然将是持续的进步(如果人类生活不是生物学地或历史性地被决定的),他们正是在非决定论(nondeterminism)中找到了主动进行自我定义——若不说是自我创造的话——的机会。这一更加鲜明的主动论者立场各异,从施米特主张人是在超越法律的生死决断中型构自身的,到阿伦特论证说,个体只有在公共商谈中才能将自身之独特性展现出来,再到福柯晚期拥护的一种批判哲学,它揭示出在何种条件下"主体"得以转变自身。有感于现代工业组织和科技之威力,这一威力既压制个体和共同体,同时能将之从经济必然性中解放出来,萨特和哈贝马斯表达了对自由(既有个人自由,又有共同体自由)的不同理解以及捍卫自由的方式;同样有感于现代技术的同质化趋势,以及国家对科技的使用,奥克肖特和麦金太尔都在敦促读者去接受更传统的、基于实践的政治观和共同体观。然而,奥克肖特在根本上是一位彻底的个人主义者,而麦金太尔既谴责现代国家,也谴责它那根本上是自私的资本主义经济。查尔斯·泰勒尝试把如下两者结合起来:一是保存个人自由和差异的自由主义关怀,另一个是承认对话式理解(dialogical understandings)的根本社会性格——从这种对话中,我们得以发展自身和共同体。某种程度上,他的工作代表了一种回到以黑格尔为中心(Hegel-based)的尝试,而这种尝试也是葛兰西进行的,他把克罗齐对人类具体历史经验中的无限多元的自由式承认,整合进社会主义政治中。

现代自然科学与历史对20世纪政治和哲学所提出的挑战,有上述不同的回应。关于这些回应的进一步阐述,本书会以如下方式进行编排(部分根据时间,部分根据主题)。

【8】第一部分的三章论述了三位思想家,他们代表了20世纪上半叶三条主要的政治道路:杜威(1895—1952)、施米特(1888—1985)和葛兰西(1891—1937)。在杜威九十大寿时,《纽约时报》宣称他是"美利坚的哲学家"。正如大卫·福特所解释的,杜威认为,科学与民主将会且应当携手并行。施米特在超越法律的"例外状态"中对"主权"的再发现,其目的恰恰为了攻击和消解杜威支持的那种自由主义进步政治,也回应了来自左翼的威胁。正如特雷西·斯特朗提醒我们的,施米特是魏玛共和国时期的桂冠法学家,他在1933年加入纳粹,且从未公开认错。尽管施米特并没有对作为个体的希特勒给予很高评价,但他显然认为,希特勒通过作出法外的主权决断,就已经展示了他有能力去实现施米特所理解的"政治神学"。葛兰西则是1921年建立的意大利共产党的创始人之一。根据约瑟夫·布蒂吉格所言,葛兰西反对许多更为正统的马列主义者所亲近的实证主义学说和科学主义。他主张,把大多数人从少数人的统治中解放出来的这一社会主义目标,并非靠自然法或坚定不移的历史进程,而是靠智识反思(intelligent reflection)——首先是少数人,随后是整个阶级。

第二部分所收录的文章,是对二战、大屠杀、大规模杀伤性武器的发展等现象的反思性回应。这些回应来自一批受过哲学训练的欧陆移民,当中有施特劳斯(1899—1973)、沃格林(1901—1985)、西蒙(1903—1961)和阿伦特(1906—1975)。上述四人都成为美国公民,并且公开主张美国的政治机构与实践要优越于他们所来自的欧洲国家(法国和德国)。可这四人也都认为,美国的政治生活建立在有所欠缺的政治观上,它需要补充更多历史和哲学的东西。这四人都对美国的社会科学给出了一针见血的批评,但他们对20世纪那新颖且在很多方面都令人恐惧的政治发展,有非常不同的回应。施特劳斯、沃格林和西蒙都认为,在【9】极权主义面前,自由民主政体所展现出来的脆弱,归根到底是一种道德失败;这三位都把目光投向哲学史(多少是更加广义上的),以期从中寻找资源,支撑同胞公民摇摇欲坠的道德信心。然而,他们对这一历史却提出非常不同的理解。施特劳斯论证说,西方传统的活力正是来自理性与启示的根本冲突;但沃格林和西蒙则坚持认为存在一种根本延续。如史蒂文·史密斯提醒我们的,施特劳斯主张一名哲人或许得进行隐微书写,以避免来自权威的迫害;可正如埃利斯·桑多兹和沃尔特·尼克戈尔斯基所展示的,沃格林和西蒙都坚持,哲人的最高义务便是在抱有敌意的共同体面前昭告真理。

就像达娜·维拉告诉我们的,阿伦特对"极权主义起源"的探究,使她导向对问题的非常不同的分析。通过剥夺任何人类自由行动与商谈的公共或社会空间,并以意识形态支配和持续恐怖的方式,从而卸去他们自发活动的能力,极权主义政体展示了它能改变人性。通过追问这种去人性化的过程何以在文明欧洲的中心实施,阿伦特认为,她在哲学史中找到了问题根源:"从柏拉图的灵魂结构与'正义'城邦结构之类比开始,到亚里士多德对等级制的'自然'关系的坚持,再到霍布斯和卢梭的统一主权意志学说(不管是君主的抑或人民的),到最终,马克思那业已'克服'了政治的、没有阶级区分的社会理念……这一传统[已经影响了]真正政治领域的必要条件:多元平等者的多层次关系。"因此,阿伦特试图去复苏一种前哲学的、古希腊的政治观,即"论辩、商谈和决定的活动,它们由不同的平等公民在一个合法且制度化的公共空间中实践"。它截然对立于施米特那更加暴力和道德化的"政治的概念"。

第三部分包含的章节,是来自两代英美政治哲学家在面临来自左和右的挑战时的不同尝试,他们试图为自由民主政治机构开出新的和更好的辩护,哈耶克(1899—1992)、奥克肖特(1901—1990)和伯林(1909—1997)为限制政府以保存后来变得广为人知的【10】"消极"而非"积极"自由(很大程度上是伯林工作的结果),提出三种非常不同的论证。紧随着这三章的,则是 H. L. A. 哈特(1907—1992)、罗尔斯(1921—2002)和罗蒂(1931—2007)用以支撑自由主义政治原则与实践的论证。一方面,哈特和罗尔斯尝试激活修正过的社会契约论版本;另一方面,罗蒂却主张说,这类理论应当完全被抛弃。哈耶克、奥克肖特和伯林都质疑中央政府所企图的计划指令性经济及其他发展形式的合理性和有益结果。然而,有别于早期的"社会契约论"思想家,他们用以支持限制政府以保存自由的论证,并不依赖于关于人性或原初契约的主张。三人也意识到历史的偶然性与变迁。结果,他们都强调人类所追寻的不同善好或目标,具有本质上的多样性、多元性和相互间的不可化约性。

如埃里克·马克所展示的,哈耶克将得自亚当·斯密的那种对"自发的"、"非意图的"、演化的秩序之经济分析,扩展到生物学、语言、伦理和法律。政府是或应当是专门的(specialized)联合体之一,它旨在施展某一特定功能——在这种情况下,就是实施确保个人自由的"正义行为规则"。哈耶克一般把自己表现为一名经验论社会科学家,由此而来的研究也是"价值中立的"。但马克也怀疑,哈耶克能否或本应当也如此理解他所开出的正义行为规则。

通过反思其受到的黑格尔教育,奥克肖特像杜威一样,否认了经验主义者这一主张的有效性:"世界"与我们对世界的经验之间存在差异。可正如提摩西·富勒所叙述的,奥克肖特也强调人类为自身发明的解释经验的模式差异。特别是,他论证说,科学(用稳定的、可量化的关系来理解世界)、历史(通过把所有经验都当作过去的,从而让世界有意义)和实践(包括政治与宗教,把世界理解为"是什么"和"应当是"之间的一种张力)从本质上讲是不同的,通过追寻关于整体的知识,哲学因此也就必须探究并揭露上述诸种模式的限度。所以对奥克肖特而言,政治哲学与其说是"以其他方式"来构思一种政治形式,不如说它成了一种批判,它针对让政治变得更科学化,或让万物都抽离于历史和传统进而重新开始这些尝试。

【11】奥克肖特坚持把哲学从历史中区分出来,把历史从实践中区分出来,与此同时,伯林——正如威廉·高尔斯顿告诉我们的——却倾向于将它们混合起来:

> 伯林反对他所说的道德一元主义,后者认为,"所有伦理问题都有单个正确答案,所有这些答案都可以从单个融贯的道德体系中得出来"。他的反驳一定程度上是实践性的:他确信一元主义主张助长了现代暴政。这一反驳一定程度上也是历史性的,是从他对不同文化和思想家的研究中得出来的……该反驳还具有经验色彩。伯林强调,日常经验揭示出,深刻的道德对抗这一事实并非源于混乱,而是植根于值得追求的诸善好之间的冲突。他拒绝为了追求理论融贯性而牺牲道德生活现象。

哈特、罗尔斯和罗蒂都没有试图保护个体自由免遭意识形态、政治和经济的支配,相反,他们都主张要有更广泛的政府权力,且需要介入个人生活中,使他们能实现自己对生命的规划。哈特和罗尔斯都被誉为在语言或分析传统内的政治哲学复兴者;通过这样做,两人都重启了由霍布斯开创的社会契约传统的修正版。

约翰·菲尼斯解释说,在《法律的概念》中,哈特不仅论证了有两种不同功能的法治(rule of law),即"义务—强制规则"和"权力—授予规则",他也特地指出了一个"最低限度的自然法",它的出发点是人类求存活的普遍"目的",以及承认这些"自明之理";人类在力量和脆弱性上,都近似地彼此平等。因此他总结道,受限于人类的"利他主义"、知性和力量意志,受制于资源的稀缺性,人类自愿地在一个强制性的系统内协作,是合乎理性的。

根据保罗·魏特曼的说法,对两次世界大战的极端暴力和大屠杀的反思,使得罗尔斯得出如下结论:20 世纪政治哲学的任务,便是去捍卫这一合理信念:一个正义政制的存在是可能的。在《正义论》中,罗尔斯努力去证明这样的政制是可能的,基于他所认为有说服力的、从社会契约理论中得来的关于人类心理学的假定,他论证说,一个正义社会中的成员,将得到一种正义感,以作为他们道德发展的一个正常部分,并且,他们将确认趋向于合作的这种习惯对他们也有好处。然而,在后来的《政治自由主义》中,罗尔斯明显抛弃了关于人性的任何假设。有别于之前的【12】政治哲学家,如康德和穆勒,罗尔斯坚持,他自己的观点不建立在雄心勃勃的、适用于任何地点的人类的哲学主张上,而是建立在一种关于公民权本质的观点上,这种观点只在他著作所针对的自由民主政治中普遍有效。

正如迈克尔·培根展示的,罗蒂比罗尔斯更进一步,他主张自由政治的各种制度都是历史性地偶然发展而来的;以稳定不变的、目的论式地从人类本性和自然权利中派生出来的观念为基础,无法为上述制度进行哲学辩护。可这类制度能够且应当基于"实用主义"的理由被接纳,即制度对我们而言,它们在过去都运转得很好。通过限制公共领域,自由主义政治制度允许每一个体发展自身的生命叙事。然而,"自由主义的反讽论者"也有义务去逐渐认识到人类有很多方式给他人造成痛苦,并且有义务致力于减轻人类苦难的社会改革。

第四部分则是关于以下这些人物对自由主义政治哲学的批判以及替代方案:萨特(1905—1980)、福柯(1926—1984)、哈贝马斯(1929—)、麦金太尔(1929—)和泰勒(1931—)。这五位 20 世纪政治思想家的起点都来自黑格尔或马克思的洞见,但在两个根本性的层面上都偏离了黑格尔和马克思：他们没有人主张历史有一个必然性的进程或方向，没有人主张人类生活完全受物质条件决定。这些思想家都不将自身或主体，以及社会视为自然地给定的，而是视为经由与他人互动而来的历史实体。那么，这批思想家中，大部分都采取了行动进取的政治立场，便没什么好惊奇。像在第二部分中登场的自由主义政治哲学家一样，这些自由主义的批评者也担忧权力的集中，但他们对"晚期资本主义"社会中经济权力集中在少数人手中的担忧，不比针对政府的少。

像阿伦特一样，萨特一开始是哲学研究者，如威廉·迈克布莱德所展示的。但后来由于他在二战中的经历，萨特便逐渐介入政治。像阿伦特一样，萨特并没有在政治上追随海德格尔。在二战结束之际，萨特逐渐因为提出"存在主义式的自由"而闻名于全世界，后来他在分析人类社会的发展阶段中，又试图把这一概念与马克思主义融合起来。然而，他也一如既往地抵抗与正统马克思主义相联的决定论，并且在晚年与之断绝联系。

【13】福柯既批评了自由主义者，又批评了马克思主义者，因为他们关于权力的理解是"司法式的"：认为它由一个中央政府所施行，且可以被把握。福柯主张，权力不仅在万物中，而且通过万物蔓延，它也是生产性的。知识是权力，权力生产知识。人类已经成为"主体"——从该词的积极和消极意义上讲，这是复杂的历史偶然性结构造成的。可正如阿伦·米楚曼和阿伦·罗森博格指出的，福柯认为我们如今能够发展出一种批判哲学，它并不寻求界定我们可能知识的条件与限度，而是要找到转变我们自身的条件和不特定的可能性。

如威廉·绍伊尔曼所解释的，哈贝马斯一开始也把自己定义为"批判理论家"。哈贝马斯在《公共领域的结构转型》中描述古典自由主义或"资产阶级"公共领域的衰落，以及它被一种"晚期资本主义"所"塑造出的"公共领域替代，这为他毕生的工作奠定了基础。他尝试基于一种严密的交往行为理论，勾勒出一种有说服力的政治与法律商谈模式。这一模式使他能与英美自由主义政治理论家对话。尽管哈贝马斯批判黑格尔—马克思主义者整全式的计划民主社会主义（因为他们忽视了市场经济机制的正当自主地位），也很大程度上放弃了出现于他早期著作中的马克思主义框架，但他也坚持指责施米特的政治存在主义和反理性主义，在晚近则捍卫了一种和平的、非国家主义的普世全球治理。

亚瑟·马迪根提醒我们，麦金太尔一开始也是一名马克思主义者，在他的思想中也持之以恒地拒斥当代自由主义。在《追寻美德》（1981）中，麦金太尔偏离其早期的马克思主义，论证说，为道德提供一个理性证成的这种启蒙规划，是注定失败的，因为它试图为一种继承自传统却又脱离了基础的道德辩护，这一基础是对人类本性的目的论理解。关于这类目的论式的人性理解，亚里士多德那里有经典阐述，而且麦金太尔也试图去重振一种亚里士多德式政治共同体观，即政治共同体是必然的小群体，在其中人们彼此相识，且发展出这样一种能力：理性地商讨什么对每一个体以及共同体来说是善的。因为现代国家和资本主义经济都不是这里所倡导的共同体，麦金太尔认为，我们应该将注意力集中在更小的、次级的政治共同体和实践上。

【14】像福柯一样，泰勒年轻时把自己认定为一名有别于"旧"马克思主义左翼的"新"派青年，他的哲学灵感更多来自黑格尔而非马克思。可是，像哈贝马斯和麦金太尔一样，泰勒将政治理解为一种实践，这种实践从根本上说是由一种理性商谈构成的。如露丝·阿比所解释的，泰勒提出一种对话式的自我概念，并且以同样的方式来思考政治："实践形成于主体间，在主体间得到延续：实践所包含的意义……'不是……某个个体或某些个体的财产'……因此……对意义的分析不能以个体为基本单位。"类似葛

兰西,泰勒因而得出结论说,为了改变世界,批评者必须改变同胞所持有的统治性解释。如他所视,这是政治理论的首要任务。

关于本文集

本文集赞扬了每一位卓越思想家的生活与作品,他们不仅仅试图去理解,甚至还要改变自身所处的政治共同体。在他们见解分歧的诸多议题中,其中之一是:在多大程度上,知性或者"理论"能够或应当与实践相联系?政治参与和行动是从逻辑上遵循理论家对世界及其身处的地方的分析吗?或者,充满激情地参与时下的议题,会让思想家的清晰性——倘若不说是客观性的话——变得费解吗?这些思想家作为个体,对 20 世纪政治与哲学危机所给出的不同回应,是基于这种观察:哲学是一种在特定时空中由具体的人来承担的活动。虽然,他们的思想并非受限或受制于个人境遇,但他们被周遭世界中所感知到的问题激发,从而进行思考和写作,他们甚至是首先向其同胞和同时代人言说——虽然绝非没有例外。

正如读者将会在本书前面看到的撰稿人简介所示,每一章都由一位不仅富有学识,也对所讨论的思想家的进路抱有同情心的研究者撰写。可是,有些章节也会以质问该思想家进路之不足来作结,换言之,他们并非简单地颂扬或赞誉。然而,在一册文集中陈列出不同思想家及不同的论证,关于这些不同进路的许多争鸣和批评也会浮现。【15】虽然我们已经试图指出,对 20 世纪政治发展,存在不同深度和广度的哲学回应,但我们并不是在主张要展示出一种百科全书式的、面面俱到的解释。还有许多其他思想家能够,或许也应当被包括进来,比方说,雅克·马里旦(Jacques Maritain)、西蒙娜·德·波伏娃(Simone de Beauvoir)、雷蒙·阿隆(Raymond Aron)、乔治·卢卡奇(Georg Lukcas)、赫尔伯特·马尔库塞(Herbert Marcuse)、罗伯特·诺奇克(Robert Nozick)和迈克尔·沃尔泽(Michel Walzer)。本文集中的思想家与论证,呈现了二战前后主要的哲学和政治选项;相反于那些声称其衰落的不成熟主张,他们的工作展示了,在 20 世纪,政治哲学依然生机勃勃。

第一部分
20 世纪早期的三种基本方案

1

约翰·杜威:哲学作为教育理论

大卫·福特 *

【19】从佛蒙特大学毕业后,约翰·杜威(John Dewey,1859—1952)先在宾夕法尼亚和佛蒙特两地教了一段时间的高中,然后去约翰斯·霍普金斯大学读了哲学和心理学专业的研究生。在霍普金斯大学,杜威开始被新黑格尔主义哲学所吸引,因为新黑格尔主义有机地看待宇宙,包括人类社会。杜威在密歇根大学和明尼苏达大学做了10年的教授,又在芝加哥大学做了10年的教授。在芝大,杜威教哲学和心理学,还建了所实验学校。杜威日益认识到科学能够从平常的人类经验入手成功地解决各种问题,因而拒斥像黑格尔及其信徒那样倚赖于"绝对"来保证观念的有效性。杜威的实用主义展望,思想所扮演的角色不是辨别固定不变的行动原则,而是为了评估所提议的行动而实验性地确定该行动的后果。

1904年,杜威成为哥伦比亚大学的一名哲学教授,一直干到

* 感谢菲利帕吉斯(Katherine Philippakis)和扎克特(Catherine Zuckert)对这一章初稿的点评。经罗曼和利特菲尔德出版社许可,我使用了拙著《约翰·杜威:美国的民主哲人》(John Dewey: America's Philosopher of Democracy)的内容材料。在《约翰·杜威的另一种自由主义》中("John Dewey's Alternative Liberalism," in History of American Political Thought, Bryan-Paul Frost & Jeffrey Sikkenga, ed, Lanham, MD: Lexington Books, 2003, 585—597),我更多地关注《民主与教育》所提出的问题。

退休(1930 年)。这段时期,他的主要作品包括《我们如何思维》(*How We Think*,1910 年初版,1933 年修订二版)、《民主与教育》(*Democracy and Education*,1916)、《哲学的改造》(*Reconstruction in Philosophy*,1920 年初版,1948 年修订二版)、《人性与行为》(*Human Nature and Conduct*,1922 年初版,1930 年修订二版)、《经验与自然》(*Experience and Nature*,1925 年初版,1929 年修订二版)、《公众及其问题》(*The Public and Its Problems*,1927)和《追求确定性》(*The Quest for Certainty*,1929)。

在 20 世纪 30 年代,杜威最重要的著作是《艺术即经验》(*Art as Experience*,1934)和《逻辑:探究的理论》(*Logic：The Theory of Inquiry*,1938)。【20】此外,他也写了很多面向更广泛读者的文章,特别是在《新共和》(*The New Republic*)上。他支持美国参加一战,不过后来成了战争非法化运动的领军人物。一直到日本轰炸珍珠港前,他都反对美国参加二战,因为他认为暴力所推动的不是民主,而是军国主义和资本主义。杜威是个社会主义者,但他并不怎么关心用制度性手段来实施社会主义。1937 年,他担任了墨西哥城审判调查委员会主席一职,查明列昂·托洛茨基(Leon Trotsky)并没有犯斯大林所指控的叛国、谋杀罪。不过,他声明自己反对共产主义者用暴力来实现所谓的平等目标。

在这一章中,我将通过考察杜威的其中一本著作(当然也参考其他作品),来较为深入地分析杜威的哲学。我选择《民主与教育》,不仅是因为这是杜威最具影响力的著作,也是因为杜威认为这本著作最为恰当地总结了他"整个的哲学立场"。② 《民主与教

---

② 杜威于 1916 年 7 月 1 日写给凯伦(Horace M. Kallen)的信(Horace M. Kallen Papers, American Jewish Archives, Hebrew Union College, Cincinnati, Ohio. 转自 Robert B. Westbrook, *John Dewey and American Democracy*. Ithaca, NY：Cornell University Press, 1991, 168.)。

育》旨在"论述蕴含在民主社会中的思想观念,并用这些思想观念来解决教育领域的问题"。③

　　杜威将此书分成四个部分(331—333)。第一部分(第1—5章)谈教育及教育的一般特征,提出教育大体而言是一种社会需要,具体而言是一种民主需要。第二部分(第6—14章)讨论教育中的民主目的,并阐明方法原则和主题。第三部分(第15—23章)一开始谈关于课程的方方面面,但主要还是致力于讨论实现民主理想的实践和哲学障碍。最后的结论部分(第24—26章)乍看之下有些古怪,关注的是哲学的本质。

第一部分　成长

　　值得注意的是,在一开始,杜威从社会群体的保存这个角度来看待教育(5)。在他的作品中,很少看到【21】教育的目的不是与社会相关。社区努力维持他们的共有信仰和实践,为此,教育应运而生。只要是存在交流的地方,就都是如此。他认为,非正式的教育比正式的学校教育更重要(7)。但是,这并不意味着,正式的教育应该模仿外面那个更广阔天地所发生的事情。学校具有三种功能:简化社会环境,纯化社会环境,使每个个体"逃离他一生下来就所在的那个社会群体的限制"(24—25)。之所以存在最后一个功能,是因为现代社会具有异质性。由于这三个功能,成年人有必要有意识或无意识地引导年轻人。④当

---

③　所涉及的杜威作品均出自评注版《约翰·杜威全集,1882—1953》(*The Collected Works of John Dewey*, 1882—1953, ed. Jo Ann Boydston, 37 vols. Carbondale: Southern Illinois University Press, 1969—1991.)。此全集分三个系列出版,分别是《早期作品》(*The Early Works*, EW)、《中期作品》(*The Middle Works*, MW)、《后期作品》(*The Later Works*, LW)。引用出处用卷数和页码数标注。比如,"LW 1.14"指《后期作品》(*The Later Works*)第1卷第14页。所有引用均出自杜威之作,除非另有说明。文中的插入引用所标注的页码是《中期作品》第9卷(MW 9),即《民主与教育》所在卷的页码。

④　见 *Experience and Education* (1938)(LW13.8, 21, 46—47)中杜威对如下立场的批判,即教育者应该让儿童随心所欲,少提供或不提供指导。

儿童无法预料其行为的后果时,有意识的控制或许是必要的(32)。更可取的是对儿童的兴趣加以细致的指导,以增进他们对自己所处环境的理解。这个结论似乎是杜威的信念使然。他相信,心智(mind)的发展在于个体通过与他人的联系而日益理解身边事物的用途,当他们对身边事物的用途感兴趣时,也即当他们的地位更加平等时,他们对这些东西的用途的理解就会增强(38)。

为了避免读者得出这样的结论,即教育的标准在于使人完全成年,杜威提出,不应该视不成熟为一种负面状态。不成熟意味着还有发展或成长的潜力;认为儿童期是理想中的成年期的缺席,导致对儿童本能或天生力量的忽视,因为把理想硬加给了儿童(55)。此外,成年人跟儿童一样需要发展(47)。换句话说,教育不应该被认为只是对未来做准备;“预备说”只说对了一部分(61)。另一个错误是把教育看成是对固定环境的被动适应。文明人与野蛮人之间的一个区别是,在很大程度上,文明人通过引入控制手段来适应环境(52)。在教育中忽视这一点,意味着儿童无法发展处理新环境的能力(55)。杜威从不把习惯当成敌人,但他坚持认为,习惯应该被认为是灵活可变的:“习惯意味着一种能力,一种将各种自然条件作为达到目的的手段来使用的能力。它通过控制行动的各个官能而对环境实行积极的控制。”(51)认为习惯是固定的导致“过分【22】强调训练等手段,‘捡了’自动技能,‘丢了’个人感知”(55)。

上面的段落或许可以用杜威的观点进行总结。那就是,“教育过程除其本身之外无任何其他目的”(54):“完美不是最终目标所在,不断完善、不断成熟和不断精炼的过程才是生活的宗旨……成长本身是唯一的道德‘目的’。”⑤

尼古拉斯(James H. Nichols Jr.)曾经提出,杜威的哲学没有

---

⑤ *Reconstruction in Philosophy* (1920), in MW 12.181.

清楚地区分正面的成长和反面的成长,当杜威说成长促进更多的成长时,他似乎彻底倚赖于霍布斯式的生存考验。⑥ 这个问题对杜威而言显然是重要的,因为他在自己最后一本论教育的重要著作《经验与教育》(*Experience and Education*)中提出了这样的问题,一个人是否真的能够"成长为"一个罪犯:

> 这种形式的成长是为进一步的成长创造了条件,还是为已经在某个方面取得成长的人无法接受时机、刺激和机会,因而无法往新的方面成长创造了条件?某方面的成长对为其他方面的发展开辟了道路的态度和习惯有何影响?我让你们自己来回答这些问题。我只想简单地说一句,成长只有、且只有有助于未来的持续成长时,才符合教育作为成长的标准。⑦

杜威把这些问题留给读者,或许可以解读为他承认自己的论点存在缺陷。要不然,这一段可能会给出相当明确的答案。杜威似乎暗示,一个窃贼或一个腐败的政客(这些是他所举的例子)失去了进一步成长所需的进一步刺激,包括他人,他人也是一种刺激。或许,他让我们自己来补充这个似乎无可争议的前提:我们若都是窃贼或都是腐败的政客,那我们没法生存;没有人可以独自生存。

第二部分　民主观念

随着我们开始着眼于《民主与教育》的第二部分,我们注意

---

⑥ James H. Nichols Jr. , "Pragmatism and the U. S. Constitution," in *Confronting the Constitution*, ed. Allan Bloom. Washington, DC: AEI Press, 1990, 382. 尼古拉斯的论文让我受益匪浅。

⑦ *Experience and Education*, in LW13. 19—20,强调出自原文。

到,杜威似乎在另外两个地方回应了尼古拉斯的批评,即成长不过是生存的手段。首先,在第 7 章"教育中的民主观念"中,【23】他提出用这样的标准来衡量一种结社形式的价值,那就是,"有多少数量、多少种类的利益被有意识地共享? 这个社团组织与其他社团组织之间的相互影响有多丰富、多自由?"(89)由于成长是用共有利益的数量和种类进行衡量的,因而它是社会个体之间的不断和谐。由于这种和谐并不仅仅只是生存所需,因而成长不能简化为生存。

第二,杜威对道德成长投入了大量的思考。他和塔夫茨(James H. Tufts)在其他地方提出,那构成了个体的道德成长的,是从状态(1)按照习惯行事到状态(2)注意这种习惯的意义,再到状态(3)按照一种更高、更周到的习惯行事。这种运动把理性作为"决定应该追求什么的要素"(37)。⑧ 集中注意力意味着运用一个人自己的理性;因此,理性并不仅仅只是为了生存而存在,甚至并不必然主要为了生存而存在。相反,理性带来更大的目标和成长;目标的高低可以根据和谐程度进行区分。

因此,杜威避免尼古拉斯所提出的那个问题的秘方在于提出这样的论点,那就是,社会越和谐越好。杜威没看到人性中什么东西的发展,不管是理性,还是激情或其他,会使得社会和谐变得不可能或不可取。⑨

杜威反对把自然发展和社会效能作为教育的目标。"自然发展"视成长为自发或不受阻碍意义上的"自然"发展。反对把自然发展作为教育目标,杜威便反对了卢梭的《爱弥儿》(Emile)。杜威说,儿童缺少已被设定好未来的种子,他们所有的成长都需要外部的帮助(119—121):"一棵发育不良的橡树或一株结了零碎玉

---

⑧　John Dewey & James H. Tufts, *Ethics* (1908), in MW 5.17.

⑨　见 "Human Nature" (1932), in LW6.31; "Does Human Nature Change?" (1938), LW13.286—287。

米粒的玉米穗,就像最高贵的树或赢得金奖的玉米穗一样,如实地呈现了自然发展。"⑩把自然作为目标,就是没有看到"自然或天然的能力虽然提供了一切教育中的启动性力量和限制性力量,但却并不提供教育的目标或目的"(121)。把社会效能作为教育目的,既可以指行业竞争力如何,也可以指是不是好公民。若是前者,那就倾向于维持现状;若是后者,好处就是可以更具体,但可能会受到过于狭隘的解读。【24】真正的社会效能,杜威说,是拥有并运用闲暇、艺术和消遣(127)。

这本书的第二部分也强调了杜威所看到的民主社会模式和由科学探索者所组成的理想群体之间的共同点。这点值得仔细研究。杜威首先试图证明认识论理性主义(认为知识始于纯粹心智或理性)相较于务实的经验主义的不足。因此,他反对我们"从'意识'这个抽象名词出发生造出实体"(110)。精神状态不是一个纯粹的私人领域,而是与物理对象联系在一起(132,147)。身心二元论是教育领域"方法和教材二元论的根源"(173)。

对于这种理性主义,杜威反对把理性看作是由以下几个步骤组成的"反思"过程:(a)"困惑",(b)"用推测进行预测",(c)"仔细地考察"一切值得考虑的因素,(d)"详细阐述尝试性的假设,使之更精确、更连贯",(e)根据假设来验证(157)。这些步骤是指引,不是每项科学调查都要严格遵守的规则。杜威把"自由智力"(liberal intelligence)描述为"为了人类目的而自由地操控世界",而不是出于私人目的操控他人(143)。所以,对杜威来说,科学意味着有目的地思考和行动,而不是碰运气,意味着为自己的行为承担责任(110,153)。

杜威认为,科学方法在逻辑上是与民主方法相联系的:

---

⑩　"The Need for a Philosophy of Education" (1934), in LW 9. 196.

科学的本质与其说是容忍意见的多样性,不如说是欢迎意见的多样性。科学坚持认为,探索应该是对事实加以观察,然后用最终的证据达成一致的结论……科学方法涉及自由地探索、容忍多种观点、自由地交流、将发现的结果传播给每个个体、使个体成为最终的智识消费者。民主方法也涉及这些(步骤)。⑪

不过,这种联系有多牢固? 一方面,把民主实践跟科学相比较可能会激励民主实践,因为给了它一个奋斗目标——真理或合理的渴望,而非一时的渴望。另一方面,科学并不总是通过民主的手段展开;实际上,【25】一些最伟大的科学成就的产生,要么并不遵守杜威所提到的五个步骤,至少遗漏了一个,要么并不是充分容忍不同的观点,要么就是有人单打独斗(比如,牛顿不愿交流其工作)。此外,正如杜威清楚地意识到的,科学运作来运作去,其目的并不总是民主的。⑫

第三部分　课程

《民主与教育》的第三部分从课程设置入手。杜威详尽地讨论了他在分析科学时提到过的话题——游戏和工作。他不主张对两者进行典型的经济学划分,而主张一种更加细微的区分:和游戏一样,工作"代表有目的的活动",工作的不同之处"不在于它服从某种外在的结果,而在于它会因考虑到结果而使活动过程变得更长","工作更要求持续性的关注,也必须展示出更多的才智——在选择和制造手段时"(212,强调出自原文)。不管是在游戏中,

---

⑪　*Freedom and Culture* (1939), in LW 13.135.

⑫　*Freedom and Culture* (1939), in LW 13.156.

还是在工作中,活动都不应仅仅只是达到理想目的的手段;活动都是为了某个目的而进行。区别就在于,在工作中,人们更加关注所获得的结果。带着游戏精神完成的工作应该被视为"艺术"(214)。

当我们看课程细节时,杜威的重点更具争议性。历史和地理是"学校最典型的信息知识学科",因为它们"让人们在补充上下文、背景和全景的时候,与生活产生更直接、更私人的联系"(218)。杜威看到了这两门学科之间,至少是地理和某个方面的历史之间比平常意义上更深的联系。地理主要关注对自然的研究,"与政治史相比,经济史更人性化、更民主化,因而更自由化",因为经济史处理的是人类对自然的征服,而不是君主或军事家(223—224)。因此,杜威强调历史和地理,不强调平常意义上的三门重要学科,数学、文学或艺术,因为历史和地理为以社会为宗旨的科学方法教育铺平了道路。【26】人们经常批评杜威提倡实际活动场景中的识字算术教学,不重视记忆的必要作用。⑬ 人们也这样批评进步教育——人们总是不公正地把杜威和这种过度以儿童为中心的教育联系在一起。

杜威认为,文学和美术不仅可以提供方法或技巧方面的训练,还对社会有用。但是,它们的主要功能都是促进对人类生活万事万物"增强的、强化的欣赏"(246)。人文方面的研究应该包括对自然的研究,否则,就会像关于古希腊和古罗马文明的知识一样远离大多数人的生活;关于古希腊和古罗马文明的知识富有价值,但比科学更难企及(238)。科学教育一个特别的问题是要传递一种"信仰",一种相信"科学有可能独自指导人类事物"的信仰(233)。

在第三部分剩下的部分,杜威致力于克服阻碍民主教育理念的理论和实践障碍。他首先聚焦于社会阶级划分——社会阶级划

---

⑬ 见 *Schools of To-Morrow* (1915), in MW 8.248—293。

分区分了劳动者与分享劳动成果者,因而阻止了工作成为艺术。他把阶级划分追溯至古希腊,声称柏拉图和亚里士多德的作品反映并认可这种不幸的社会发展(259—270)。这种社会发展的结果,是智识研究(intellectual studies)与实践研究(practical studies)之分(271—285),社会研究(social studies)与自然研究(physical studies)之分(286—299),个体与世界之分(300—315)。杜威似乎找到了知识论领域出现之后一切错误的二分法的根源——至少是智识上的根源:"把心灵与自我等同起来,把自我视作某种独立、自足的东西,造成了认知的心灵(the knowing mind)和外部的世界之间何其不可跨越的鸿沟啊!以至于'知识究竟如何可能'变成了一个问题。"(302)如果伽利略和笛卡尔等改革家看得更清楚些,他们"就会认识到,这种分裂,这种连续性的断裂,事先就否认了他们的改革取得成功的可能性"(304)。

正如我已经指出的,杜威的形而上学的首要目标,是推动承认心灵和世界之间——按他的话说是"有机体"和"环境"之间——存在"连续性"。⑭ 他用科学方法【27】来反驳身心二元论之类的形而上学二元论。这项工作的关键是连续性或连续体。他说,这个可能在"经验"中找到:经验"一开始是完整的,不区分行动与材料、主体与客体,而是将它们包含在一个未被拆分的总体之中"。⑮ 如果真实情况是由一个内在的心灵和一个与之分离的外部世界(包括与之相连的身体)所组成,那么心灵如何与世界相连呢?不过,如果认为只是对某个完整的东西加以分析,才产生了"心灵"和"世界"之分,两者并不是什么独立的存在,那问题就迎刃而解了。知识是一种"后来出现"的东西,有个从无到有的出现过程,我们可以用"心灵"和"世界"这样的术语把它描述成一种活动,只

---

⑭ *Experience and Nature*, 2nd ed. (1929), in LW 1.9, 211—225, 259—262.

⑮ *Experience and Nature*, 2nd ed. (1929), in LW 1.18.

要我们不歪曲它们的意义。

第四部分　哲学

　　从第24章开始,就进入了《民主与教育》的最后一个部分。这一章的目标,是澄清前面23章所蕴含的哲学概念。我们一直都很困惑,一本关于民主教育的书为何这样结尾。但是,当我们被告知哲学是"关于教育的一般理论"(338,强调出自原文)时,我们便不那么困惑了。正如我们所看到的,根据杜威,哲学源于社会的分裂或冲突;例如,哲学上的理论与实践之分源于社会上的闲暇阶级和劳动阶级之分。换句话说,由于哲学问题反映了一定的倾向,而改变倾向是解决社会分层问题的唯一途径,因此需要教育,需要把教育与哲学联系起来。

　　进步的先决条件之一是承认知识(knowledge)与思维(thinking)存在差异。根据杜威,"有理有据的知识"(grounded knowledge)等同于科学:"它代表已被理性确定、厘清和处理好的对象。"哲学,则与思维是同一个东西,它"的发生是因为悬而未决,它的目的是克服心中疑虑。已知事物要求我们什么,向我们索取怎样的回应态度,哲学就思考什么"(336,强调出自原文)。因此,对于杜威而言,哲学只是进行回应,是对科学的一种回应,就像思维是对知识的一种回应。

　　【28】但这种表象具有一定的欺骗性。杜威的确认为哲学必须尊重科学,因为哲学必须承认,科学所给出的合理判断是通往真理的唯一途径,哲学从科学方法所得出的结论中获得其意义。[16]

---

[16]　见 "Philosophy and Democracy" (1918), in MW 11. 41—48; "Philosophy" (1928), in LW 3. 115, 118—121; "A Resume of Four Lectures on Common Sense, Science and Philosophy" (1932), in LW 6. 428—429; "Lessons from the War—in Philosophy" (1941), in LW 14. 316—319, 329—331; *John Dewey & Arthur F. Bentley: A Philosophical Correspondence*, 1932—1951, ed. Sidney Ratner and Jules Altman, New Brunswick, NJ: Rutgers University Press, 1964, 629。

但是,这并不意味着哲学就没有主动性了。实际上,哲学先前通过批判前现代制度为科学的进步铺好了道路。[17] 杜威相信,在很大程度上,社会的分裂是由科学及其实际应用所取得的不完全进步所造成的;哲学本身仍然是新旧思维的混合物。[18] 现在,哲学必须做出"系统的"努力,以"使旧制度风俗下的'道德'接受科学对它的探究和批判"。[19] "哲学的任务有两个,一是批评经验,因为经验总是某个特定时期的经验,二是积极地'投射'价值,因为这会使经验更加统一、稳定和进步。"[20]

根据杜威,这项工作的其中一个方面是发展一种新的知识理论。其他理论倾向于区分经验认知与理性认知、从知识宝库里拿来的学识与做出来的学识、被动性与主动性、情感与理智、理论与实践。但是,杜威的理论设定了统一性概念(343)。他提出了两个论点来证明统一性(在这个语境下是身心统一性)。首先,生理学与心理学的进步证明了心灵、神经系统和身体之间的联系:"神经系统只是使身体的所有活动都协同工作的一种特殊机制……每一种运动反射都根据感觉器官的状态作出相应的回应,所以运动反射【29】也决定了下一步的感官反射。"(346)[21]其次,生物进化大发现告诉我们:

> 较为简单的和较为复杂的有机体的统一性……随着活动越来越复杂,协调的时间和空间因素越来越多,智力的作用也

[17] 见《哲学的改造》1948 年重印版导言,载于 MW 12. 264;"Modern Philosophy" (1952), in LW 16. 414—15。

[18] 见"Has Philosophy a Future?"(1949),in LW 16. 367。

[19] 《哲学的改造》1948 年重印版导言,载于 MW 12. 266。杜威并不是说哲学家应该做科学家的工作,而是说他们处理道德问题的方法应该类似于自然科学的方法。同上,载于 MW 12. 270, 273;比较"Philosophy's Future in Our Scientific Age: Never Was Its Role More Crucial"(1949),in LW 16. 375, 379n。

[20] "The Determination of Ultimate Values or Aims through Antecedent or A Priori Speculation or through Pragmatic or Empirical Inquiry"(1938),in LW 13. 255—256。

[21] 杜威含蓄地引用了自己的一篇重要文章"The Reflex Arc Concept in Psychology"(1896),in EW 5. 96—109。

越来越显著,因为它需要预测和计划的未来的跨度更大了。这对认知理论产生了影响,过去那种认为认知只不过是世界的旁观者或观察者的活动的观念,被新的观念所取代,那就是,认知是完全自在自存的东西。(347)

在这里,杜威的统一性原则蕴含的不仅仅是连续性观念,还有成长观念。因此,某种知识理论就具有社会和政治意义:"由于民主原则上代表自由交换,所以对于社会统一性而言,必须发展出这样一种知识理论,它在知识中找到一种可以让某种经验给其他经验提供方向和意义的方法。"(354—355)同样,较好的道德理论就是要观察学习是否源于具有社会目的、从一般社会情境出发的活动:"衡量学校行政、课程和教育方法的价值,就是看它们在多大程度上是被社会精神所推动的。"(368)

杜威用一贯的方式结束作品。他请读者根据他对哲学的理解来评价他的民主教育观。正如我们已经看到的,他把哲学定义为"关于教育的一般理论"。说哲学是一种"理论",他的意思不是给出答案,而是提出问题。"教育哲学"这个词指"对当代社会生活困境之下正确的心理和道德习惯形成问题的明确表述"(341)。

但是,哲学目标之所以有限,不仅仅只是因为实现知识的途径是独特的,只能通过科学,还因为观念或原则能够实现的有效性是有限的。关于这一点,杜威谈政治哲学时说得最清楚:早期政治自由主义的"根本缺陷"在于"没有充分认识到历史相对性"。㉒ 个体在自然状态中完全享有自由这个观念妨碍了早期自由主义者承认,【30】政府的干涉或许是必要的,它有助于确保政治自由,抵制社会中的反对力量,特别是在经济问题上。"彼时用于促进社会

㉒ "The Future of Liberalism" (1935), in LW 11.290. 另见 *Liberalism and Social Action* (1935), in LW 11.26; "Introduction to Problems of Men: The Problems of Men and the Present State of Philosophy" (1946), in LW 15.162—163。

变革的观念,在用于阻止社会变革之时,就具有了不同的含义。这个事实本身就说明了历史相对性。"㉓然而,我们可能会问,这种说法本身不就是对历史相对性的否定? 据我所知,杜威没有提供针对这一难题的解决方案。

杜威让哲学朝向科学,似乎也提供了超越时空的界限。科学不就是揭示事物的本来面目吗? 但是,杜威看到了科学方法和历史相对主义之间的紧密联系:科学告诉我们,那些能够解决此问题的原则或许无法解决彼问题。因此,他提出,"历史相对性和实验方法之间具有内在的联系"。㉔ 正如我们所见,哲学因为必须尊重科学,所以不会挑战历史相对性这条教诲。

根据杜威,实验性的生活方式"本身就是一种需要通过经验来检验的理论"。㉕ 本章的读者可能已经注意到了"经验"这个词的频率。回想杜威的那个观点,即"经验"包括有机体及其所处的环境;杜威的标准不仅仅是主观的。为了验证科学,杜威依赖于直接经验——构成直接经验的东西,来自呈现在人类感官面前的那个世界。我们可以感觉我们经验中的那些东西的品质,不需要通过思考。㉖ 真的东西(what is true),我们能够拍胸脯保证为真的东西,并不就是真实世界(domain of what is real)的全部。这样一来,产生反思性经验或科学的,不是前科学知识,而是感觉。反过来,反思性经验也可能会让感觉发生变化。评价事物应该按这种方式进行。直接经验和反思性经验之间的这种相互关系让杜威判断出,而不只是感觉到:科学可能既有有益的后果,也有有害的后果。㉗ 但我们或许想要问他,到底要多少科学反思,才能知道核战争是糟糕的?

㉓　"Future of Liberalism," in LW 11. 291.

㉔　"Future of Liberalism," in LW 11. 292.

㉕　*German Philosophy and Politics* (1915), in MW 8. 201.

㉖　见"The Postulate of Immediate Empiricism" (1903), in MW 3. 158—167。

㉗　见"Has Philosophy a Future?" in LW 16. 364—365。

在其晚年,杜威不幸地看到,他的职业比以往更看重科学:
【31】由于分析哲学和逻辑实证主义,伦理学被驱逐到低级的"规范性"领域。杜威成功地避开了这个陷阱。不过,他未能更加严格地思考哲学和科学之间的关系,倒让他近来最著名的发言人罗蒂(Richard Rorty),可以比原本可能的更合理地主张他这位前辈的思想,服务于自己的后现代目的。

推荐阅读

Alexander, Thomas M. *John Dewey's Theory of Art*, *Experience*, *and Nature*: *The Horizons of Feeling*. Albany: SUNY Press, 1987.

Diggins, John Patrick. *The Promise of Pragmatism*: *Modernism and the Crisis of Knowledge and Authority*. Chicago: University of Chicago Press, 1994.

Fott, David. *John Dewey*: *America's Philosopher of Democracy*. Lanham, MD: Rowman & Littlefield, 1998.

Hook, Sidney. *John Dewey*: *An Intellectual Portrait*. New York: John Day, 1939.

Pappas, Gregory Fernando. *John Dewey's Ethics*: *Democracy as Experience*. Bloomington: Indiana University Press, 2008.

Ryan, Alan. *John Dewey and the High Tide of American Liberalism*. New York: Norton, 1995.

Smith, John E. *Purpose and Thought*: *The Meaning of Pragmatism*. New Haven: Yale University Press, 1978.

Thayer, H. S. *Meaning and Action*: *A Critical History of Pragmatism*. 2nd ed. Indianapolis: Hackett, 1981.

Westbrook, Robert B. *John Dewey and American Democracy*. Ithaca, NY: Cornell University Press, 1991.

2

卡尔·施米特:政治的神学和政治的概念

特雷西·斯特朗

有人声从西珥呼问我说:"守望的啊,夜里如何? 守望的啊,夜里如何?"

守望的说:"早晨将到,黑夜也来。你们若要问就可以问,可以回头再来。"

(《以赛亚书》21:11—12)

【32】卡尔·施米特(1888—1985)或许是魏玛共和国时期(1919—1933)最重要的法学家。他出生于威斯特伐利亚一个信奉天主教的商人家庭,后来在几所大学接受律师和法学理论家教育,最终于1915年在斯特拉斯堡(当时属于德国)通过教授资格考试(*habilitation*)。施米特先后执教于几所德国高校,1932年成为科隆大学法学教授,1933年成为柏林大学法学教授。这里值得注意的是,在德国的学术系统中,成为一名教授也意味着成为一名非常高级的公务员,因而必须遵守公务员的行为规范。施米特的作品属于法律理论和主权理论领域,但带着对魏玛共和国之冲突和苦难的关切,并深受这种关切的影响。

1933年5月,施米特加入德意志民族社会主义工人党(National Socialist Workers Party),也就是纳粹党(德国最重要的哲学家海德格尔于同月加入这一组织)。同年 11 月,施米特成为德意志民族社会主义法学家协会(National Socialist Jurists Association)主席。他发表作品,包括反犹作品,支持纳粹党。① 但是,一切都不顺利:施米特发现自己在好几场争论中都处于下风。人们往往容易忘记,纳粹实际上跟所有的政治运动一样,有不同的派系。【33】几个官方机构都对施米特进行了严厉的通报批评,但德国空军总指挥赫尔曼·戈林(Hermann Goering)保护了施米特。在 1933 至 1945 年间,施米特一直都是纳粹党员、柏林大学法学教授;战后,他被胜利的盟军扣押。由于从未被指控有罪,施米特从未退党或为自己的党员身份道歉。他继续写作,与众多战后著名知识分子,如黑格尔主义的马克思主义者科耶夫(Alexandre Kojève)、哲学家和神学家陶伯斯(Jacob Taubes),以及政治上难以定义的荣格尔(Ernst Jünger)等保持书信往来。1985 年 4 月,施米特逝世于自己的出生地普莱顿堡。

二战前,确切地说是 1934 年、1935 年前,施米特对整个政治领域的思想家都有重要影响。施米特虽然一直都是右翼人士,但却对深受马克思影响的左翼思想家联盟,即后来的"法兰克福学派"的重要成员,如霍克海默、阿多诺、本雅明等有所影响。最近的研究发现,在阿伦特,甚至后现代主义者如利奥塔(Lyotard)等人的作品中,都可以找到施米特影响他们的重要线索。(德里达的《友谊政治学》[*The Politics of Friendship*]好几章都是回应施米特。)弗里德里希(Carl Friedrich)和摩根索(Hans Morgenthau)是自由派重要人士,处于政治光谱的中心,但他们在施米特那里发现了

---

① 迈尔(Heinrich Meier)的《施米特的教诲》(*The Lesson of Carl Schmitt*)较好地证实了施米特的反犹主义。(Heinrich Meier. *The Lesson of Carl Schmitt*. Chicago:The University of Chicago Press, 1998.)

重要的见解。② 然而施米特是坚定的纳粹党员,二战前、二战后都发表过反犹言论(不过在战后更为克制)。我们为什么应该关注他?

任何人只要写施米特,就得说清楚,在他的作品中,到底有什么值得这样做。这不是"思想自由"的问题,因为这会把对施米特的兴趣降低为对施米特的主观偏好,也不是"了解你的敌人"的问题,因为这个问题是弄清你的敌人是谁、他为何是你的敌人。③ 任何这样的解释都必须是实质性的。在我看来,施米特在下面这些问题上给我们提供了门路:【34】在 20 世纪,是什么原因导致西方民主国家中的行政权逐渐高于立法权,且明显持续性地占主导地位? 西方工业化民主国家的不同面相之间是何种关系? 它们一方面坚持权利、自由和社会福利,另一方面却实施压制和管制——不只是在国内如此,只要有力量,在国际上也如此(例如帝国主义、殖民主义、支持威权政制)? 从历史的角度而言,我们应该把法西斯主义看作是现代性趋势的发展,还是现代性趋势的异常? 施米特的作品也提出了这样的重要问题:对这些问题的认真关注需要什么?

《政治的神学》(*Political Theology*)首次出版于 1922 年,代表了施米特与后来占据了他人生中大部分时间的那个主题最重要的第一次接触。这个主题就是主权,也就是,构成政治体系的机构的核心和本质。政治决断的核心,施米特告诉我们,是一种"艰难

---

② 参阅我为《政治的概念》(*The Concept of the Political*, by Carl Schmitt, ed. George Schwab, Chicago: University of Chicago Press, 1996)所写的前言"围绕施米特的新争论的多重维度"(Dimensions of the New Debate around Carl Schmitt, pp. x—xii),以及前言中为进一步讨论这些内容所提供的参考资料。在这一章中,除了这篇前言之外,我也借用了为《政治的神学》(*Political Theology*, by Carl Schmitt, ed. George Schwab, Chicago: University of Chicago Press, 2005)所写的前言。

③ 参阅巴利巴尔(Etienne Balibar)为《霍布斯国家学说中的利维坦》(*Le Léviathan dans la doctrine de l'état de Thomas Hobbes*, by Carl Schmitt, Paris: Seuil, 2002)所写的引言"Le Hobbes de Schmitt, le Schmitt de Hobbes"。

的、道德上的决断"。④《政治的神学》第一句话很有名。施米特说主权具有重要性,那在什么情况下主权具有重要性?这句话明确了这一点。同时,这句话也构成了整个作品的第一段。施米特写道:"主权就是决定非常状态者。"(*Souverän ist, wer über den Ausnahmezustand entscheidet.*)(PT 5)然而关键在于,*über* 这个词模棱两可:它可以指"决定非常状态是什么者",也可以指"决定非常状态如何处理者"。这种模棱两可对于理解施米特想说什么至关重要:主权的本质既在于决定什么是非常状态,又在于做出合适的决断处理非常状态;两者相辅相成,不管是哪个,没了另一个就完全没有意义。

因此,"非常状态"并不是显而易见的。当然,如果我们认为严重的经济或政治动乱所产生的就是非常状态,那它们的确是显而易见的。通过持续数年的恶性通货膨胀或 1929 年的经济萧条来理解施米特所说的内容是件自然而然的事,但《政治的神学》出版于 1922 年 3 月,不能被简单地理解为是对这些或那些情况的回应(恶性通货膨胀爆发于 1923 年)。

对于这句开放性的话,第二个问题在于如何理解非常状态(*Ausnahmezustand*)。前面 *über* 这个词的含义似乎在于加强,强调决断是绝对的、独断的、不受限制的,这个词却似乎意在缓和。【35】谈到非常状态问题的时候,施米特有时使用的是较为一般的词,如"例外状态"(*Ausnahmefall*)、"危机"或"紧急状态"(*Notstand*),甚至使用更为一般的词"紧急情况"(*Notfall*)。但是,"例外状态"这个词具有更浓的法律意味;相比而言,"例外"这个词的含义更为宽泛。因此,出现了跟 *über* 这个词同样的问题。究竟什么是"例外"?可以用法律术语来定义吗?还是说,我们可以认为它更多地是一个开放的领域?

---

④ Schmitt, *Political Theology*, 65. 以下文中用 PT 表示,后面跟上页码。根据需要,对 Schwab 的译文有所改动。

注意,在这里,施米特不是在简单地讨论专政问题。在比《政治的神学》早一年出版的著作《论专政》(*Die Diktatur*)中,施米特区分了"委托专政"(commissarial dictatorship)(他以内战期间的林肯为例)和"主权专政"(sovereign dictatorship)。委托专政维护现存宪法,主权专政却鉴于旧宪法的奔溃,试图为新宪法创造条件(或许可以考虑 1958 年的戴高乐)。《论专政》是关于专政的理论,《政治的神学》却是关于主权的理论,尝试在主权理论中定位紧急情况,明确什么是紧急情况。更重要的是,《政治的神学》讨论了施米特意义上构成委托专政和主权专政、使两者成为可能的基础。

我再次认为,施米特方面的这种一带而过不是意外。与其妄图确定非常状态(或紧急状态、紧急情况等)到底是什么意思,不如从另一个方面来看这个问题。对于施米特而言,不可能存在一套预先存在的规则,可以告诉人们现世生活中的某种情况是否为非常状态。施米特的国家概念的本质,就在于主权不能有预先设定的固定定义。为什么不能有?这里清楚的是,主权这个概念包含了施米特关于国家的一般理论,正如他自己告诉我们的那样(PT 5)。正如他在第二版(1933)的前言中所写,主权的本质是做出"真正的决断"(PT 3)。这就是说,不只是做出决断,而是做出"真正的"决断,这是最重要的。显然,问题在于是什么使得决断乃是"真正的",而不只是"堕落的决策主义"的显现。施米特从来不"只"是一个决策主义者,如果决策主义仅指选择是必要的,任何选择都比没有选择要好。

什么构成了"真正的决断"?这是个复杂的问题。为了理解施米特的立场,我们必须明白为何对他而言,政治(或"政治事物")不等同于"国家",⑤尽管在现代社会中,政治具体化最常见

---

⑤ 这个主题来自施米特最早的著作,包括其教授资格论文(*Habilitationsschrift*),《国家的价值和个人的意义》(*Der Wert des Staates und die Bedeutung des Einzelnen*, 1917)。参阅 Reinhard Mehring, *Carl Schmitt*: *Zur Einführung*, Hamburg: Junius, 2001, 19—21。

的机制是国家。【36】《政治的神学 II》(1969)延续了《政治的神学》的主题。在《政治的神学 II》中,施米特写道:"现在,不能再用国家来定义政治;相反,如今仍然可以被称为国家的那个东西,必须用政治来进行定义和理解。"⑥构成国家的是一群人(必然不是全世界的人),是以国家为前提的"我们"(定义一个东西总是通过定义它不是什么),是被冲突所定义的"我们"。国家的定义来自敌友之分。敌友之分就是我们/他们之分,而且"我们"是至关重要的。

这个主张构成了施米特拒绝被其称之为"自由主义的规范主义"(liberal normativism)的基础;自由主义的规范主义假定,一个国家最终可以依赖于一套共同商定、不管特殊情况的程序规则。因此,政治不能建立在多元主义的条件基础之上,国家也不能建立在多元主义的基础之上。政治反而依赖于公民的平等(从这个意义上而言,施米特尽管不是自由派,但却是民主派!),这样的话,他们的集体认同就把他们与其他群体区分了开来:这就是"敌友"之分,或更准确地说,是使政治得以成为可能的东西。可以说,这是它的先验前提。⑦ 对多元主义的敌意也解释了施米特的(一些)反犹思想。就跟霍布斯对天主教徒及其对罗马教廷的忠诚的看法一样,施米特认为犹太人并不忠实专一,是一国之中的危险因素。⑧

所以,政治不同于经济,也不同于辩论。在经济中,一个人拥有的是"竞争者",而非敌友;在辩论中,一个人拥有的是"讨论对手"。⑨ 政治也不是私人意义上一个个体对另一个个体的厌恶。

---

⑥ Carl Schmitt, *Politisches Theologie II*, Berlin: Duncker & Humblot, 1996, 21.

⑦ 列奥·施特劳斯1932年9月4日致施米特的一封信证明了这一点。载于 Heinrich Meier, *Carl Schmitt and Leo Strauss: The Hidden Dialogue*, Chicago: University of Chicago Press, 1995, 124。

⑧ 这解释了施米特部分的反犹思想。更多讨论见注释1。

⑨ Schmitt, *Concept of the Political*, 28.

相反,政治是某个"齐心奋战的全体"发现自己与另一个这样的实体处于必然的对立之中的现实可能性。"敌人",施米特指出,"从广义上讲是公敌(hostis),而非私敌(inimicus);是战争(pelemios),而非憎恨(echthros)"。[10]

在与一些思想家争论的过程中,施米特提出了这些考虑。首先是在讨论凯尔森(Hans Kelsen)之际。【37】在施米特撰写《政治的神学》的年代,凯尔森是欧洲法学界的领军人物,奥地利著名的法学家和法律学者,奥地利宪法法院极具影响力的成员。作为司丹木拉(Rudolf Stammler)的学生,凯尔森是一位新康德主义者。他接受的是新康德主义学派的训练,具有新康德主义学派的气质。在《政治的神学》出版前夕,凯尔森出版了《主权问题和国家法理论》(Das Problem der Souveränität und die Theorie des Völkerrechts),为他后来所谓的"纯粹法理论",即一种排除所有主观因素的法理论奠定了基础。转而言之,凯尔森寻求一种在任何时候、任何境况下都适用的法理论。这里值得注意的是,施米特与凯尔森之间的争论类似于海德格尔和卡尔纳普之间的争论,类似于脚踏实地的思考和可被称为浮想联翩的思考之间的争论。

施米特反对凯尔森的"纯粹法理论",坚持"所有法律都是情境法"(PT 13)。他的意思是,在真实的、活生生的人类现实中,情况总是如此:恰在不可预测的时刻,"现实生活的力量冲破因重复而变得僵硬的机制的外壳"(PT 15)。转言之,施米特要求他对法律和政治的理解能够回应人类生活最终难以控制和不受控制这个事实。如果生活从来都不能简化为一套规则,或我们永远都无法用一套规则来充分理解生活,不管规则有多复杂,那意味着规则最终是属于人类的,不是属于法律的。更确切地说,人治必须始终在存在上构成法治的基础。对于施米特而言,假装可以拥有一种终

---

⑩ Schmitt, *Concept of the Political*, 28.

极的"法治"是给自己下圈套,害自己不得不在预测之外却必然会
发生的事件面前低头,失去我们这个世界所具有的人的因素。

这是施米特那里的一个重大主题。这不是说法律对人类事务
而言不重要,而是说人类事务最终依赖于人类,永远都不可能独立
于人类。譬如,在讨论洛克的过程中,施米特以如下理由批评了洛
克:尽管洛克说"法律赋予权威",但他"没有意识到,法律并不指
明它赋予权威给谁。不可能是任何人"(PT 32)。施米特对比了
一下霍布斯的讨论(由此引出了讨论霍布斯之际经常忽略的问
题)。他引用了《利维坦》第26章,大意是,制定法律的是主权权
力,而非真理。然后,他又引用了另一句话,大意是"服从、命令、
权利与权力【38】不是权力的结果,而是人的结果",把问题给讲清
楚了。对于霍布斯而言,政治领域中扮演重要或一般角色的,或被
授权扮演重要或一般角色的,是"人"。⑪

施米特坚持政治和法律行为中必定存在人的因素,人的因
素不可或缺,是极为重要的。那些试图通过制定一套规则来作
决断的人把政治事务从人类生活中抽离了出来;施米特所关心
的却是把它们留在人类生活之中。(正是由于这样的原因,有些
人反对罗尔斯的《正义论》,更反对他的《政治自由主义》,因为
他们认为这是对法院的过度依赖——一种死抠法律条文的依
赖。)从而,人类社会永远都不能依赖于规则的规定和对规则的
应用,让规则来决定对具体情形的处理。决断和判断总是必要
的。在这方面,施米特可以被认为是当代新发展,如左翼的批判
性法律研究、右翼的法经济学运动等的发起者(虽然他并没有得
到如此公认)。

正是因为如此,对于施米特而言,国家不可以与法律秩序混为

---

⑪ PT 33—34. 参阅拙文 "Seeing the Sovereign: Theatricality and Representation in
Hobbes", in *Letting Be: Fred Dallmayr's Cosmopolitan Vision*, ed. Stephen Schneck,
Notre Dame, IN: University of Notre Dame Press, 2006。

一谈;在例外状态下,占上风的法律秩序"不是平常那种"(PT 12)⑫,而是"自虚无中来"(PT 31—32)。所以,施米特的主权概念最终不受正式规则的约束,它的核心和要点是在无政府状态存在危险的时候,"创建一种法律秩序"(PT 13)。权威只有不受规则之约束才具有绝对性。这就是为何这是一种政治的神学——上帝本身不善不恶,他的权威无关道德。为了能够在现实世界混乱不堪、现存法律秩序岌岌可危之际创建或恢复法律秩序,主权必须决断某种状态是否为例外状态,同时决断如何应对。伦理道德和法律秩序建立在虚无(*das Nichts*)之上,也正是从虚无之中,上帝创造了世界。

施米特用来解释个人观点的一个类比清楚地说明了主权的不同一般:"法学中的例外类似于神学中的奇迹。"(PT 36)把例外称为奇迹具有什么含义?显然,这种说法与"政治的神学"有关。为了找到答案,我们必须首先转向作为施米特试金石的那位作者。在《利维坦》的第 37 章中,霍布斯首先把奇迹定义为"难以想象自然原因的奇事",然后又把它定义为【39】"上帝之作(创世时通过自然操作),为了向他的选民说明前来拯救他们的特殊使者的使命"。霍布斯的定义对施米特来说很贴切,因为对于施米特而言,例外就是主权得以展现其真正本质的时机,是主权之真正本质的显现。因此,对于施米特来说,主权不仅定义了"例外",也通过"例外"得以显现,它就在"例外"之中;这就是为何施米特必须提到"真正的"决断。

至少试试把人类事务建立在法治基础之上,这会有什么问题吗?施米特发现了两个主要问题。首先来看例外和常态的认识论关系。施米特称主权为边界(*Grenzbegriff*),认为它是一个限制或

---

⑫ 参阅豪斯(R. Howse)在"From Legitimacy to Dictatorship—and Back Again"一文中的相关讨论,in *Law as Politics*, ed. David Dyzenhaus, Durham, NC: Duke University Press, 1998, 60—65。

边界概念。这样一来,它就朝向两个方向,划出受制于法的领域(即主权所统治的领域)和不受制于法的领域(即潜在的例外之域)之间的界限(PT 5)。只关注法治将会误解主权的本质和地位。根据施米特,只有理解主权,即理解通向例外之域的东西,才能理解法律秩序的本质。⑬这是因为,他说,"例外比规则更有趣"(PT 15)。为了支撑这一论点,施米特引用了克尔凯郭尔的一段话。这段话是这么说的:这不是因为我们无法思考规则或"常规",而是因为我们不能在常规中看到任何值得思考的东西,正因为如此,我们在这个领域内的思考会"没有激情"(同上)。这里所说的就是,例外会以日常无法做到的一种方式吸引人类。

其次,意识到下面这点很重要:只有拥有规则,才能拥有例外。所以,指定某些东西为例外实际上是明确规则的本质和性质。比如,如果我是一个交换项目的主任,那我说"我会在你身上破个例,让你参与这个项目去德国,虽然你的成绩并不符合要求",我既申明了规则,又申明了规则是人定的,我们自然不会被它牵着鼻子走。我也做了个判断,即在这种情况下,在这个时刻,各方面的考虑都表明需要像这样破个例(所以,我不是在受贿)。所以说,没有规则就不可能有例外。

【40】但是,当我申明"规则是人定的"的时候,我到底是在申明什么?对于施米特而言,捍卫政治是一项事业,关于例外的主张,以及由此得出的关于规则以人类行为为基础的主张均是这项事业的需要,虽然只是其中一部分。韦伯(Max Weber)在描述官僚主义如何运转之际声称,在任何情况下,官僚关系都不会是人与人之间的关系(这里说的是合理合法的官僚关系),因为官僚主义是一种依赖于规范规则、不依赖于人的社会组织,"根据确定的规

---

⑬ 见《规范和例外之间》一书对这个问题的丰富讨论:William Scheuerman, *Between the Norm and the Exception: The Frankfurt School and the Rule of Law*, Cambridge, MA: MIT Press, 1994, 330, 以及其他多处。

则……'客观地'开展业务,'不考虑人的因素'"⑭是一种规矩。韦伯的意思是,现代文明的本质在于剔除社会过程中的非理性,代之以程序形式主义(他不认为社会的方方面面都已如此,只是认为这是一种趋势)。对于韦伯而言,世界的祛魅是政治的消失——因而是人类的消失,是非理性和无规则统治在社会事务上所扮演的角色的减弱。"官僚主义,"他宣称,"与政治无关。"

重要的是,在现代社会,我们必须寻求相当于超验权威的东西,因为"所有的超验观念对大多数受过教育的人而言都不再可信"(PT 50)。所以,任何决策主义理论都必须建立在内在标准之上。这就是施米特所认为的政治事务的本质:找到神圣事物的世俗替代。这就是霍布斯的成就。通过创建一个人造的、但超验的主权,霍布斯提供了解决施米特所提出的现代性问题的范例。

这些思考有助于解释《政治的神学》的最后一章。在这一章里,施米特提出,迈斯特(Joseph de Maistre)、博纳尔德(Louis Gabriel Ambroise de Bonald)和科特斯(Juan Donoso Cortes)夸大了邪恶。他们之所以如此,是因为只看到人类对权力的追逐使人们有能力制造巨大的邪恶,没看到人类对权力的追逐也使头头们的统治成为可能。施米特显然不反对头头们的统治;但是,决断虽然产生于虚无,却必须始终遵循民众的意愿(PT 66)。或许可以这样说,施米特不是那种反动的反革命分子。他接受,这个时代的合法性在某种意义上必须是民主的,不能是君主的。所以,施米特虽然认为迈斯特、博纳尔德和科特斯准确地抓住了问题,【41】但却认为他们的解决方案——法国用君主制、西班牙用专政——不能接受。正如他在《政治的神学》最后一页的注释中所指出的:"这些反革命的哲学家……把决断时刻捧得如此之高,以至于合法性观

---

⑭ Max Weber, *Economy and Society*, Berkeley: University of California Press, 1967, 975.

念,他们的出发点,荡然无存……这种决断主义本质上不过是独裁,没有合法性可言。"(PT 65—66)

虽然施米特同情上面这些理论家,反对资产阶级自由思想家,和科特斯一起把他们蔑称为扯淡阶级(*a clasa discutidora*)(PT 62),但分析例外之于主权的重要性恰是为了在民主的年代恢复16世纪乃至17世纪一直存在的超验元素。施米特相信,霍布斯准确地理解了这个问题:他在神学冲突使得任何有关超验的主张都内在地问题重重的年代处理了超验问题。回想一下,对于霍布斯而言,主权是我们每一个人,主权权威由创造性的契约所建立——该契约认为,写在心中的都毋庸置疑(在每颗心中都如此);这是绝对的权威,就像圣经对于新教徒一样。

整合施米特思想中的这些要素,我们就可以明白国家社会主义为何对他具有吸引力。施米特跟海德格尔一样,成长于乡村地区信奉天主教的小资产阶级家庭。用他自己的话说,他的童年、青春期和青年时代(一直持续到第一次世界大战结束;战争期间是一名军官,战争结束时已30岁)一直都在摆脱各种影响:他的天主教信仰被取代(*entortet*)、分解(*enttotalisiert*);更大的普鲁士主义被去黑格尔化(*enthegelianisiert*)。同样,在他的成年时期,魏玛德国被去普鲁士化(*entpreusst*)。⑮ 虽然天主教信仰对施米特来说一直都很重要,但这种自我描述刻画的却是一个消极对待自身传统的人,但正在发展或未来的自由主义信仰也没影响到他。我们必须结合这些以 *ent* 开头的动词来理解他对自由主义的批判:⑯当一个人失去了自己大部分的本来面目,他还剩下什么?

---

⑮ 这是施米特自己的论述,见 *Complexio Oppositorum*:*Über Carl Schmitt*, ed. H. Quaritsch, Berlin:Duncker & Humblot, 1988, 105。见梅林的相关讨论:Mehring, *Carl Schmitt*, 12—15。

⑯ 因此,虽然左翼反自由主义者可以"向施米特学习",但并不是完全清楚,他们学习的是施米特。见 Paul Piccone & G. L. Ulmen, "Introduction to Carl Schmitt," *Telos*, no. 72 (Summer 1987):14。

【42】那么,他被希特勒所吸引的原因是什么? 显然不是出于对希特勒某种特殊品质的钦佩:他在纽伦堡审判时所表现的蔑视少说也是显而易见的。⑰ 不如说,希特勒在他看来就像是上帝派来行使奇迹的实体,就像刚才所引用的霍布斯的那段话所说的那样,这个奇迹就是让主权变得具有超验性,让政治变得具有人的因素。从这样的理解出发,希特勒这个人就一点都不重要;施米特和他之间只不过是一个人和奇迹之间的关系:接受或拒绝。

当希特勒在非常年代快速表现出真正的政治家风范的时候——合法当选,有能力在非常状态下做出必要的超出法律的艰难决断,情况就更是如此了。当希特勒和戈林下令于1934年6月30日至7月2日处决纳粹冲锋队头目时,在两天内,几乎所有的媒体都祝贺他们让国家免于内战之殇。兴登堡向新任总理致感谢函(或被迫致函)。1934年8月1日,施米特在报纸上刊文《领袖守护法律》(Der Führer schützt das Recht),为希特勒的行动进行辩护。⑱ 因此,是取得权力、在对权力的运用中彰显主权这个现实吸引了施米特:他对法律的理解要求他支持希特勒。这不是屈服于真假先知之魅力的问题。

因此,在1938年有关霍布斯的著作中,施米特批评霍布斯允许私人信仰。这样的信仰,他说,从内部摧毁了利维坦。霍布斯的

---

⑰　“他(希特勒)在我看来非常没意思,我都不想谈论这人。”Carl Schmitt, *Ex Captivate Salus*: *Experiences des années* 1945—1947; *Textes et commentaires*, ed. A. Doremus, Paris: Vrin, 2003, 41. 但是,德文版中没有这段材料。

⑱　这个情况有点复杂。肯尼迪(Ellen Kennedy)认为,施米特是被迫这么做。施米特被认为具有冲锋队的某些元素,也有一些证据表明戈林让他免于被清洗。过60岁生日时,施米特写了首有点自怜自夸的诗《六十岁之歌》(*Gesang des Sechzigjährigen*)。其中,他写道,他“曾三次受到保护,如蒙保护于鱼腹中”。第一次是在1934年。第二次是在1936年,被盖世太保的“黑色秩序”盯上(纽伦堡审判时,他说那时他“预见到了魔鬼”)。最后一次是战后审判,他似乎相信自己会被处以绞刑。

主权尽管在结构上与施米特的一样,但更为内敛:没有潜在的民族精神(Volksgeist)等待被唤醒。[19] 或许,这是施米特认为托克维尔【43】乃是当代最重要的历史学家的缘故。托克维尔明白平等这种民主精神不可抗拒。关于施米特,关于韦伯也一样,仅用以赛亚听天由命的话作为本章题记。

推荐阅读

Schmitt, Carl. *The Concept of the Political*. Edited by George Schwab, with a fore-word by Tracy B. Strong. Chicago: University of Chicago Press, 1996.

——. *Political Theology*. Edited by George Schwab, with a foreword by Tracy B. Strong. Chicago: University of Chicago Press, 2005.

---

[19]　见 George Kateb, "Hobbes and the Irrationality of Politics," in *Political Theory* 17, no. 3 (August 1989): 355—391。

3

安东尼奥·葛兰西：解放始于批判性思维

约瑟夫·布蒂吉格

【44】1947 年,安东尼奥·葛兰西(Antonio Gramsci, 1891—
1937)的狱中书信首次在意大利出版。此时,葛兰西已去世十年,已
消失于政治舞台二十年。书信集受到了广泛的好评,被认为是一部
重要的文学作品,并获得了著名的维拉吉奥奖(Viareggio Prize)。
葛兰西基本不被共产主义圈子外的人所知或记得,但这时却突然出
现在了全国性的舞台上(虽然已逝世),只是因为法西斯灾难之后,
这个国家迫切需要英勇抵抗独裁统治的故事,以减轻或降低整体的
罪恶和羞耻。但是,《狱中书简》(Letters from Prison)不仅仅只是记
录了一位政治异见分子因秉持尊严而遭受的苦难——这位异见分
子把自己描述为"一个普通人,但拥有自己的信念,不会放弃这些
信念以换取世界上的任何东西"。① 在通信中,葛兰西花了相当的
篇幅讨论他在牢房里进行的研究以及他在札记中所阐述的想法和
批评。从他的书信中,可以看到,这个囚犯成功地反抗了法西斯检
查官决定"让这个脑袋停止工作二十年"的决心。② 法西斯分子最

---

① Antonio Gramsci, *Letters from Prison*, ed. Frank Rosengarten, New York: Columbia U-
niversity Press, 1994, 1:140.
② Giuseppe Fiori, *Antonio Gramsci: Life of a Revolutionary*, trans. T. Nairn, London:
Verso, 1970, 230.

害怕的是葛兰西的智识(intellect);这神奇地映照了葛兰西的观点,即在政治上,思想至少与直接动用力量以及正面反抗一样重要。统治当局虽然无法阻止葛兰西的智力劳动,但还是成功地在将他逮捕之后,把他的智力劳动隐藏了二十年之久。这些书信出版之后,葛兰西的智识遗产引起了最大的关注。克罗齐(Benedetto Croce)一直被认为是意大利杰出的哲学家和【45】知识分子权威(葛兰西在一封书信中贴切地称克罗齐为"世俗教皇"③)。他在对《狱中书简》热情洋溢的评论中宣称,"作为一个思想家,葛兰西是我们中的一员,是那些在本世纪初的几十年里,致力于在意大利发展一种哲学和历史的思维方式以解决当时问题的人中的一员;我也是其中一员,是这群年轻人中的年长者"。④

葛兰西的狱中札记初版于 1948 至 1951 年间,以主题划分,共六卷。其中,第一卷收录的是讨论历史唯物主义和克罗齐哲学的作品。这些作品的文化和政治影响颇大,几乎立竿见影,引发了许多的讨论和争论。在共产主义和社会主义圈子里,葛兰西对实证主义和经济主义的系统批判深深地震惊了严格遵守、坚定捍卫马列主义正统的人;与此同时,这也鼓励和鼓舞了那些渴望摆脱教条主义遗产的人们,因为这些教条的遗产在斯大林统治时期变得无法忍受。大多数保守派和天主教知识分子警告说,尽管葛兰西的思想具有独特性和明显的开放性,但他最终是个马克思主义者。另一些人在札记中发现了许多值得钦佩的东西,他们很快就对复杂的文本进行了不同的解读,让札记中的主要概念和论点或多或少地与自己的意识形态倾向相兼容。这些争论和快速增长的解读作品,其总的影响就是把葛兰西从知识分子的位置提升到了与克

---

③ Gramsci, *Letters from Prison* 2:67.

④ Benedetto Croce, "Lettere di Antonio Gramsci," in *Due anni di vita politica italiana*, 1946—1947, Bari: Laterza, 1948, 146. 克罗齐的评论首次于 1947 年 7 月发表于 *Quaderni della Critica*。

罗齐齐平的位置。《狱中札记》(*Prison Notebooks*)激发了政治理论、哲学、历史编纂学、文学和社会学等多个领域的学术和批评新方向。

鉴于葛兰西的政治利益和目标使其无法超然地思考,而这种超然思考是真正寻求真理所必须的,所以克罗齐的回应注定要对葛兰西有可能在哲学或大多数其他知识领域作出贡献的较大可能性只字不提。想起马克思在《关于费尔巴哈的提纲》(Theses on Feuerbach)中提出的那个众所周知的公理,即"哲学家们用不同的方式解释世界,但重要的是改变世界",克罗齐提出,葛兰西对这个观点的认同必然迫使他把实际需要放在第一位,而不是把思想本身放在第一位。⑤【46】在批评葛兰西的过程中,克罗齐没有看到葛兰西用多种方式表达了这样的观点,即人类如何解释世界跟既定社会政治秩序得以保持还是发生转变有很大的关系。狱中札记中虽然有大量的篇幅讨论哲学,但克罗齐关于葛兰西的简短论述忽视了这些篇幅中的一些次要细节;相反,克罗齐以多种方式重申了这样一个原则,即坚定地致力于某项政治事业跟冷静地寻求真理并不相容,只有后者才值得被称作是哲学。换句话说,从克罗齐的角度来看,被葛兰西称为"实践哲学"的东西,根本就不是哲学,实践哲学本身就是个矛盾体。

还可以用其他方式来进行论证,得出克罗齐的结论:视葛兰西为一位政治哲学家是不合理的。葛兰西生活和工作的全部推动力,可以说是促使他朝着与哲学家完全相反的方向前进,因为哲学家对知识的追求促使他/她退出城邦生活。诚然,监禁让他与社会隔绝,但并没有让他减少对自己常说的"这个浩瀚无垠的世界"的兴趣或智识思考。葛兰西是否可以或是否应该被纳入政治哲学家

---

⑤　Benedetto Croce, review of Gramsci's *Il materialismo storico e la filosofia di Benedetto Croce*, *Quaderni della Critica* 4, no. 10 (1948): 78.

的行列,显然取决于对哲学的定义和对政治的设想。但葛兰西能否入选,归根结底并不是一个重要的问题,因为这对于理解他作品中最重要的方面几乎没什么用。思考哲学在其政治著作和政治活动中的地位和作用会更有收获。

葛兰西出生于 1891 年。这一年,意大利统一正好三十周年,但政治动荡引发了巨大的社会动荡,经济低迷,失业率居高不下。阶级冲突变得非常明显,导致教皇利奥十三世(Pope Leo XIII)颁布了针对资本家和劳工关系的通谕《新事物》(Rerum Novarum)。《共产党宣言》(Communist Manifesto)的第一个意大利文译本也是在 1891 年出版。同一年,在米兰召开的工人代表大会通过了成立全国性劳工党的决议。1892 年,意大利劳工党(The Italian Workers Party)成立;三年后,改名为意大利社会党(Italian Socialist Party)。

葛兰西出生于阿里斯(Ales)。七年后,1898 年,一家人迁往葛兰西母亲的故乡吉拉尔扎(Ghilarza)定居。这两个地方都是撒丁岛中部的小城镇,文盲率在 60%以上。葛兰西的父亲【47】是从大陆来到撒丁岛的,是一位公务员,从事登记工作。葛兰西的母亲是一个小地主兼税吏官的女儿,按照当时当地的标准可以说相当具有教养。但是,葛兰西的童年非常艰辛。他患有脊柱结核病,但被误诊,导致他身体虚弱,身材矮小,脊柱畸形。更糟糕的是,他的父亲因挪用公款被判入狱近六年。因家庭拮据,葛兰西不得不停止学业。完成小学学业后,他工作了两年。14 岁那年,他在附近的一个镇上上了中学,成绩不知怎的还挺好,最后考上了撒丁岛首府卡利亚里(Cagliari)的德图里高中(Dettori lyceum)。

在卡利亚里,葛兰西与哥哥詹纳罗(Gennaro)共住一间房。詹纳罗在都灵服完义务兵役后被社会主义所吸引,回到撒丁岛卡利亚里工作后,同时成为该市社会党支部书记。在哥哥的帮助带领下,葛兰西踏进了政治的门槛。虽然极度的贫困严重地限制了葛兰西与同辈的社交,但他能够参加有关当时政治和经济问题的会谈和辩论。他也可以接触到主要的报纸期刊,这些他都如饥似渴地阅读。特别是,他翻阅周刊《呼声》(*La Voce*),寻找报刊编辑普利佐里尼(Giuseppe Prezzolini)(于1908年创立了该刊),以及当时其他一流知识分子如克罗齐和萨尔韦米尼(Gaetano Salvemini)等人的作品。《呼声》不是社会主义刊物,但它探讨的许多问题将成为葛兰西著作中的显著特征:南方的落后,迫切需要精神和道德复兴的意大利文化,进化主义(transformism)的腐败效应(即如下政策,通过照顾每个强大的社会群体的利益,避免必要但具破坏性的变革),知识分子在社会中的作用,实证主义思想的局限性,以及意大利的殖民主义。

葛兰西写于高中时期的一篇文章保存了下来,那是在德图里高中的最后一年写的。《被压迫者和压迫者》对殖民征服和殖民统治的野蛮行径进行了强烈的控诉;它可能是受到了两件事情的启发,一是关于意大利殖民侵略埃塞俄比亚的讨论,二是撒丁岛自治运动(认为意大利对该岛的统治是一种殖民主义)。文章接近尾声之际,葛兰西提出了后来在其作品中贯穿始终的一个观点,那就是,法国大革命的伟大教训就是,"社会特权和差异,作为社会而非自然的产物,可以【48】得到克服"。⑥ 葛兰西反复证明,消除不平等的最大障碍,不是强权者拥有可以用来制止叛乱、压制异见、维护现有等级制度的镇压力量。相反,消除不平等的最大障碍在于无能为力者和被边缘化者往往因为接受现有秩序而变得软弱无力,相信事物本来就是这样,这是本性所在。终其一生,葛兰西批评了每一种把自然与社会、自然领域与人类领域进行比较或类比的思维方式。自然不是由人类所造,自然受其自身规律的支配,

---

⑥　Antonio Gramsci, *Selections from Political Writings*, 1910—1920, ed. Quintin Hoare, London: Lawrence and Wishart, 1977, 5.

但社会及其制度却由人类所造,人类创造了自己的历史——这是葛兰西从维柯和意大利哲学唯心主义(philosophical idealism)那里得出的一个基本原则。

到高中毕业为止,葛兰西几乎没有读过马克思的书,对马克思主义理论只有粗浅的了解。他后来对马克思主要著作的研究并没有冲淡他的历史主义。恰恰相反,在驳斥他那个时代的正统马克思主义理论时,葛兰西在他的一篇札记中提出,"关于'历史唯物主义'这个表达,我们一般都是强调第二个词,但实际上应该强调第一个词;马克思从根本上说是一个历史主义者".⑦ 他反复有力地驳斥"历史由其自身的铁律所支配"这个观点,不厌其烦地证明运用自然科学的方法分析历史、社会和政治的隐患。在完成《被压迫者和压迫者》四分之一个世纪之后,就在日益恶化的健康状况迫使他不得不放弃研究的前夕,葛兰西在最后的札记之一中写道:"但不是人人都是居维叶(Cuvier),社会学尤其不能与自然科学相比。在社会学中,更有可能进行武断、离奇的概括(对实际生活也更有害)."⑧

1911 年,因为要参加考试,葛兰西第一次去意大利大陆。这次考试让他获得了都灵大学的奖学金。由于贫困和身体疾病,他头几年在这个寒冷的北方城市过得非常困难,有时都没法去上课,或不得不推迟考试。他渐渐远离了学校,没有拿到学位。但是,他仍然刻苦学习。上过的课程、听过的大量讲座,【49】以及与教授们(包括经济学家斯拉法[Piero Sraffa]、意大利共产党未来的领袖托格利亚蒂[Palmiro Togliatti])和同学们建立的关系,对他的思想和政治的形成产生了巨大的影响。葛兰西成长过程中一个更重要的因素是都灵这座城市本身;在这个地方,葛兰西观察并体验了第

---

⑦ Antonio Gramsci, *Quaderni del carcere*, ed. Valentino Gerratana, Turin: Einaudi, 1975, 1:433.

⑧ Antonio Gramsci, *Quaderni del carcere*, ed. Valentino Gerratana, Turin: Einaudi, 1975, 3:2327.

一手的现代性,第一手的现代化进程。葛兰西到都灵时,都灵工业正快速增长。都灵的 50 万居民中,大部分都在工厂工作。(菲亚特汽车公司成立于 1899 年。1911 年,该公司生产了 3000 辆汽车,并仍以惊人的速度增长。)通过加入各种组织,包括工会和社会党,工人正在成为一股日益强大的政治力量。面对日益强大的有组织劳工,一些商业协会于 1910 年联合起来,成立了意大利工业联合会(Italian Confederation of Industry),总部设在都灵。一年后,劳工组织中组织得最好的分部实力不断增强,于是出现了都灵汽车公司联盟(包括七家公司,6500 名员工),以削弱工会的谈判能力,加强对工厂的控制。

　　都灵的劳资关系反映了一种更广泛的现象:一方面,劳动群众,特别是大型城市中心那些政治化的工人,涌向社会和政治舞台,引起了政治、经济和社会精英群体的恐惧;另一方面,不断壮大的产业工人提高了这样的意识,即他们团结起来、组织起来、参与政治,对他们有好处。1912 年,恐惧变成了恐慌,因为议会通过了一项选举改革法,承认男性具有普选权,这样一来,符合条件的选民人数就增加了 400 多万。预测在 1913 年的大选中社会主义者会取得较大的进步,天主教政客及其保守同盟说服梵蒂冈放松天主教团体不得直接参与国家政治事务的禁令。这导致神父号召天主教徒把票投给那些公开宣布会遵守教会教义的人。这又反过来引发了有关宗教对国家世俗性构成威胁的激烈争论。在这个选举年,还有件事就是都灵的汽车工人罢了三个月之久的工。学校没课时,葛兰西和一些朋友会去某个城市公园找罢工者交谈。在这一年里,葛兰西后来在【50】撒丁岛呆了一段时间。他在写给朋友塔斯卡(Angelo Tasca)的信中写道,"农民群众参与选举所带来的彻底改变"给他留下了极深的印象。⑨ 回到都灵后,葛兰西加入了

---

⑨　Giuseppe Fiori, *Antonio Gramsci: Life of a Revolutionary*, 88.

社会党。

葛兰西以大学生身份加入的意大利社会党内部纷争不断,是个并不怎么团结的政党。"党内的主要分歧,"萨松(Donald Sassoon)指出,"不是源于理论问题,而是源于实际问题,特别是,社会主义者是否应该为了争取改革和让步而和非社会主义者合作。"[⑩]为维护政党团结表象、巩固政党在议会体系中的位置所作的种种努力,并不有利于从理论上阐述某种系统化的意识形态。一个宝贵的理论灵感来源是拉布里奥拉(Antonio Labriola)的马克思主义哲学经典著作《唯物史观论丛》(*Essays on the Materialistic Conception of History*, 1896)和《社会主义和哲学》(*Socialism and Philosophy*, 1898)。但是,拉布里奥拉思想中的新观念论和历史主义基础,与社会主义运动及其知识分子支持者所拥护的实证主义和科学主义背道而驰。"至于那些……现在讨论科学的哲学的人,"拉布里奥拉写道,"我只想说,他们是傻子。"[⑪]在20世纪初的意大利,拉布里奥拉的思想主要通过克罗齐活了下来——克罗齐是他的学生,后来成了自由派中的保守派。克罗齐认为,实证主义的蔓延总的说来削弱了意大利的哲学和文化,让这个民族的哲学和文化变得贫瘠不堪。所以,克罗齐把改革这个民族的精神和道德作为自己的主要目标。葛兰西站在社会党队伍中参与了这场改革运动——在葛兰西的早期著作中,克罗齐的影响比拉布里奥拉的更为明显。葛兰西在都灵的社会主义报纸上找到了一个平台。

葛兰西认为,群众及工人运动缺乏政治上的准备,主要是因为民族文化贫瘠不堪、知识分子脱离群众、社会主义者宣扬近乎宗教信仰般的历史决定论。结果,群众无法在改革现有社会秩序的过

[⑩] Donald Sassoon, *One Hundred Years of Socialism*, New York: The New Press, 1997, 14.

[⑪] Antonio Labriola, *Essays on the Materialistic Conception of History*, trans. C. H. Kerr, Chicago: Kerr & Co. , 1908, 216.

程中扮演关键角色,虽然大家都认为现有社会秩序极其不稳定。葛兰西把文化与政治联系在一起的做法让他【51】与所在政党的主流有所不同。没多久,他就发现自己与党内最坚定的那些成员意见相左。1916 年,博洛尼亚大学(University of Bologna)的经济学教授利昂(Enrico Leone)发文指出(他此前写过关于革命工团主义的作品):"现代工人从阶级制度中学到的东西比从任何官方知识书籍中学到的东西都要多。只有在工人主义中,在由长满老茧的双手和未被文化与学术感染所污染的大脑组成的阶级中,才有救赎可言。"⑫从这样的挑衅出发,葛兰西写了《社会主义和文化》(Socialism and Culture)这篇文章。⑬ 此文浓缩了他在以后的著作中大力发展的观点,即批判意识与有效政治不可分割,哲学与社会政治改革不可分割。

葛兰西在《社会主义和文化》一文中解释道,政治始于一种智识反思,是反思让个体获得自我意识,并理解自己与他人的关系。葛兰西用诺瓦里斯(Novalis)的一小段论述开始自己的阐述——诺瓦里斯曾经提出,"缺乏对自身的充分理解"是"最大的文化问题"。然后,葛兰西转向维柯的《新科学》(New Science),说明梭伦的格言"认识你自己"的政治重要性。根据维柯,在最早的雅典贵族城邦中,贵族相信自己是神的后代,平民则是野兽的后代。但是,梭伦"劝告平民反思自身,明白自身拥有与统治者一样的人性,应该在公民权利方面与统治者平起平坐"。这促使"塑造民主国家的所有制度和法律"得以出现,而且不仅仅是在雅典。"始于梭伦的反思,平民普遍地把政治共同体从贵族制变成了平民制。"⑭

---

⑫　Antonio Gramsci, *Cronache Torinesi*, ed. S. Caprioglio, Turin: Einaudi, 1980, 103.

⑬　Antonio Gramsci, "Socialism and Culture," in *Selections from Political Writings*, *1910—1920*, 10—13. 后面相同出处的引用都来自这个版本。意大利原版,参见 *Cronache Torinesi*, 99—103。

⑭　Giambattista Vico, *The New Science of Giambattista Vico*, trans. T. G. Bergin & M. H. Fisch, Ithaca: Cornell University Press, 1984, 133—134.

维柯的论述使葛兰西提出了这样的观点:自然规律或不可阻挡的历史进程不会促进社会主义目标的实现(即把大多数人从少数人的统治中解放出来),这个目标的实现要通过一个"起初少数人参与,然后整个阶级参与"的智识过程。这个过程需要"激烈的批评、文化的扩散和思想观念的广泛传播"。葛兰西以启蒙运动为例进行了说明。【52】他说,启蒙运动就是哲学和文化活动非常活跃的时期,它"给予整个欧洲以一种统一的意识,即一种国际化的资产阶级精神"。它为法国大革命以及共和理想在别处(包括意大利)的传播奠定了基础。所以,社会主义的当务之急既是政治的,又是文化的:通过批判资本主义文明促进无产阶级意识的形成;"批判意味着文化",以诺瓦里斯和维柯阐述过的自我意识为起点。

俄国的革命进程让葛兰西有机会更加有力地重申这个观点,即革命不是机械化的或不可抗拒的进程的必然结果,而是人类精神的产物。从俄国传来的消息让他兴奋不已,他想象了某种准乌托邦式的改革,不仅仅是推翻独裁政权,而是创造一种全新的文化:"俄国的革命所带来的是一种全新的生活方式。它没有用一种力量取代另一种力量,而是创造了一种新的道德秩序,用一种新的生活方式取代了旧的生活方式。"⑮不过,葛兰西最渴望证明的是,俄国的一连串事件推翻了历史决定论。在一篇文章的标题中,他把布尔什维克的成就描述为"一场反《资本论》的革命"。他在文中提出,

　　这是反马克思《资本论》的革命⋯⋯按照历史唯物主义的原则,俄国历史应该按照某种重要纲领发展,但发生的事件已经打破了这种纲领。不过,布尔什维克虽否定了《资本论》

---

⑮ Gramsci, *Selections from Political Writings*, *1910—1920*, 30.

中的某些结论,但他们并没有抛弃它富有生命力的内在思想。总之,这些人并不是"马克思主义者";他们没有利用导师的作品编写一套容不得讨论的僵化理论。他们实践着马克思主义思想——这种思想是永恒的,是德国和意大利唯心主义的继续,但在马克思那里,这种思想沾染了实证主义和自然主义的色彩。根据这种思想,历史的主导因素不是原始的经济事实,而是人,社会中的人,彼此联系着的人,通过这些联系(文明)发展出一种集体的社会意志。⑯

要说葛兰西所写的关于俄国革命情况的文章,比如上面这篇,有多有趣,也只能说是反映了他当时的政治思想,因为它们都是建立在非常粗略和不太可靠的报纸消息的基础之上,而意大利的报纸在战争期间是要接受审查的。

【53】不过多年后,在其狱中札记中,葛兰西将对俄国革命进行更为复杂的分析,并得出如下结论:俄国的革命,西欧自由民主国家无法复制。他也谴责斯大林肆意妄为,把进行革命的冲动转变为对专制国家的崇拜。但是,布尔什维克取得成功之后,他设想在意大利基层直接采用或改用苏联的直接民主模式。战后没多久,葛兰西的政治参与变得更加激烈和激进。1919 年,他成为都灵新版社会党党报《前进报》(Avanti !)的一名编辑。这份报纸最初发行量为 16000 份,但几个月后增加了两倍。他也和其他社会党异见人士一起发行了《新秩序》(Ordine Nuovo),在刊头上自称为"社会主义文化周刊"。除了撰写大量文章和定期的戏剧评论外,葛兰西还深入参加组织活动。政治动荡如浪潮一般席卷了欧洲,意大利随之出现了好几个新的政治党派,包括这个国家的第一个天主教群众党和唐·路易吉·斯图佐(Don Luigi Sturzo)的人民

---

⑯ Gramsci, *Selections from Political Writings, 1910—1920*, 34—35.

党(Partito Popolare)。在米兰,墨索里尼建立了第一批法西斯组织。在都灵,葛兰西把大部分精力投入到"工人民主"的理论化和工厂委员会的组织建设上。他设想建立一个包含工农俱乐部、区委会等的系统,让其扮演"一所伟大的学校"的角色,"可以学到政治和行政经验,照顾到每一个人";总之,就是对社会党领导脱离基层这个问题进行补救。在所有这些努力中,葛兰西著作中出现频率最高的词是"教育"和"组织",两者他认为都是文化。

在1919—1920年间的"红色"岁月中,意大利的革命热情达到了巅峰:社会主义者在大选中获得了三分之一的选票;一千多名工人参加了由《新秩序》组织发起的都灵大罢工;议会中的执政联盟一再分崩离析;另一场由50万产业工人参加的大罢工导致伦巴第、皮埃蒙特和利古里亚的多家工厂被占领。这段时期,葛兰西孜孜不倦地工作,组织并支持工人的行动,但他也极其谨慎。当占场运动未能得到主要工会的支持而不得不放弃时,葛兰西预测到会有激烈的反抗。实际上,反抗已经如潮涌至,多个城市的社会主义办公室和人员遭到暴力袭击。意大利共产党成立于1921年,葛兰西是创始人之一,这其实是社会党内部分裂的结果。【54】葛兰西认为,这种分裂是反抗力量的另一个胜利。在左派努力从毁灭性的失败中恢复过来、法西斯主义正在抬头之际,葛兰西并不只是试着分析到底是出了什么问题;他还着手研究是哪些深层次的原因,比如历史的、社会的、文化的、经济的、人口的,导致意大利的自由民主和马克思主义运动都以失败告终。这些就是他在那篇著名的文章《南方问题的一些情况》(Some Aspects of the Southern Question)中所讨论的问题,但因为被捕入狱,他未能写完。

1927年9月,葛兰西在狱中致其兄卡罗:"我现在深信,即使失去了一切,也要平静地重拾工作,从头开始。"[17]大约15个月后,

---

⑰ Gramsci, *Letters from Prison* 1:140.

他终于能够重新工作,因为他获准可以在牢房写作。葛兰西在狱中所写的札记包含对众多主题的思考和对几个重要概念的理论性阐述。其中,讨论得最广泛的是霸权这个概念。这个词早先出现在第一本札记中,在讨论温和党如何取得"政治霸权"之际——温和党在还未掌权新统一的意大利政府之前,就取得了"政治霸权"。葛兰西认为,温和党取得成功的一个主要原因是他们"对全国广大知识分子……具有强大的吸引力"。⑱ 正如在另一篇关于温和党人和知识分子的札记中变得显而易见的,葛兰西也从更广泛的角度思考:任何一个对政府权力有现实抱负的政党,都必须首先实现对知识分子的霸权。为此,需要创造(a)"一个关于生命的一般概念,一种给予其追随者以理智'尊严',使其以反对占主导地位的意识形态为斗争原则的哲学",和(b)"一个对同质化程度最高、人数最多的知识分子群体(教师,从小学教师到大学教授)具有吸引力的学术计划"。⑲ 当然,葛兰西在其札记中考察了霸权的许多其他方面,但没有哪个有对知识分子、哲学和教育的作用的讨论那么广泛。

　　葛兰西写了三大组札记(在三本不同的札记本上),总标题是"哲学札记。唯物主义和唯心主义"。在这些札记中(以及在后来的札记中,后者的内容被组织得更好),【55】葛兰西的目的有两个:一是区分他所说的实践哲学与沾染了实证主义和社会逻辑主义的马克思主义,后者在布哈林(Nikolai Bukharin)的《历史唯物主义》(*Historical Materialism*)中得到了阐述,此书对正统马克思主义者而言就像是教义问答手册;二是批驳克罗齐对马克思主义的哲学维度置之不理,揭示意大利新唯心主义的局限性。针对两种截然相反的哲学传统,即实证主义和新唯心主义,葛兰西提出的反

---

⑱　Gramsci, *Quaderni del carcere* 1:42.

⑲　Gramsci, *Quaderni del carcere* 1:56.

对意见之一是,它们声称要从高于作为生活经验的历史或脱离历史的角度来解释一切现实。关于实证主义者,葛兰西在一篇题为"实践哲学简化为社会学"的札记中写道(他是在回应拉布里奥拉),他们的工作是"把对世界的理解简化为一套机械化的公式,给人的印象就是把整个历史都装在口袋里"。[20] 批驳克罗齐时,葛兰西根据拉封丹(La Fontaine)的寓言"马车和苍蝇"(The Coach and the Fly)打了个比方:在克罗齐那里,"历史成了严肃的历史,概念的历史,最后归根结底是知识分子的历史,或者说克罗齐思想的自传史,苍蝇的历史——苍蝇相信自己推动了马车的前进"。[21] 在葛兰西的表述中,实践哲学的独特性在于它关注特殊性、个体性、多样性和差异性。为了强调这一点,葛兰西把实践哲学与语文学和历史主义联系了起来(语文学被定义成是"对特定事实重要性的方法论表达)。他在一篇札记中指出,"实践哲学所倚赖的经验不能用图表解释;它是纷繁复杂的历史本身"。[22] 在后来的一篇札记中,他甚至认为:

> 实践哲学带给政治科学和历史科学的基本创新,是证明并不存在固定不变的"抽象"人性(这个概念源自宗教思想和先验论),人性是由历史所决定的社会关系的综合,人性是一个历史事实,在一定范围内可通过语文学和批评的方法加以确定。[23]

葛兰西对哲学的浓厚兴趣源于他的这种信念:除非引发政治运动的世界观【56】不仅在人们中间传播,还被人们所理解,并自

---

[20] Gramsci, *Quaderni del carcere* 2:1428.

[21] Gramsci, *Quaderni del carcere* 2:1241.

[22] Gramsci, *Quaderni del carcere* 2:1428.

[23] Gramsci, *Quaderni del carcere* 3:1598—1599.

觉地接受,否则,政治运动不可能取得成功。不公正感、绝望、愤怒、煽动等,可以且有时也的确会引发叛乱,可能会推翻某个政府,但不会改变基本的权力等式。在霸权国家中(与独裁国家相对),只有当人们看待自己、看待自己与他人的关系、看待自己在世界上的位置的方式发生转变,彻底的变革才有可能实现。葛兰西在好几篇论述哲学与常识的关系的札记中探讨了这个问题。他把常识描述为非哲学家的哲学,认为常识包含一种从各种社会和文化环境中不加批判地汲取营养的世界观,因而是支离破碎的、不连贯的、矛盾百出的。葛兰西坚持认为,社会主义运动和工人运动最大的失败之一是,他们声称要领导人民,但却并不试图去理解人民的常识,更不试图用一种连贯的哲学取而代之。属下阶级(subalterns)如果不具备独立思考和说话的能力,那就将永远都处于历史的边缘。在现代社会中,只有市民社会能够挑战霸权。但属下阶级若只能提供杂乱无章的概念碎片,且这些概念碎片还是无意识间从周遭环境中获得的,那他们就不能以任何有意义的方式参与公民社会。

对于这个问题,不管是有意还是无意,葛兰西首先提出,人人都是哲学家。然后,他提出反问,概述解放始于批判性思维的根本原因:

> 已经表明人人都是哲学家——以他自己的方式,没有哪个精神正常的人不参与对世界的构想,即使是不自觉地,因为每个"语言"都是哲学。通过表明这点,就进入第二个阶段,即批判和意识的阶段。思考不连贯、不一致,没有意识到在思考,这种"思考"是否更为可取?应该"参与"由某个社会群体从外部"强加"给自己的世界观(可以是从一个村庄到一个省之间的不同地区的世界观,也可以是来自教区牧师、或以"智慧"为准则的老族长、或施巫术的老媪、或为自己的愚蠢和无

能而苦恼的未成年知识分子的世界观)？还是应该有意识
地、批判性地阐述自己的世界观,通过自己的智力劳动,选择
自己的活动领域,积极地参与宇宙历史的创造?[24]

【57】1935 年春天,一场健康危机结束了葛兰西的写作。两年后,
葛兰西逝世于罗马的一家诊所,他的刑期刚刚结束。他的妻子和
两个儿子当时身处苏联,斯大林的大清洗正如火如荼地进行。墨
索里尼正在加强同德国的联系,意大利的社会主义者和共产主义
者正建立联盟以打击法西斯主义。

在紧接下来的战后时期,意大利共产党在恢复意大利民主方
面发挥了关键作用。在这一过程中,意大利共产党大力利用葛兰
西式遗产,葛兰西式遗产成为新成立的意大利共和国文化政治和
政治文化中的强大存在。葛兰西著作的出版和传播也激发了苏联
集团以外的社会主义和共产主义活动家——首先是拉丁美洲的,
不久后是欧洲其他地区的,挑战其政党所信奉的马列主义正统学
说。欧洲共产主义运动视葛兰西为知识先驱,一位不教条、未被斯
大林主义所玷污的马克思主义者,一个拥有强大民主资历的政党
的创始成员。葛兰西写有大量著作,到 20 世纪 80 年代初,大部分
作品都已被翻译成各种语言,包括英语、西班牙语和法语。他引起
了人们的兴趣,并继续引起人们对他的兴趣,这些兴趣大多源于他
对霸权概念的阐述,即他对文化与政治之间不可避免的关系、对现
代民主国家中公民社会与政治社会之间融洽关系的分析和理论升
华。在过去十年中,葛兰西思想中的另一个方面变得更为清晰,那
就是,他对属下阶级的历史和政治地位的看法。葛兰西在他很晚
的一篇札记中讨论了这个话题,从而回到了让他最初参与政治的
那些问题。

---

[24] Gramsci, *Quaderni del carcere* 2:1063.

推荐阅读

Gramsci, Antonio. *Letters from Prison*. Edited by Frank Rosengarten. 2 vols. New York: Columbia University Press, 1994.

——. *The Prison Notebooks*. Edited by Joseph A. Buttigieg. 3 vols. New York: Columbia University Press, 1992—2007. (葛兰西原初题为"哲学札记。唯物主义和唯心主义"的三组札记,后来整合起来放在第二卷第 137—199 页、第三卷第 136—176 页和第 300—350 页。)

——. *Selections from Political Writings*, *1910—1920*. Edited by Quintin Hoare. London: Lawrence and Wishart, 1977.

第二部分
流亡者对第二次世界大战的回应

4

哲学作为一种生活方式：
列奥·施特劳斯

史蒂文·史密斯

政治哲学的最高主题是哲学的生活：哲学不是一种教诲或一种知识体系，而是一种生活方式；针对让政治生活保持活力的那个问题，哲学提供了解决方案。①

【61】列奥·施特劳斯(Leo Strauss)于 1899 年 9 月 20 日出生在德国黑森州的基希海恩镇(Kirchhain)。② 他在一个正统的犹太家庭长大，接受了一战前的文理教育，后来在马堡大学和汉堡大学拿到学位。在汉堡大学，他跟着新康德主义哲学家卡西尔(Ernst Cassirer)学习。在弗莱堡大学做博士后的那一年，施特劳斯的合

---

① Leo Strauss, "On Classical Political Philosophy," in *What Is Political Philosophy? and Other Studies*, Glencoe, IL: Free Press, 1959, 91.

② 至今还没有一部关于施特劳斯的完整传记。谢泼德(Eugene R. Sheppard)在这个方面做了些努力：*Leo Strauss and the Politics of Exile: The Making of a Political Philosopher*, Waltham, MA: Brandeis University Press, 2006。其他关于施特劳斯生平的传记纵览，见 Allan Bloom, "Leo Strauss (September 20, 1899—October 18, 1973)," *Political Theory* 2, no. 4 (1974): 372—392; Edward Banfield, "Leo Strauss," in *Remembering the University of Chicago: Teachers, Scientists, and Scholars*, ed. Edward Shils, Chicago: University of Chicago Press, 1991, 490—501; Steven B. Smith, "Leo Strauss: The Outlines of a Life," in *The Cambridge Companion to Leo Strauss*, ed. Steven B. Smith, Cambridge: Cambridge University Press, 2009, 13—40。

作导师是现象学家胡塞尔。但是,施特劳斯似乎对胡塞尔年轻的助理,一个叫作海德格尔的人印象更为深刻。施特劳斯的职业生涯开始于柏林犹太研究院,作为一名助理。在这里,他参与编写了门德尔松(Moses Mendelssohn)纪念文集的一些早期卷本。也正是在这个地方,他撰写了第一本著作《斯宾诺莎的宗教批判》(*Die Religionskritik Spinozas*),这本书是为了纪念罗森茨威格(Franz Rosenzweig)。③

【62】1932 年,施特劳斯离开德国去法国待了一年,之后,又去了英国研究霍布斯。1938 年,施特劳斯与爱人米里亚姆移民美国。年近四十,他才得到第一份教职,在纽约社会研究新学院(New School for Social Research)。在这里,他待了整整 12 年。1949 年,施特劳斯接受了芝加哥大学政治科学系的教职,然后开始大放异彩。几本重要著作相继面世,包括《迫害与写作艺术》(*Persecution and the Art of Writing*, 1952)、《自然权利与历史》(*Natural Right and History*, 1953)、《关于马基雅维利的思考》(*Thoughts on Machiavelli*, 1958)以及《什么是政治哲学》(*What Is Political Philosophy*, 1959)。1968 年,施特劳斯从芝大退休。退休后,他先是在加利福尼亚的克莱尔蒙特男子学院(Claremont Men's College)工作了一年,然后加入了老朋友克莱因所在的圣·约翰学院(Saint John's College,位于马里兰州的安娜波利斯)。他继续写作、出版,直到生命的尽头。施特劳斯完成的最后一本著作是对柏拉图《法义》的研究。④ 1973 年 10 月 18 日,施特劳斯与世长辞。

在施特劳斯的有生之年,政治哲学领域被认为是行将就木、奄

---

③ Leo Strauss, *Die Religionskritik Spinozas als Grundlage seiner Bibelwissenschaft*, Berlin: Akademie Verlag, 1930. 这有英译本中可以看到,见 *Spinoza's Critique of Religion*, trans. E. M. Sinclair, New York: Schocken Books, 1965。

④ Leo Strauss, *The Argument and the Action of Plato's "Laws"*, Chicago: University of Chicago Press, 1975.

奄一息。但像任何同时代人一样,施特劳斯尽了很大努力来复兴对政治哲学的严肃研究。他对"古今之争"的强调,对隐微写作传统的恢复(或重新发现),对占主流地位的历史主义和社会—科学实证主义的尖锐批判,让他不可避免地充满了争议。施特劳斯收获了一代又一代忠实的学生,也收获了一代又一代忠实的批评者。最持久的批评之一是,施特劳斯的作品传达了一种含有危险的反民主情绪的隐秘教诲;施特劳斯喜爱哲人精英的统治,笃信应该审慎而明智地使用宗教及其他"高贵的谎言"来控制大众。⑤ 对施特劳斯的指控通常都是用一种粗俗的、意识形态般的方式表现出来的,本章不太关心对这些指控进行回答,更多是对施特劳斯作为哲人的形象进行展示说明,呈现他如何不断地专注并致力于探索那个最根本却很少被提及的问题:"为什么是哲学?"

为什么是哲学?

【63】大约三十年前,英国批评家伯恩尼特(Myles Burnyeat)在《纽约书评》上发文怒斥施特劳斯。⑥ 伯恩尼特说,别的不说,施特劳斯连哲学涉及什么都不懂,尽管施特劳斯的作品拥有很多关于"哲人"的讨论,但却"没有任何迹象表明他知道哲学的涵义"。⑦ 如果伯恩尼特所言不虚,那这将是一项致命的指控。但问题在于是否真的如此,以及伯恩尼特在"哲学的涵义"这个问题上的自信

---

⑤ 这些年最坚持不懈的批评者是德鲁里。见 Shadia Drury, *The Political Ideas of Leo Strauss*, New York：St. Martin's Press, 1988。近来的批评, 见 Nicholas Xenos, *Cloaked in Virtue：Unveiling Leo Strauss and the Rhetoric of American Foreign Policy*, New York：Routledge, 2008。对这些"政治批评"的回应, 见 Catherine Zuckert & Michael Zuckert, *The Truth about Leo Strauss：Political Philosophy and American Democracy*, Chicago：University of Chicago Press, 2006。

⑥ Myles Burnyeat, "Sphinx without a Secret," *New York Review of Books*, May 30, 1985, 30—36.

⑦ Myles Burnyeat, "Sphinx without a Secret," p. 32.

是否站得住脚。

伯恩尼特并没有费心定义他所理解的"哲学的涵义",但他想的无外乎是下面两种可能中的一种。首先,二战以后,哲学这个词,至少在英美世界,很大程度上受到了奥斯汀(J. L. Austin)和后期维特斯根坦的日常语言进路的决定性影响。哲学意味着对日常语言中的概念进行分析。这场分析运动假定,所有的哲学问题本质上都是语言问题,都可以通过对日常用法进行更仔细的检查而得以解决。最近,一些哲学家——在某种程度上违背日常语言进路——选择进行更雄心勃勃的重建尝试,以解决实质性的道德和政治问题。罗尔斯和哈贝马斯等哲学家已经尝试参与这种公共讨论。

施特劳斯显然不是上述两种意义上的哲学家。施特劳斯对哲学的理解,回到了哲学较为古老——很古老——的含义。在最古老的意义上,哲学是 *philo-sophia*,字面意思就是爱智慧。但是,爱智慧意味着什么？在远未成为人文学科领域的一门学科之前,哲学与一种生活方式息息相关。实践哲学并不一定意味着坚持某套特定的学说或方法,更不意味着坚持某个思想体系,而是实践一种特定的生活方式。哲学不仅仅只是一种理论上的练习,还是一种实践性的练习,旨在回答这些问题:"我应该如何生活",或者"最好的生活方式是什么",或者仅仅只是"为什么是哲学"。

【64】最近,哲学作为一种生活方式的古老观念引起了人们的兴趣。⑧ 法国古典学家阿多(Pierre Hadot)在《哲学作为一种生活方式》(*Philosophy as a Way of Life*)中提出,古代的哲学流派——柏拉图主义者、斯多葛派、伊壁鸠鲁派,都首先把哲学理解为一种"精神练习"。这种精神练习的目的是让灵魂得到解放,让门徒摆

---

⑧　最近的两个例子, 见 James Miller, *Examined Lives from Socrates to Nietzsche*, New York：Farrar, Straus and Giroux, 2011；Sarah Bakewell, *How to Live：Or, a Life of Montaigne in One Question and Twenty Attempts at an Answer*, New York：Other Press, 2011。

脱激情的桎梏。⑨ 他们的目的是建立精神团体,大家聚在一起可以寻求过一种逍遥的生活,并与其他选择了相同生活方式的人建立友谊。与此类似,内哈玛斯(Alexander Nehamas)也试图恢复哲学作为"生活艺术"的理念。他虽然否认自己是在敦促读者返回哲学的生活方式,但他想要特别提醒那些分析哲学家,一个人所拥护的哲学类型最终会影响到这个人的类型:哲学话语和文学巨著一样,塑造着人的性格。根据内哈玛斯,哲学作为生活艺术最伟大的倡导者是苏格拉底、蒙田、尼采和福柯。⑩

只有当我们从这种较为古老的意义上理解哲学,把哲学理解为一种生活方式,我们才能开始欣赏施特劳斯在最近的哲学辩论中所扮演的角色。不过,对于施特劳斯而言,哲学不是阿多意义上与古代某些禁欲主义邪教相关联的"精神练习",也不是内哈玛斯所坚持的作为个体自我建构形式的"哲学的生活方式"。根据施特劳斯的理解,哲学与其说是一种建设活动,不如说是一种怀疑活动。对于施特劳斯而言,哲学是探究性的;用他的话说,"是原初意义上的怀疑",也就是,知道自己无知,或知道知识的限度。⑪ 哲人的任务与其说是提供答案,不如说是预测问题。一旦对解决方案的确信胜过对其中问题的认识,哲人就不再是哲人。从许多方面而言,这都是一个严谨、苛刻的哲学概念。【65】用现代范畴表达苏格拉底式洞见,那就是哲人必须是"否定辩证法"的实践者。⑫

---

⑨ Pierre Hadot, *Philosophy as a Way of Life*, trans. Michael Chase, ed. Arnold I. Davidson, Oxford: Blackwell, 1995.

⑩ Alexander Nehamas, *The Art of Living*: *Socratic Reflections from Plato to Foucault*, Berkeley: University of California Press, 1998.

⑪ Leo Strauss, "Restatement on Xenophon's Hiero," in *On Tyranny*, rev. ed., Victor Gourevitch and Michael S. Roth, Chicago: University of Chicago Press, 2001, 196;另见 Strauss, "Progress or Return?" in *The Rebirth of Classical Political Rationalism*, ed. Thomas Pangle, Chicago: University of Chicago Press, 1989, 259—260。

⑫ 对施特劳斯作为探究或怀疑式思想家的强调,见 Daniel Tanguay, *Leo Strauss*: *An Intellectual Biography*, trans. Christopher Nadon, New Haven: Yale University Press, 2007。当然,"否定辩证法"这样的说法属于阿多诺。

　　施特劳斯曾在一段话中将哲学定义为"原初意义上的怀疑"。这段话提供了理解他如何把哲学理解为一种生活方式的关键。他回答了下面这些问题：这是一种怎样的生活？它对追随这种生活方式的人有什么样的承诺和责任？最为根本的是，什么能够证明选择哲学作为一种生活方式的合理性？

政治第一

　　施特劳斯当然是作为一名政治哲学的学徒而出名，但他对政治哲学的理解离不开对哲学的总体理解。施特劳斯解释道，哲学是对"普遍知识"或关于"整全"的知识的追问。[13] 所谓"整全"，不是指关于每种存在物的百科全书式目录（附带解释的分类目录），而是指关于"事物本质"，即存在（being）之基本范畴的知识；正是存在的基本范畴这个问题，让我们提出"……是什么"这种形式的问题。我们通过知晓事物的本质或其所属的范畴来知晓该种事物。哲学追求的是范畴性知识，而不是关于事物特殊性的知识。施特劳斯举例说明了这些范畴：关于上帝、人类和世界的知识。

　　哲学作为一种独特的事业出现，是因为关于这些本质的知识不是一蹴而就的。我们拥有关于万事万物的众多意见，它们或多或少是可靠的，但这些意见往往表现出内在的矛盾，甚至相互矛盾。在施特劳斯著名的表述中，哲学是"试图用关于整全的知识取代关于整全的意见"。[14] 但是，从根本上而言，整全是难以捉摸的，虽然哲学追求关于整全的知识。我们可能拥有关于部分的知识，但整全依然是神秘的；我们虽然拥有关于部分的知识，但如果

———————

[13]　Leo Strauss, "What Is Political Philosophy?" in *What Is Political Philosophy*? 11; 另见 Strauss, *Natural Right and History*, Chicago: University of Chicago Press, 1953, 30—31。

[14]　Strauss, "What Is Political Philosophy?" 11.

没有关于整全的知识,那关于部分的知识就是不完整的知识。施特劳斯承认,【66】志向是崇高的,结果是微不足道的,两者落差之大,"可以犹如西西弗斯式的或丑陋不堪的",但他接下来断言,哲学"必然有爱欲相伴左右,通过爱欲得以维持,并因爱欲而上升前进"。⑮ 换句话说,哲学首先是一种爱欲活动,它更多地是对知识的追问和渴望,而不是智慧的达成或获得。

施特劳斯有时把哲学和某种因果知识联系起来。"哲学家最主要的激情是对真理的渴望,渴望认识永恒秩序,渴望认识整全永恒的原因。"⑯施特劳斯再次强调了作为哲学特征的那种特殊欲望或激情——爱欲。这种激情渴望认识整全的原因,而非任何特殊的事物。实际上,这种激情导致哲人睥睨与永恒秩序相比"渺小、短暂"的人类事物。⑰ 由于主要关注原因——关注事物的形式(form)或艾多斯(*eidos*),哲学似乎很少关心万事万物,包括人类事物的个性。

施特劳斯意识到了——深深地意识到了——对这种哲学概念的明显反对。哲学是"关于整全的知识"或"关于永恒秩序的知识"这种古老或苏格拉底式的哲学概念似乎预设了一种"过时的宇宙论",即宇宙是一个有序的宇宙,人类和其他物种扮演各自的角色。现代的宇宙论与此截然相反。现代的宇宙论认为宇宙是无限膨胀的。⑱ 如今,目的论的自然观就如神创论及其他伪科学的主张一样过时。那么,施特劳斯是否对这种非常尖锐的反对意见进行了回应?

他的确有所回应。施特劳斯否认古典人性论预设了任何特殊的宇宙论或潜在的形而上学。对整全知识的欲望仍然只是一种欲

⑮　Strauss, "What Is Political Philosophy?" 40.

⑯　Strauss, "Restatement," 197—198.

⑰　Strauss, "Restatement,"198.

⑱　Strauss, *Natural Right and History*, 7—8; "What Is Political Philosophy?" 38—39.

望;它不是武断地预设,更不是宣称要证明一种或另一种特殊的宇宙论。毫无疑问,现代自然科学以培根和笛卡尔所设想的方式极大地增强了我们相对于自然的力量,但这并不能保证科学提供了对自然、包括对人性的全面理解,除非把力量等同于理解。【67】施特劳斯甚至有过这样的想法:古人也考虑了这样的科学观,但因它乃是"对人性的破坏"而拒绝了它。⑲

施特劳斯提出,古代哲学与现代科学不同。古代哲学从"追问宇宙论"的角度,而不是以通过回答宇宙论问题的方式来理解人类处境。正是这种对整全知识的开放或怀疑态度,将古人与现代自然科学区别了开来:

> 无论现代自然科学有多重要,它都无法影响我们对人身上的人性的理解。对现代自然科学来说,以整全的眼光来理解人意味着以低于人(sub-human)的眼光来理解人。但以这种眼光来看人,人作为人完全不可理解。古典政治哲学以不同的眼光看待人。这肇始于苏格拉底。苏格拉底远远没有致力于某种特定的宇宙论,以至于其知识是无知之知。无知之知不是无知,它是认识到真理和整全难以捉摸。⑳

施特劳斯对哲学的理解开始于渴望获得关于整全的知识,结束于意识到"真理不可捉摸"。他如何得出这个结论?

关于部分的知识必定先于关于整全的知识。因为我们无法立刻获得关于整全的知识,就像"子弹从枪管子里射出来"(用黑格尔那个著名的比喻),我们必须采取"上升"的方式才能企及整全,也就是,从唾手可得的东西,从我们已经知道的东西出发,朝晦涩

---

⑲　Strauss, "Restatement," 178.

⑳　Strauss, "What Is Political Philosophy?" 38.

不明、被神秘所包围的东西运动。哲学必须从已经得到普遍认同的前提出发,"辩证地"前进。㉑ 这种上升运动的一开始,是我们如何看待那些"第一位"的东西,比如政治共同体的基础,共同体成员的权利和义务,法律与自由的关系,战争与和平的命令。"政治"的东西给我们提供了通向整全最清晰的切入点。为何如此?

政治哲学跟伦理学、逻辑学或美学不一样,它不单单是哲学的一个分支。对于施特劳斯而言,政治哲学可以说是第一哲学。为了探究政治事务,首先必须探究关于善与恶、正义与不正义的意见看法,是这些意见看法塑造了政治生活,并给予政治生活以方向。【68】一切政治都被意见所左右,政治哲学的起点就是探究统治共同体的各种意见——这往往是在法律、法规和其他官方文件中所传承下来的权威意见。这些意见虽然不是哲学本身,但却分享了哲学的一些东西,那就是,对政治善、共同体之善的关切。然而,把政治哲人和最好的公民(或政治家)区分开来的,不是知不知道如何让这个或那个政治共同体获得福祉,或关不关心这个或那个政治共同体的福祉,而是具不具备一定广度的视角:追寻实现"好的政治秩序"的"真正标准"。㉒

政治共同体从一个角度看是存在的一种范畴,只是整体的一个方面或一个部分,但从另一个角度看却是整体的缩影。政治是自然秩序中最综合最齐全的人类组合。因此,政治秩序为其他所有秩序提供了基本的结构或等级。在所有有朽事物中,政治秩序异质性是永恒秩序异质性的最相近表达。对整全的认识必须从政治哲学开始。不过,政治哲学是成为目的本身还是成为理解形而上学的手段,这个问题施特劳斯没有明确解决。

施特劳斯在很多作品中强调,他的哲学方法在柏拉图和亚

㉑ Strauss, "What Is Political Philosophy?" 93.

㉒ Strauss, "What Is Political Philosophy?" 12.

里士多德的古典政治哲学著作中得到了经典的表达。这不仅仅是因为他们的作品按时间顺序排在首位,而是因为他们站在特别好的位置上,可以直接触及那些塑造了他们所在共同体的政治意见。施特劳斯称,政治意见塑造了"自然意识"或"前哲学意识"。从政治意见中,出现了哲学的基本概念和范畴。政治意见构成了政治哲学的基本概念和范畴得以出现、得到对照的视界范围。㉓ 古典政治哲学直接与政治生活相关,但之后的所有哲学都对这种传统进行了改造,因而只能间接地体验他们的世界,可以说就像是通过一层玻璃乌漆墨黑地观察。自然经验又进一步被多次杂糅了神学、科学以及历史的哲学传统所扭曲。这样一来,我们如今通过概念棱镜来体验世界,【69】概念棱镜阻止了我们进入与城邦面对面的哲学"原初状态"——对不住了,罗尔斯。㉔

那么,我们如何才能恢复这些意见,这种被层层理论抽象所封锁或包裹的"前哲学意识"? 施特劳斯的计划在于像剥洋葱一样,剥开被层层包围的传统(它成功地遮盖了它所预设的自然意识),某种程度上像卢梭的系谱学方法。总有一些天然的障碍阻碍哲学生活,未来也是:施特劳斯提到了自然而然的忽视,想象的力量,以及迷信。如今,阻碍我们进入哲学生活的是一系列完全人为的"伪哲学"——历史主义、科学实证主义、经济主义,它们扭曲了我们与经验的关系。施特劳斯自相矛盾地回答,只有通过历史研究——不是本着学术界所流行的历史主义精神所展开的历史研究,而是通过掌握仔细阅读的艺术所展开的历史研究,我们才能重

㉓ Strauss, "What Is Political Philosophy?" 75—76.

㉔ "仍然有一些原始的、前哲学的经验基础"这个观点来自胡塞尔,但施特劳斯没有进行充分的理论化。见 *Natural Right and History*, 31—32;对这个问题的一些有趣的评论,见 Robert B. Pippin, "The Unavailability of the Ordinary: Strauss on the Philosophical Fate of Modernity," *Political Theory* 31, no. 3 (2003): 335—358, esp. 341—344。

新思考原初的哲学。㉕ 只有通过阅读某些"古书"，我们才能开始缓慢而艰苦的上升，从我们现在居住的人为洞穴回到作为后来所有哲学之基础的"自然洞穴"。㉖

哲学与城邦

对施特劳斯而言，一切哲学都是另一种意义上的政治哲学。他以三段论的形式提出了这个判断：哲学是试图用知识取代意见，包括关于政治事物的意见；意见是社会的媒介；因而哲学必定与社会格格不入。从这个三段论中，施特劳斯得出了以下结论：哲学必定是"少数人"或精英的一种功能，它必须隐藏自己的活动，以避开"大多数人"的敌意。㉗【70】哲学与社会之间的这种冲突——它在柏拉图的《苏格拉底的申辩》中得到了最生动的表达，构成了哲学的政治处境。哲人的生活方式被迫向政治致敬。

施特劳斯曾与科耶夫，一位黑格尔主义的马克思主义哲学家，讨论过现代僭政的本质问题。从这一对话中，可以看到施特劳斯在哲学与政治之间的张力问题上最为成熟的思想。施特劳斯的《论僭政》试图恢复色诺芬的对话作品《希耶罗》所呈现的古代僭政概念，以更好地理解 20 世纪的极权主义现象。与许多强调极权主义新奇性的同时代人不同，施特劳斯有点反直觉地看到了古今僭政的连续性。施特劳斯并不否认有技术和意识形态支撑的现代

㉕　历史研究的哲学重要性，见 Strauss，"How to Study Spinoza's *Theologico-Political Treatise*," in *Persecution and the Art of Writing*, New York：Free Press, 1952, 142—201, esp. 142—162；"On Collingwood's Philosophy of History," *Review of Metaphysics* 5, no. 4（1952）：559—586。

㉖　关于"第二洞穴"意象，见 Strauss，"How to Study Spinoza's *Theologico-Political Treatise*," 155—156。

㉗　这是施特劳斯《迫害与写作艺术》一文的中心思想，"Persecution and the Art of Writing," in *Persecution and the Art of Writing*, 22—37；另见 Strauss，"On a Forgotten Kind of Writing," in *What Is Political Philosophy*? 221—222。

僭政比过去的僭政要危险得多,但他怀疑这是否真的改变了这种现象的本质("只要有政治生活,就会有僭政这种危险")。㉓ 在他们的对话过程中,施特劳斯和科耶夫把关于僭政的争论变成了关于哲人对城邦所负责任的讨论。㉙

施科之争一开始讨论哲人的动机,即推动哲学追问(quest)的那种欲望或爱欲。对于科耶夫而言,这首当其冲是知识分子所渴望的承认,也就是,渴望自己的观念能够被付诸实践而"得以实现",不管是被谁付诸实践,法庭、总统抑或暴君。检验观念是否为真理的标准是能否在公共领域取得成功。但是,对施特劳斯而言,哲学的福报不在于公共承认,而在于哲学本身所带来的满足。哲学的正当性完全内在于哲学。"我们无需窥探人们的内心就可以知道这一点,如果哲人由于肉体的弱点变得关心起别人的承认来了,那他就不再是一个哲人了。"施特劳斯反驳道。"根据严格的古代观点,他变成了一个智者。"㉚

科耶夫的不满是,施特劳斯对哲学的理解仍然脱离城邦生活,脱离政治实践,脱离历史进程。在历史上,这种隐退表现为伊壁鸠鲁的花园、【71】文字共和国或学术象牙塔,它们都意味着为逃避历史的判断而隐退至某种形式的内心城堡。施特劳斯承认,哲人的追求是孤独的,需要从依附于城邦这种"最强有力的自然魅力"中解放出来,但这并不意味着变得只关注自我。哲人充分意识到心灵易错,因而他们必须寻求同类来分享、挑战和检验他们的思想。培养友谊成为哲学的最

㉓ 施特劳斯《论僭政》导论, *On Tyranny*, 22。

㉙ 对于这场争论的最佳评论,依然是 Victor Gourevitch, "Philosophy and Politics, I" 和 "Philosophy and Politics, II," *Review of Metaphysics* 22, nos. 1& 2 (1968): 58—84, 281—328。另见 Robert B. Pippin, "Being, Time, and Politics: The Strauss-Kojève Debate," *History and Theory* 32, no. 2 (1993): 138—161; Steven B. Smith, "Tyranny Ancient and Modern," in *Reading Leo Strauss*: *Politics*, *Philosophy*, *Judaism*, Chicago: University of Chicago Press, 2006, 131—155。

㉚ Strauss, "Restatement," 203.

高职责之一。㉛

　　不可否认,施特劳斯同意科耶夫所说的自足的危险,因为"志同道合的人紧密团结在一起,培育、延续共同的偏见",必然带来危险。㉜ 他似乎充分认识到了后来与"施特劳斯主义"相关的所有危险。但是,如果对哲学的一个危险源于"自命不凡的沉默和教派的窃窃私语",那对哲学更大的危险在于企图将哲学转变为大众教义("政治宣传")。公共哲学这个想法是矛盾的。"如果我们必须在宗派和党派之间选择,那我们不得不选择宗派。"㉝在寻求真理的过程中,总会有相对立的哲学派别相互制衡。对哲学而言,真正的危险是,哲学成为一种意识形态,一切竞争都被消灭干净。

　　正是在这种语境下,施特劳斯证明了哲学所具有的怀疑性质或探究性质。哲学是个知识问题,但却是无知之知、知道知识具有局限性之知:

　　　　哲学严格来说什么都不是,只是意识到问题,意识到根本问题和全部问题。思考这些问题时,不倾向于某种解决方案、不倾向于很少的几种典型解决方案中的一种是不可能的。但是,只要没有智慧,只有对智慧的追求,解决方案都必然不如存在问题来得确凿充分。所以,当哲人对一种解决方案的"主观确信"变得比他对这一解决方案的问题性的领悟更强烈时,他就不再是一个哲人了。这个时候宗派性也就产生了。㉞

　　这是施特劳斯关于哲学本质最大胆的声明,它显然驳斥了"没有任何迹象表明他知道哲学的涵义"这样的指控。【72】但是,

㉛　Strauss, "Restatement," 194—195.

㉜　Strauss, "Restatement," 195.

㉝　Strauss, "Restatement," 195.

㉞　Strauss, "Restatement," 196.

施特劳斯也留下了很多悬而未决的问题。尽管施特劳斯喜爱苏格拉底式适度和非宗派主义,但知识和无知之间的界限究竟应该怎么划分?纵然我们接受这样的说法,即更确定的是哲学问题,不是哲学方案,那是否意味着所有的解决方案都有问题?我们难道没有资格声称某些解决方案比其他方案更为可取,虽然它们缺乏确定性?是否必须在绝对的智慧和探究性的怀疑主义之间作出选择?更严重的是,施特劳斯对哲学的探究性理解似乎削弱了政治判断的基础。如果,正如他先前所说的那样,不变得"倾向"于某种解决方案就无法思考问题,那到底基于什么而应该如此倾向于这种解决方案?如果对于正义或良好政治秩序的认识仍然在根本上存在问题,那在政治生活中可以用什么样的标准进行判断?

　　施特劳斯可能夸大了哲学对于城邦事务的极端超脱。他认识到哲人"不得不作为一个人活在这世界上,因为这样的人不会对人类事务视而不见"。㉟ 这包括哲人对哲学和城邦的双重责任。哲人的第一个关注点和首要的关注点,必须始终都是哲学本身,以确保哲学即使在最危险的年代也能存活下去:"哲人必须到市场上去钓捕潜在的哲人。"㊱城邦必然会认为这些钓捕探险居心叵测,旨在腐化年轻人,让年轻人离开政治和经济,转向哲学。因此,哲人被迫为自己及其生活方式进行辩护,不仅在其他哲人面前,也在公共舆论的法庭之上。

　　那么,哲人对城邦的责任是什么?由于认识到哲学只能在城邦的背景下进行,因而哲人必须对城邦的各种意见表现出应有的尊重,因为意见是城邦的基础。显然,哲人的公共责任是完全公开的。"哲人并不是无神论者,他们并不亵渎被城邦视为神圣的东西,他们崇敬城邦所崇敬的东西,他们也不是颠覆者,总之,他们不

㉟　Strauss, "Restatement," 199.

㊱　Strauss, "Restatement," 205.

是不负责任的冒险者，而是好公民，甚至是最好的公民"，这就足以让城邦满意了。㊲ 由于深知只有在哲学中才能找到真正的幸福，因而哲人发现自己【73】相对容易迁就城邦的习俗（nomoi）。柏拉图的洞穴比喻一直都是施特劳斯用来证明哲学与乃至最佳社会秩序都存在永恒张力的例证。

施特劳斯的政治哲学提出了一个麻烦的问题：哲人要迁就城邦，但要多迁就？ 这种迁就是否包括默认僭政"与政治生活相伴相随"？ 哲人必须在多大程度上维持这个假象，即哲学并不是无神论的，而是崇敬城邦诸神？ 是否必须容忍僭政政体为"与人类状况不可分割"的众多恶之一？㊳

施特劳斯谈哈列维（Judah Halevi）时的一句话，最好地概括了施特劳斯对这些问题的回答。施特劳斯说："胆怯和责任之间的界限，不同时代不一样。"㊴他可能还会补充说，"因每个人的性格和判断而异"。施特劳斯自己的哲学政治学清晰地显示了内在激进与外在顺从的结合。施特劳斯在多大程度上向自己的读者推荐了这样一种策略，始终都是个挥之不去的问题。隐微主义在多大程度上是个历史命题，只跟解读过去的思想有关，又在多大程度上是哲学的责任所在，甚至今天的哲学也有这个责任？㊵ 这是施特劳斯吊我们胃口、故意不点破的一个主题。哈列维、阿尔法拉比、迈蒙尼德的策略是否可以应用于现代民主社会，我们不得而知。他们是在相当敌视哲学的时代写作，但现代民主社会却要求智识真诚和透明，这不仅是私德，也是公德。㊶

㊲ Strauss, "Restatement," 205—206.

㊳ Strauss, "Restatement," 200.

㊴ Strauss, "The Law of Reason in the Kuzari," in *Persecution and the Art of Writing*, 110.

㊵ 施特劳斯认为社会对哲学的敌意"与哲学相伴相随"。见施特劳斯《迫害与写作艺术》导论，21 页。

㊶ 关于"真诚"的重要性，见 Leo Strauss, "Preface to *Spinoza's Critique of Religion*," in *Liberalism Ancient and Modern*, New York: Basic Books, 1968, 255—256；施特劳斯提到，这个概念来自尼采，见 Leo Strauss, "Preface to *Spinoza's Critique of Religion*," in *Liberalism Ancient and Modern*, New York: Basic Books, 1968, 258 nn. 24—28.

理性与启示

　　哲人或许相信——施特劳斯或许更相信,哲学生活乃是最好的生活。但问题在于,是什么使得哲学生活乃是最好的。施特劳斯提到了哲人的满足感,一种近乎"自我陶醉"的满足感。但这与其说是一种证明,不如说是哲学生活的一种表达。【74】知道自己无知如何有助于哲人获得满足感或幸福感,也不太清楚,但施特劳斯会说:"就算是那样吧。"哲学只是众多方案之一,除了哲学还有其他方案。哲学能够在其他方案面前,为自己及自己的生活方式辩护吗?这也许是施特劳斯哲学著作的中心问题。

　　与哲学相对的另一种严肃方案,实际上也是唯一真正与哲学相对的方案,是神的启示所带来的挑战。㊷ 与这个最严肃的方案相比,其他选择和其他生活方案,甚至哲学生活与政治生活之间的经典冲突,都变得微不足道。理性与启示,或者用施特劳斯惯用的说法,雅典与耶路撒冷,仍然是哲学在捍卫自身及自身生活方式的过程中,必须面对的最尖锐、最复杂的对立。雅典与耶路撒冷的区别,在于对道德在整个人类生活经济结构中起什么作用,持不同的看法。对耶路撒冷的信徒来说,热情地追求正义代表人性的顶点,但对于雅典的铁杆拥护者而言,道德最多只是有助于实现沉思性的自主。这个对立,这两者之争,而不是著名的"古今之争",才是"哲学问题",因为如果哲学不能在启示的信徒面前为自己辩护,那哲学就有可能成为另一种基于武断决定或意

㊷　施特劳斯关于这个主题的论述,见"Progress or Return?";"Preface to *Spinoza's Critique of Religion*";Strauss,"Jerusalem and Athens: Some Preliminary Reflections," in *Studies in Platonic Political Philosophy*, ed. T. Pangle, Chicago: University of Chicago Press, 1983, 147—173;Strauss, "Reason and Revelation," in *Leo Strauss and the Theologico-Political Problem*, by Heinrich Meier, Cambridge: Cambridge University Press, 2006, 141—180。

志行为的信仰。[43]

施特劳斯在《自然权利与历史》中最直白地阐述了这种对立:

> 没有光明、指引和知识,人无法生活;只有借助于关于善的知识,人才能找寻他所需要的善。因此,根本问题就在于,人是否能够获得关于善的知识?没有这种知识,人仅凭自身的自然能力,不能指导自己的生活,不管是对于个人,还是对于人类整体;或者说,人类是否依赖于关于天启的知识?最根本的是在人的指引与神的指引之间二选其一。[44]

这样一来,哲学与启示之间似乎就有一种对峙。这两方都能驳倒对方吗?

【75】像苏格拉底一样,施特劳斯考察了支持各方的观点。首先是从神学的角度考虑这个问题。在犹太传统中,所谓的"上帝的召唤"经常被认为是得到了一长串传统的证实。[45] 这一召唤是在西奈山上给摩西的,然后传给了约书亚,然后又传给了长老和先知,整个传统就是一条完整的链条,一直传递到拉比那里。这个传统可靠吗?

施特劳斯对这种历史证据的有效性提出了质疑。上帝的召唤与那些声称经历过召唤的人密不可分。换句话说,只有有人声明受到召唤,召唤才是可靠的。但这就使得召唤取决于信徒的解释,

---

[43] 有一种说法是,施特劳斯的整个计划建立在尼采的"权力意志"之上。罗森(Stanley Rosen)对这种说法进行了激烈的争论。见 Stanley Rosen, *Hermeneutics as Politics*, Oxford: Oxford University Press, 1987, 107—123;另见 Laurence Lampert, *Leo Strauss and Nietzsche*, Chicago: University of Chicago Press, 1996, 朗佩特认为施特劳斯是弱尼采主义者。

[44] Strauss, *Natural Right and History*, 74.

[45] 见科恩兄弟的电影作品《谋杀绿脚趾》(*The Big Lebowski*):"三千年的美丽传统,从摩西到山迪·柯法斯——你说的对,我活在过去。"时间顺序可能有点偏差,但这个意思很对。

这样的解释又不可避免地因人而异,因教派而异。一个虔诚的犹太人会解释得跟一个虔诚的穆斯林大不一样。另外,那些声称自己见证过启示或继承了这种启示的人,已经是这种信仰的信徒了。除了信徒本身,不存在公正或中立的证人。⑯

施特劳斯考察并驳斥了为启示的优先性进行辩护的众多论点,但要是从哲学的角度看会如何?好不到哪儿去。哲学要求启示在理性、在我们人类理性的门槛面前捍卫自己。但启示坚决拒绝这样做。启示必须理性地证明自己,这是个循环论证。要证明的东西已经被用作前提,即启示是一种理性经验。哲学最多只能说驳倒了那些为启示进行辩护的神学观点,并没有证明启示本身是不可能的。

施特劳斯考察了几个更具体的反启示观点——出自对圣经的历史批评和考古批评,以及现代科学理论(达尔文主义),但他最为尊重哲学化的神学,或者说自然神学的主张。根据自然神学的论点,上帝的属性原则上可被人类理性所知所及。对这种进路最清晰的文本证明可见于斯宾诺莎《伦理学》第一卷的开篇公理和演示。根据斯宾诺莎,我们可以知道上帝的属性,因为上帝是自然,运用人类智能可以知道自然如何运作。【76】正如一切都存在于有序的自然之中,所以一切都可以根据充分理性的原则而被知。根据这个原则,理性与自然之间有着完美的统一,这个统一就是上帝。

施特劳斯极其严肃地对待斯宾诺莎的论点,但最终发现它就如启示的主张一样武断。斯宾诺莎提出的上帝属性都是事先选定的,以证明上帝完全是理性的、可理解的,宇宙没有任何神秘之处。斯宾诺莎对宇宙的祛魅究竟代表一种隐匿的无神论,还是代表一种更高形式的虔诚,与施特劳斯无关。施特劳斯想要说的是,斯宾

---

⑯　Strauss, "Progress or Return?" 261—262.

诺莎的上帝概念——上帝是自然(*Deus sive natura*),或许非常符合清晰和清楚的标准,但清晰和清楚并不能够保证就是真理。证明上帝存在的某个证据是清晰的、清楚的,只是在我们看来是清晰的、清楚的,从哲学的视角看是清晰的、清楚的;它并不能开始证明某个无限存在到底是否存在,因为这个无限存在的存在方式并不就是我们的存在方式。《伦理学》仍然是建立在沙子之上的城堡。

雅典和耶路撒冷的冲突似乎以平局告终。施特劳斯写道:"所有驳斥启示的,都以不相信启示为前提,所有驳斥哲学的,都以相信启示为前提。"[47]似乎不可能有共同立场或中立立场。但哲学与信仰之间的僵局,似乎偏向于信仰。如果哲学不能证明、不能合理地论证它相较于启示的优越性,如果每一个反对启示的证据最后都是假设性的或倚赖于"不确凿的前提",那人们不得不承认,哲学生活本身建立在信仰的基础之上,建立在没有理性根基的意志或决断之举上。在这样的竞争中,信仰的信徒将在技术上获胜。[48]

施特劳斯不厌其烦地为启示做最有力的论证,这相当于为哲学创造一个尽可能高的障碍。他好像常常要求哲学背负更大的证明责任,而不是让神学背负更大的证明责任。神学只需要敞开启示的可能性,但哲学却要拒斥启示的前提。任何不足都必须被认为是失败。施特劳斯本人是 20 世纪早期"神学复兴"的产物。"神学复兴"与巴特(Karl Barth)和罗森茨威格(Franz Rosenzeig)联系在一起,【77】这两人"认为有必要考察,对正统神学——犹太教和基督教的批判,所谓的胜利在多大程度上实至名归"。[49] 施特

---

[47] Strauss, "Progress or Return?" 269.

[48] 对施特劳斯思想的有神论解读,见 Kenneth Hart Green, *Jew and Philosopher: The Return to Maimonides in the Jewish Thought of Leo Strauss*, Albany: SUNY Press, 1993; Susan Orr, *Jerusalem and Athens*, Lanham, MD: Rowman & Littlefield, 1995。

[49] Leo Strauss, "Preface to *Hobbes Politische Wissenschaft*," in *Jewish Philosophy and the Crisis of Modernity*, ed. Kenneth Hart Green (Albany: SUNY Press, 1997), 453.

劳斯显然理所当然地认为,神学批判方面的胜利还不实至名归。

虽然神学的复苏提醒施特劳斯启蒙在宗教批判方面的失败,但把他置于反启蒙政治神学的阵营中,说他是捍卫信仰者,那就错了,但有些人就是这么做的。出于对斯宾诺莎的不满,施特劳斯努力回到更古老的哲学概念,即探究性的哲学,而不是重申正统。我认为,这就是他所说的那个意思,即回归前现代哲学不是不可能,只是非常艰难。[50]

施特劳斯向古典政治哲学的"回归"——他总是把这种回归描述为"试探性的或试验性的",并不是对自然等级制度或任何其他形式的古生物学或优生学的认可赞同。[51] 一般而言,他对古代哲学的理解与哲学的政治问题或"哲学生活"问题相关,而不是与关于政治的哲学相关。当然,这并没有阻止各路阐释者把各种立场强加到施特劳斯身上,从新保守主义到虚无主义的反现代主义。[52] 施特劳斯关心的是哲学的原初状态,即哲学是一种提问模式,而不是对某些哲学派别或团体的辩护,更不是一种政治运动或政治事业。

施特劳斯明确指出,哲学生活应该被理解为一种不断探究提问的形式。这是"柏拉图式政治哲学"的本义。[53] 这里,甚至探究主义(zeteticism)都不是向斯多葛派的那些问题的回归,而是向古人都不知道的一系列问题的回归,主要是雅典与耶路撒

---

[50] Strauss, "Preface to *Spinoza's Critique of Religion*," 257.

[51] 关于施特劳斯计划的暂时性,见 Strauss, *The City and Man*, Chicago: University of Chicago Press, 1964, 11。

[52] 关于对施特劳斯的利用和误用,两个最好的研究见:Zuckert & Zuckert, *The Truth about Leo Strauss*; Peter Minowitz, *Straussophobia: Defending Leo Strauss and Straussians from Shadia Drury and Other Accusers*, Lanham, MD: Lexington, 2009。

[53] 这或许有助于解释为何施特劳斯计划出一本以"柏拉图式政治哲学研究"为标题的书,但其中却只有两篇文章真正处理的是柏拉图。"柏拉图式"这个术语对他而言意味着某种哲学风格,而非柏拉图的某种教义或体系。

冷问题,或者他后来所谓的"神学—政治问题"("我的研究唯一的主题")。㊹【78】探究性或柏拉图式政治哲学并不声称找到了解决理性—启示问题的答案,更不声称找到了唯一的答案,而是让这个问题继续存在下去,以待未来不断考察。正是探究式的理解,使哲人免于信和不信这两种教条。这两者都不能经受理性辩护的考验。只有哲人,那生活在对雅耶之争的永恒意识、永恒互动中的人,才能证明哲学可以作为一种生活方式。㊺

结　语

如果施特劳斯是对的,即我们已经忽略了哲学生活这个问题,那今天很多人未能把他看作是一位哲人,经常误认为他是一个评论家、思想史家甚或某种政治大师,也就不足为奇了。施特劳斯的兴趣不在于哲学技巧或方法,更不在于推进对概念和命题的认识,而在于这些东西的先决问题,"为什么是哲学"?对于军事战略或商业经营之类的活动,人们显然不会问这样的问题,因为这些问题的目的(胜利、利润)基本上不存在争议。但是,哲学的目的一直是、也将永远是一个开放的问题。更具体地说,施特劳斯关心的是哲学生活是什么样的生活,它赋予共同体生活以什么样的价值。他对这个问题专心致志的审视在最高程度上履行了哲学的职责。

推荐阅读

Smith, Steven B., ed. *The Cambridge Companion to Leo Strauss*. Cambridge:

㊹ Strauss, "Preface to *Hobbes Politische Wissenschaft*," 453.

㊺ Strauss, "Progress or Return?" 270;另见施特劳斯在《〈库扎里〉中的理性法》(The Law of Reason in the Kuzari)一文中所引用的歌德之语:"世界历史和人类历史真正的、唯一的、最深刻的主题,仍然是不信仰和信仰之间的冲突,这个主题包含了所有其他主题。"("The Law of Reason in the *Kuzari*," 107 n. 35.)

Cambridge University Press, 2009.

——. *Reading Leo Strauss: Politics, Philosophy, Judaism*. Chicago: University of Chicago Press, 2006.

Strauss, Leo. *Natural Right and History*. Chicago: University of Chicago Press, 1953. 特别是导论和第一章"自然权利和历史方法"。

——. "Progress or Return?" In *The Rebirth of Classical Political Rationalism*, edited by Thomas Pangle, 227—270. Chicago: University of Chicago Press, 1989.

——. "What Is Political Philosophy?" In *What Is Political Philosophy? and Other Studies*, 9—55. Glencoe, IL: The Free Press, 1959.

Tanguay, Daniel. *Leo Strauss: An Intellectual Biography*. Translated by Christopher Nadon. New Haven: Yale University Press, 2007.

Zuckert, Catherine, and Michael Zuckert. *The Truth about Leo Strauss: Political Philosophy and American Democracy*. Chicago: University of Chicago Press, 2006.

5

哲学家的使命:沃格林范式

埃利斯·桑多兹

【80】沃格林(Eric Voegelin)以其个人和学术风范表明,他的立场是一位哲学家兼教师的立场,信奉真理,反对腐败。沃格林的一生,是韦伯主义意义上智性正直的一生。沃格林唯一的职业承诺就是拥护真理,做真理的拥护者。但是,这不仅仅是学术责任。相当程度上,这是一种最高级别、最高责任的使命——或者说召唤(*klesis*)。① 它内在于沃格林从柏拉图和安瑟姆那里接过来的哲学范式,并在沃格林自己的生活和工作中得到证明彰显。沃格林1964 年春季学期在慕尼黑大学教的一门课"政治科学导论"——如今以"希特勒和德国人"(*Hitler and the Germans*)为题出版,②例证了这种使命,并直接召唤这种使命。但是,这个主题实际上在沃

---

① 《帖撒罗尼迦后书》1:11;《彼得前书》2:9:"你们是……有君尊的祭司……要叫你们宣扬那召你们出黑暗、入奇妙光明者的美德。"这是蒙受恩典的信徒所说的,他们与神同在,是天上的国王与牧师的子民。比较《罗马书》1:1—6,这是沃格林时日不多前反复念的一段话。"皈依和天职是同一件事"是基督教信仰中的老生常谈(《加拉太书》1:15—16)。(Franz J. Leenhardt, *The Epistle to the Romans*: *A Commentary*, trans. Harold Knight, London: Lutterworth, 1961, 39.)

② 参见 *Collected Works of Eric Voegelin*(后文缩写为 CW), vol. 31, ed. Detlev Clemens and Brendan Purcell, Columbia: University of Missouri Press, 1999。作为此书基础的德语版讲课稿,见 Eric Voegelin, *Hitler und die Deutschen*, ed. Manfred Henningsen, Munich: Wilhelm Fink Verlag, 2006。此处引用的是英文版本,除非另有说明。

格林 20 世纪 30 年代之后的作品中随处可见,是沃格林始终秉持的一种决定性态度。③ 把这种使命与关于人类事务的科学联系在一起,类似于在亚里士多德那里第一次得到古典阐述,其意涵不管对于沃格林本人还是对于哲学本身都非常重要。我在这里所探讨的,正是《希特勒和德国人》那决定性的、过时的、有点难以捉摸的背景因素。

召唤与权威

【81】居间实在(metaxic reality)是唯一的实在。关于居间实在的经验被某种特定的进程—结构所支配。哲学家的使命主要在于回应神—人关系,可理解为作为代表性人物参与这种进程—结构。沃格林在其论文《牛津政治哲学家》(The Oxford Political Philosophers)中宣布了这种使命及相应的结果。在其中,他写道:“这是哲学家意识到自己的权威并声明这种权威的时候(1953 年),虽然这会让他与周围的环境发生冲突,因为四周充满了可疑的意识形态和政治神学。所以,奥勒留(Marcus Aurelius)的话将会适用于他:‘哲学家——神的祭司和仆人’。”④

沃格林甚至更积极地把权威从腐败的公共机构到哲学家的转移,追溯至《高尔吉亚篇》的高潮部分,直白地影射他自己的极权主义经历:

　　一个人若是被定罪为残暴杀人犯的共犯和败坏国家的罪人,他就不能代表精神秩序,没有人有义务要尊重他的话。公

---

③ 正如《治理理论》中关于“人的概念”所评论的,见 CW, vol. 32, ed. William Petropulos and Gilbert Weiss, Columbia: University of Missouri Press, 2003, 226—255。

④ Voegelin, “The Oxford Political Philosophers,” in CW, vol. 11, ed. Ellis Sandoz, Columbia: University of Missouri Press, 2000, 46.

共秩序的权威落到了苏格拉底身上……对我们中的有些人来说,形势变得很有意思,因为这些人发现我们身处柏拉图的处境,且在某些人那里看到知识为权力拉皮条——这些人就是我们今日所联想到的那些人。他们今天为权力拉皮条,明天就会纵容我们的谋杀。但给卡利克勒(Callicles)个人背上谋杀的罪名那可就太荣幸了。整个社会都是腐败的,腐败的过程并不是始于昨日。⑤

这种说法也适用于希特勒和德国人,正如沃格林所强调的:

> 现在我们讲社会不完整时的犯罪问题,这个问题是通过第三帝国时期的大屠杀暴露出来的。但是,我再三强调,我们现在谈的不是国家社会主义问题,而是希特勒和德国人问题……我一直在说道德的堕落;这不是抽象存在的……相反,这是知识和精神堕落的整个过程,它感染了个人和集体生活的每个方面……所有这些人都是同谋犯。我没有忘记任何一个,牧师、法官、将军、教授……看在上帝的份上,我在这里不会为教授辩护。30 年代初,希特勒上台后,一连串的教授被免职,不仅只是犹太人;那些没被免职的人,没有哪一个人拒绝高高兴兴地去占据那些因为解雇而空出来的职位。【82】由于我自己在 1938 年被解雇,因此我一直都特别留意那些在1933 年后在德国成为终身教授的人。所以,存在这样一种协助和怂恿,人总是顺从,没有人出来反抗……这种事情没有发生。⑥

---

⑤ Voegelin, *Order and History*, vol. 3, *Plato and Aristotle*, Baton Rouge: Louisiana State University Press, 1957, 38, 37. 关于腐败过程,见 79 页的总结。

⑥ Voegelin, *Hitler*, 230—235.

真理与普世性

真理的语言是用多种方言进行言说的,不管是经验还是理论都不支持对启示与理智(*noesis*)进行绝对的划分,无论制度上有什么区别。沃格林在慕尼黑的时候不时告诉他的政治科学学生,你不能无视启示,假装它从未出现过。如果感知经验构成了哲学探究和哲学诠释的经验基础,那么我们必须关注感知经验的洞见——不管它们何时出现,把它们当作某个具体的个体身上出现的意识事件,以此构建智性探索(noetic exploration)清晰的经验—象征。这种观点,即哲学如果要在认识论上有说服力,必须要在某种意义上具有经验基础,而不能仅仅只是富有想象力的文字游戏或喋喋不休,不管多么才华横溢,很快让沃格林与设计想象第二实在的理论家(经验对于这些人而言非常"不便"),以及很多其他被认为是在搞当代"自主"哲学的理论家产生了分歧。⑦ 搭建灵性话语(pneumatic discourse)和智性话语(noetic discourse)之间的桥梁,同时拥抱这两者,冒犯了自封要将启示或学术哲学守护到底的人。(所以出现了读者群。)尽管如此,沃格林重申了这一结论:

> 我们不能再忽视这一点,那就是,"信仰"的象征像表达了人的启示性诉求一样表达了人的回应性追问,"哲学"的象征像表达了人的回应性追问一样表达了人的启示性诉求。我们必须进一步承认,中世纪的信仰和理性之争之所以出现,是因为这些象征的起源在以色列和希腊这两个不同民族的文化中,即在以色列先知和古希腊哲人的意识中,对超凡之神的独

⑦ 比较 David Walsh, "Voegelin's Place in Modern Philosophy," *Modern Age* 49, no. 1 (Winter 2007): 12—23。

特经验分别集中于启示性诉求和人类的追问……(柏拉图和
亚里士多德的)反思行为是具体的人为回应灵魂深处的神性
召唤而展开的追问。⑧

【83】然而,最重要的是要明白,与神沟通这种关系和这个过
程并不是为伟大的人所保留的。每个人都可以实现这种沟通,他
们人性的可贵之处在感知经验中得到证明。由于注意到理性是
"出于上帝的恩典",甚至根据阿奎那也是这样,沃格林评论道,这
种理解适用于今天,也适用于任何我们可能到达的地方:"你们坐
在这里问问题。为什么? 因为你们身上拥有神圣的运动(*kine-
sis*),它让你们感兴趣……当然,是启示性的存在推动或拉动你。
它就在那里。我们说着这些。"⑨"意识到一切都是由神性基础所
引起,并寻找这种神性基础——这就是理性(*nous*)。"⑩

个人行为

具体到政治行为层面,一系列的后果不仅让《希特勒和德国

---

⑧　Voegelin, "The Beginning and the Beyond," in CW, vol. 28, ed. Thomas A. Holl-
weck & Paul Caringella, Columbia: University of Missouri Press, 1990, 211. 见后来
(1981)对这些主题的总结,题目为"有关秩序的哲学知识的沉思起源":"在我看
来,既不存在自然理性,也不存在启示,既非此亦非彼。相反,我们这里所拥有的
是对某些真实事物的神学误解,为了神学系统化而造成了这些误解。"CW, vol.
33, ed. William Petropulos & Gilbert Weiss, Columbia: University of Missouri Press,
2004, 385—386,原文为斜体。

⑨　*Conversations with Eric Voegelin*, in CW 33:328, 330—331. 这种态度经验性地证明,
人类意识中流淌着无处不在的神性存在;《马太福音》末尾耶稣的应许暗示了这种
流动性:"我就常与你们同在,直到世界的末了。"(《马太福音》28:20)我们可以经
验到神性实在,古希腊哲学和圣经启示中对这种经验中的推动和拉动(*helkein*)的
描述,见沃格林在《福音与文化》中的比较分析,CW, vol. 12, ed. Sandoz, Colum-
bia: University of Missouri Press, 1990, 184—191;另见"Reason: The Classic Experi-
ence," in CW 12:281。

⑩　CW 33:329。

人》中对纳粹时期的批评具有质感,也详尽地阐述了沃格林在就职演讲(*Antrittsvorlesung*)中大力主张的基本原则。这一原则把作为代表的哲学家与每一个人联系了起来,也就是"我们这个时代的精神错乱,每个人都很乐意谈论的文明危机,无论如何都不必作为不可避免的命运来承受;相反,每个人都有战胜它的方法……没有人有义务参与社会的精神危机;相反,每个人都有义务避免这种愚蠢的行为,生活得井然有序"。⑪

神—人关系

【84】这门课程的第一节课确定了秩序的超验来源,理由是时间和政治行为的内在存在发生在"神的存在面前":⑫"这是每个人的事:把内在存在置于内在过程之中,置于神的存在的审判面前。"正如柏拉图在《理想国》和《高尔吉亚篇》里所示,"把自己置于存在面前,置于神的存在面前,据此来判决一个人做了什么,又如何构建他自己生存的秩序和社会生存的秩序,对柏拉图来说是一种审判行为。这意味着,人总是站在审判面前"。他被自己内心的逻辑所说服,要永远生活在那种死亡之下(*sub specie mortis*),生活在死亡和永恒的层面之下。⑬ 哲人的使命在于说出这种审判,并在必要时索取公共秩序权威。比如,在政治和其他权力都与精神真理(truth of spirit)相分离,社会出现分裂和解体

---

⑪ Voegelin, *Science, Politics and Gnosticism*, in CW, vol. 5, ed. Manfred Henningsen, Columbia: University of Missouri Press, 1999, 261.

⑫ 见 Voegelin, *Anamnesis*:"没有哲学家就没有哲学,也就是,没有用灵魂回应永恒存在的人,就没有哲学。"(CW, vol. 6, ed. David Walsh, Columbia: University of Missouri Press, 2002, 313)"最适合用于表达'永恒的东西存在于时间流中'的概念是流动性存在。"(同上,329)另见其他相关讨论:CW 33:182—183, 233, 264, 340—341。

⑬ Voegelin, *Hitler*, 71; *Order and History* 3:92, 129.

的情况下。⑭ 当索尔仁尼琴(Aleksandr Solzhenitsyn)提出"为什么会有文学"这个问题,并像下面这样回答自己的问题的时候,他实际上是声明作家也扮演了类似的角色:"毕竟,作者是人民之师……而且,一个伟大的作者——不好意思,或许我不该说这个,我会小点声——一个伟大的作者可以说是第二个政府。这就是为什么没有哪个政权会爱他们伟大的作家,只会爱他们的小作家。"⑮

人类学和生存张力

每一个人,沃格林写道,都是神的形象(*imago Dei*)。他具有神圣的命运,他被召唤着履行神圣命运的承诺——对于这种召唤,个体可以回应,也可以拒绝或忽视。因此,人是神性化的,具有神的形状:

> 通过寻求神性,即在哲学经验中超越我们自己朝向神,在精神经验中通过道与神相遇,【85】人参与了神性……人的特定尊严即基于此,基于其神性化的本质——他具有神的形式和形象……人不去人性化,就不可能去神性化。⑯
>
> 借助精神,我们领悟到人对其存在所具有的神性基础保持开放:通过疏离精神,人不再对这种神性基础保持开放,而

⑭ 正如格布哈特(Jünger Gebhardt)所评论的,面对政治和精神灾难,"哲学家—学者被召唤着接受教权,保护它不受知识篡夺者的侵害"。(Gebhardt, "The Vocation of the Scholar," in *International and Interdisciplinary Perspectives on Eric Voegelin*, ed. Stephen A. McKnight and Geoffrey L. Price, Columbia: University of Missouri Press, 1997, 18.)

⑮ A. Solzhenitsyn, *The First Circle*, trans. Thomas P. Whitney, New York: Bantam Books, 1981, 415.

⑯ Voegelin, *Hitler*, 87.

是拒绝、反抗。通过精神,人实现了其潜能——分享神性。因此,他上升为神的形象,他也注定要成为神的形象。作为这种古典意义上的努斯(nous)的精神,是所有人都具有的,用赫拉克利特的话说,就是共同精神的本质(*xynon*)。通过精神生活,这对所有人都一样,人的存在成为共同体中的存在。[17]

神圣真理的代言人

深思纳粹时期的混乱之时,沃格林从精神病理学(pneumopathology)的角度来进行诊断。他认为,这是意识上得了精神病(pneumopathology of consciousness)。在德国大学讲课结束之际,沃格林再次引用了先知以西结的话,把它作为治疗意识精神病的适配疗法。精神没有堕落的人,即拥有信仰的信徒或用理性进行回应的人,不管是公民、士兵、哲人、牧师还是先知,最终所能做的只不过是让公众意识到这些弊病,就像苏格拉底以真理的名义所做的那样,做神的信使,劝说雅典人关照自己的灵魂,伸张正义。传递的话不仅仅只是道德说教,在内容上还是救赎论和末世论性质的,涉及人类个体的拯救和命运、历史中的社会,以及实在本身的结构—进程。它最终到达个体的神—人意识所参与的领域。因此,沃格林重申的拯救之道来自以西结,来自神对以西结所说的话:

> 人子啊,我照样立你作以色列家守望的人。所以你要听我口中的话,替我警戒他们。我对恶人说:"恶人哪,你必要死!"你以西结若不开口警戒恶人,使他离开所行的道,这恶人必死在罪孽之中,我却要向你讨他丧命的罪。倘若你警戒恶人转离所行的道,他仍不转离,他必死在罪孽之中,你却救

---

⑰　Voegelin, "The German University and the Order of German Society," in CW 12:7.

自己脱离了罪。⑱

沃格林告诉他的学生记住这段话。

【86】沃格林课上的一个研究生助理亨宁森(Manfred Henning-sen)后来写道，课堂的气氛就像"法庭"的气氛一样热烈，沃格林就是那法官。沃格林在这些课程中的全部意图，就是敦促下面听课的学生发生灵魂的转向或转变(*metanoia*)，转向真理，类似于柏拉图的《理想国》中生活在洞穴中的人发生灵魂的转向。⑲

结　语

开启漫长的秩序和历史研究之初，沃格林把哲学定义为："哲学是对存在的爱——通过把对神性存在的爱作为其秩序的源头。"这一直像北极星一样指引着他的生活和工作。⑳

上述讨论的结果之一是，任何真正感兴趣于像沃格林理解自己一样理解沃格林的人，都有义务处理这里简要想起的这些问题。这些问题在沃格林的多处作品中得到了阐明，既是沃格林几十年的探究和思考生活所打造的工艺品，也是这位哲人在探究和思考之路上停留过的小驿站。㉑ 结果之二显然是，意义重大地甚至革

---

⑱　《以西结书》33:7—9，载于 Voegelin, "The German University and the Order of German Society," in CW 12:35；早先也引用过，*Hitler*, 200。

⑲　见编者导言，Manfred Henningsen, *Hitler und die Deutschen*, 29, 38。另见柏拉图，*Republic* 518de；Voegelin, *Order and History* 3:68, 112—117。

⑳　Voegelin, *Order and History*, vol. 1, *Israel and Revelation*, Baton Rouge：Louisiana State University Press, 1956, xiv. 参阅 Ellis Sandoz, *The Voegelinian Revolution：A Biographical Introduction*, 2nd ed. New Brunswick, NJ：Transaction, 2000, 141—142。

㉑　正如一位精明的评论者写道："好像他自己是第二个耶利米，沃格林致力于重新平衡他那个时代的意识……他自己的目的显然是试图恢复先知式冲动。"(Geoffrey L. Price, "Recovery from Metastatic Consciousness：Voegelin and Jeremiah," in *Politics, Order and History：Essays on the Work of Eric Voegelin*, ed. Glenn Hughes et al. Sheffield, UK：Sheffield Academic Press, 2001, 204.)《希特勒和德国人》那富有才智的编辑评论道，作为一个政治哲学家，沃格林权威地呼吁他的听课者转向真理，这建立在"他自己的作证生活"之上。(CW 31:34.)

命性地重新定义了哲学本身的含义,特别是在以下几个关键点上:
(a)强调对公开存在的神性实在的爱是首要的;(b)削弱或放弃把
信仰和理性截然对立的学术传统,不再认为两者分别是超自然的
和自然的;(c)丢弃自主理性的傲慢炫耀,认为这是人的自我显现
(egophany),始作俑者是过于自信的投机倒把者。㉒【87】亚伯拉
罕、摩西、柏拉图和保罗的上帝/神是同一个神,他显现给所有精神
上敏感的人,不管处于什么年代,他用同样的语言形式和象征进行
交流。如果承认只有一个人类和一个实在,且人类从本体论意义
上而言是这个实在中那个自我反省、作为整体一部分的部分,那对
人类与神圣存在的交流作任何其他假设都是多余的。㉓ 我们的存
在是一种居间的存在,这样的存在给了我们一些限制,但如果面对
这些限制,能够对"不可言说的它实在(It-reality)清晰地存在"保
持开放并进行回应,那就构成了人的本质内涵。㉔ 沃格林以一种

㉒　有关自我显现的讨论,见 Sandoz, *Voegelinian Revolution*, 239—243,以及其中所引
用的文献,特别是 Voegelin, *Order and History*, vol. 4, *The Ecumenic Age*, Baton
Rouge: Louisiana State University Press, 1974, 260—271。对哲学的革命性内涵的
初步阐述,见 *Voegelinian Revolution*, 189—216。这是一场关于心灵和精神的沉思
革命和本体论革命,涉及"存在"的改变。这不是街头的政治革命,更不是在顽固
的主流舆论氛围中的一场革命。必须强调这场革命,这样有助于避免误解。

㉓　这不仅仅是推论;沃格林在这件事上很明确:"显现给哲学家的神,从巴门尼德那
里引出'是'这个感叹的神,跟显现给摩西、跟摩西说'我是自有永有的'的神,实
际上是同一个神,除非我们想要沉溺于特别的神学假设之中,因为神就是神显现
时所显现的那个神,人只不过是对神的显现进行回应。当神在世人面前显现自己
时,不管是在燃烧的荆棘丛里还是在普罗米修斯的火里,神就是神显现出来的样
子,神把自己显现为什么样,神就是什么样的。"(*Order and History* 4:229.)另见
"Equivalences of Experience and Symbolization in History," in CW 12:115—133。

㉔　对一些含义的讨论,可见于 Paul Caringella, "Eric Voegelin: Philosopher of Divine
Presence," in *Eric Voegelin's Significance for the Modern Mind*, ed. Ellis Sandoz, Baton
Rouge: Louisiana State University Press, 1991, 174—205。虽然沃格林似乎从来没
这么说,但他作品中所使用的它(*It*)这个象征的终极来源显然是伪狄奥尼索斯,
"它"这个名字代表不可言喻的"超级必要的神祇……除了圣经中启示给我们的以
外,我们绝不敢说他,甚至不敢形成关于他的任何概念"。(Ps. -Dionysius, *The Di-
vine Names*, in *Dionysius the Areopagite: The Divine Names and the Mystical Theology*,
ed. C. E. Rolt, Kila, MT: Kessinger, n. d. , 53;见 4—12。注意,这里给出的说明
呈现了下面文献中的分析,Ellis Sandoz, *Republicanism*, *Religion and the*(转下页注)

更闲聊的方式写道:"事情不是发生在天体物理学的宇宙中;宇宙及建立在宇宙之上的一切,发生在神身上。"㉕沃格林后来补充道:"问问题的人说的话显现了它自己,因为不可言说的变为可言说的,这是个矛盾的事件……在反射距离内,问问题的人……体验到了他说的话,因为神突然打破沉默,创造性地说了充满想象力的话,这些话将会照亮人的追问,因为人回到了不可言说的沉默。"㉖

因此,哲学就是充满爱地用理智探索实在的高度和深度,正如信仰寻求理解,【88】寻求自己在公开追问实在的过程中所形成的洞见能够被认为是权威真理——哲学家是真正的人类。㉗ 因此,哲学家说话总是表现出对最高真理的接受能力,就像神的圣谕一样。㉘ 当一个社会维持秩序的组织机构破产、失职或崩溃,堕落为邪恶、不公和大屠杀的工具,正如希特勒的德国或斯大林的俄国那些令人毛骨悚然的细节所示(当然不只是这两个政权),哲学家的

(接上页注)*Soul of America*, Columbia: University of Missouri Press, 2006, chap. 8, esp. 162—181。托马斯的四字圣名(*Tetragrammaton*)后面是狄奥尼索斯的它(*It*),狄奥尼索斯的它后面是超越(*epekeina*),对柏拉图的善(*agathon*)、美(*kalon*)、无所不包(*periechon*)以及全(*pan*)的超越,然后回到了阿那克西曼德的无限定(*apeiron*)和其他类似的象征——关于非存在实在(nonexistent reality)的问题,这里必须放一放。对其中一些问题的分析,见 Voegelin, *Order and History*, vol. 5, *In Search of Order*, ed. Sandoz, Baton Rouge: Louisiana State University Press, 1987, 100—103;另见 Fran O'Rourke, *Pseudo-Dionysius and the Metaphysics of Aquinas*, Notre Dame: University of Notre Dame Press, 2005,特别是"阿奎那和超越存在的善"(Aquinas and the Good Beyond Being)这部分内容,其中探索了用"与存在相匹配的概念和术语"表达"不存在的东西"的困难,比如,"原始物质,或超越存在的东西,即神圣的善"。(201)

㉕ Voegelin, *Order and History* 4:334.

㉖ Voegelin, *Order and History* 5:103;见 Sandoz, *Voegelinian Revolution*, 264。

㉗ 见 Voegelin, *The New Science of Politics*, Chicago: University of Chicago Press, 1952, 63—70。比较麦克马洪对安瑟姆的精彩分析,Robert McMahon, *Understanding the Medieval Meditative Ascent: Augustine, Anselm, Boethius, and Dante*, Washington, DC: Catholic University of America Press, 2006, esp. 202—210。

㉘ 虽然乍看之下很新奇,但这实际上是"每一个"蒙受恩典的信徒的一般义务和角色——不仅仅是哲学家、先知和使徒,"作神百般恩赐的好管家;若有讲道的,要按着神的圣言讲;若有服侍人的,要按着神所赐的力量服侍,叫神在凡事上因耶稣基督得荣耀"。(《彼得前书》4:10—11)

这种角色就变得迫切重要。正如我们所看到的,沃格林提醒所有在听的人,每个人都有义务依照真理生活,尽其所能地抵制邪恶和腐败,以便尽可能地伸张正义,发扬善。这正是以西结守望者的嘱咐。所确定的真理既不是教条的,也不是完善的,而是跟存在相关的、自我增强的(self-augmenting),是普世的、权威的,与启示和理性一致。最后引一段沃格林的话:

> 我的确试图"确认"……神,那不仅在先知、基督和使徒那里显现自己,也在其实在(reality)被体验到的地方——在宇宙中和人的灵魂中——显现自己的神。人们不能再用中世纪的那组对立,即神学家的超自然启示和哲学家的自然理性之分,因为任何数量的文本都将证明古希腊诗人和哲学家的启示意识;也不能说启示始于以色列人和基督徒的经验,因为远在公元前20000年,人们就体验到了神在实在中神秘的存在……考虑到我自己的词汇量,我非常清楚地意识到不要依赖于教义用语,但当我更喜欢"神性实在"这个经验符号,而非信经中的上帝之时,我也同样意识到不要越出基督教的轨道,因为"神性实在"翻译了《歌罗西书》2:9的神性(theotes)……另外,我非常清楚,我对经验和象征之历史的探究,扩大了安瑟姆"信仰寻求理解"(fides quaerens intellectum)的范围,以便每一种信仰(fides)都寻求理性的理解,不仅仅只是基督教……在实践中,这意味着人们不得不意识到并明白:基督出现在巴比伦赞美诗,或道教冥想,或柏拉图式对话中,并不亚于出现在福音书中。㉙

【89】这一番惊人的话或许就像其他所有文本一样,清晰地抓住了沃格林作品中的革命性重点。最宽泛意义上的人类经验既包含有

㉙　Voegelin, "Response to Professor Altizer," in CW 12:294.

序也包含失序,任何致力于研究有序和失序主题的人都必须深思熟虑上面的一系列主张,服务于真理,抵抗畸变和邪恶。这是哲学家的使命。

　　因为我们对政治感兴趣,所以我们最好记住沃格林怎样及时避风头,事后又如何矫正希特勒灾难的影响——这是关于希特勒讲座的治疗意图。德奥合并之后,维也纳大学解除了沃格林的教授职位。1938 年,沃格林侥幸逃脱盖世太保,先逃到了瑞士,后逃到了美国。所以,沃格林避免了作为反对暴政的一员几乎可以确定的最终代价。在被纳粹开除前的几年里,沃格林作为维也纳大学的教职人员日常活动是怎么样的,我们所知甚少。但是,沃格林对纳粹的强烈反对通过他的作品广为人知,以至于他经常被认为是一个犹太人。沃格林"对当下的把握",正如其在 1964 年的讲座中所言,[30]一是出版三本书(其中两本 1933 年经德国的出版社出版),系统地证明国家社会主义精神病错在哪里,基本病毒是什么,二是谴责国家社会主义是邪恶的、反基督的末日启示。正如塞巴(Gregor Sebba)后来写道:"我读到这两本书的时候,就知道奥地利沦陷时沃格林会被纳粹列入名单。我依然想不通他怎么有勇气在希特勒的德国出这样两本书,而那两个德国出版商又竟然会欣然接受。"[31]第三本书的题记是但丁《地狱》中的一句话(篇3,行1):"通过我,这条路通往苦难之城。"[32]人间地狱就在眼前。对沃

---

[30]　Voegelin, *Hitler*, 75.

[31]　Gregor Sebba, "Prelude and Variations on the Theme of Eric Voegelin," in *Eric Voegelin's Thought: A Critical Appraisal*, ed. Ellis Sandoz, Durham, NC: Duke University Press, 1982, 11. 塞巴是沃格林在维也纳的同事和朋友,后来是埃默里大学的教授。这里提到的作品——指英译版,是 *Race and State/ The History of the Race Idea*, in CW, vols. 2 & 3, ed. Klaus Vondung, Columbia: University of Missouri Press, 1997—1998. 阿伦特认为《种族和国家》(*Race and State*)是"对种族思想最好的历史论述"。(Arendt, *Origins of Totalitarianism*, New York: Harcourt, Brace and Co. , 1951, 158n.)

[32]　Voegelin, *The Political Religions*, in CW, vol. 5, ed. Henningsen, Columbia: University of Missouri Press, 1999, 20.

格林本人而言,没有能像以利亚那样将他送上天堂的战车,有的只是通往苏黎世的晚班火车。他在维也纳躲了一天才躲过盖世太保。在通往美利坚新生活的路上,他一边前进一边颤抖。[33]

【90】沃格林的大部分主要工作都是在前期完成的。急忙逃离维也纳20年后,他回到了慕尼黑,部分原因是希望能够向德国灌输"美国民主精神","向德国政治科学注入国际意识和民主态度的元素"。[34]

---

[33] 见 Voegelin, *Autobiographical Reflections*, rev. ed. , in CW, vol. 34, ed. Sandoz, Columbia: University of Missouri Press, 2006, 71, 82—83。

[34] Voegelin, *Autobiographical Reflections*, rev. ed. , in CW, vol. 34, ed. Sandoz, Columbia: University of Missouri Press, 2006, 116.

6

耶夫·西蒙:一位哲学家对科学和审慎的追求

沃尔特·尼克戈尔斯基

【91】耶夫·西蒙早年有一大堆喜好和政治关切,但占主导地位的是对哲学的喜爱,他的一生,就是热爱哲学的一生。他写过一些剧本和诗歌,一度认为自己可能会致力于文学研究。但后来,因为对现代经验科学及其能够为人类所做的贡献着了迷,他又走上了医学研究之路。上大学之后,他不仅被法国传统大分裂后久久未能散去的政治问题所吸引,更是热情洋溢地为20世纪二三十年代的和平以及法国和欧洲可能陷入的法西斯未来而斗争。他那具有共和信念的天主教家庭最为直接地体会到了第一次世界大战的痛苦,他的人生(1903—1961)则似乎被一种特殊的能力所标记,那就是,理解必定或应该会对道德和政治决断造成影响的历史偶然事件。难怪西蒙被吸引到了哲学那里,这既是一种理解好的道德决断包含什么的途径,又是古代亚里士多德意义上一种真正的、彻底的科学。在生命最后的时光里,他似乎特别感兴趣于保护实践判断(practical judgment)或审慎(prudence)不受哲学和社会科学之影响。他给政治提供的方向是民主;给教育,特别是政治选择以及领导力教育提供的方向是人文,并强调要多学习历史和文学,多知晓人类直接经验,警惕哲学和神学成为主导课程。

西蒙从小在法国上学,在1922年初开始大学阶段的学习之

前,就已经体验过哲学研究给人的满足。从进入高校学习到
1938 年离开法国前往美国的十几年中,西蒙几乎马不停蹄地为
期刊、杂志和报纸撰稿。【92】政治方面的主题和议题虽然绝不
是西蒙唯一的关切,但总是非常显而易见。无怪乎 1938 年到诺
特丹大学之后,西蒙跟正在策划发行《政治评论》(*The Review of
Politics*)的那些人走到了一起。《评论》创刊于 1939 年 1 月,第一
期第一篇文章由西蒙的导师和终身好友马利丹(Jacques Mari-
tain)所写,题目是"不可或缺的人文主义"。西蒙 1961 年赞扬马
利丹时,说马利丹接触"政治及相关学科"较晚,45 岁才开始转
向。① 因此,他似乎意识到他在这个方面跟马利丹不同。

　　耶夫・西蒙有时被认为是一位相当默默无闻的哲学家,但不
知怎地写了一本关于民主理论的大作,好像哪天突然从天上掉下
来似的。他的《民主政府的哲学》(*Philosophy of Democratic Govern-
ment*, 1951)②尤其令政治科学家惊讶,因为他们觉得一个托马斯
主义者的作品必定充满了演绎和大量的宗教假设。但他们错了,
每个方面都错了。西蒙的作品高度关注人的自由、自由在道德选
择中的实践,以及保障自由得到实施的制度。在西蒙的作品和西
蒙的人生之间,存在一种"密切"的联系。③ 西蒙的现代经典和其
他许多作品,因西蒙对人类共同经验的关注,而变得格外令人难忘

---

① Yves R. Simon, "Jacques Maritain," in *Jacques Maritain*: *Homage in Words and Pic-
tures*, by John Howard Griffin and Yves R. Simon, Albany, NY: Magi Books, 1974,
9.

② 《民主政府的哲学》1951 年由芝加哥大学出版社首次出版,1993 年诺特丹大学出
版社出了新的版本。新版拥有更详细的索引,并对早期版本进行了更正。

③ 见 Anthony O. Simon 的编者注(*Acquaintance with the Absolute*: *The Philosophy of Yves
R. Simon*, ed. Anthony O. Simon, New York: Fordham University Press, 1998, xiii)。
感谢安东尼・西蒙。安东尼・西蒙是耶夫・西蒙的儿子,也是耶夫・西蒙研究所
的所长。感谢他不仅为本章提出了相关建议,也在出版和翻译他父亲生前未面世
的许多重要著作方面作出了卓有成效的努力。同时感谢他定期维护完善作品目
录(这里引用的卷本可以看到这份目录)。

和富有成效。④

　　罗伯特·穆尔瓦尼(Robert Mulvaney)注意到，"西蒙的每部主
要作品都或多或少地关注实践智慧(practical wisdom)及其认识论
基础"。⑤ 确实，西蒙的生活和工作似乎有一条清晰的轨迹：【93】
从(1)反思他青年时期和成年后早期的政治关切，到(2)关于道德
知识的早期著作，这本书的最后一章为自己的做法，即用取自政治
科学的例子说明"道德哲学的知识特征和方法"，进行辩解，⑥再到
(3)《民主政府的哲学》，对权威和与之相随的实践知识展开深入
广泛的研究。值得注意的是，这是思想之旅，探究者之旅，不是将
鲜活的政治抛诸脑后之旅。移居美国只不过是使西蒙对法国的自
由与解放的关注进入了一个新的阶段。⑦ 不过，扑进美国母亲的
怀抱让西蒙对法国的历史、政治以及更广泛意义上的文化产生了
一种强烈的、不断发展的批判意识，也促使他分享美国民主的抱负
和挑战。作为民主的倡导者，西蒙被施特劳斯(Leo Strauss)评价
为太过了，因为西蒙竟至于声称，从圣托马斯的作品中，可以找到
现代政体中赋予民众的权威的基础；显然，西蒙对于托马斯主义以
及天主教是否真的是阻碍，而非促进了自由现代性的真正健康发

---

④　值得注意的是，他对公共善进行了大量的讨论，包括两个"生动的例子"，一个例子
　　是，当一个家庭最好的假期计划带来灾难时，公共善无从谈起，另一个例子是，通
　　过一位不屈不挠、决不妥协、一心一意的拉丁语老师的帮助(这位老师在推动拉丁
　　语事业方面近乎狂热)，成功地获得公共善(*Philosophy of Democratic Government*，
　　21—22，45—46；家庭那个例子也在第 31—35 页得到了丰富的阐述，不过是出于
　　另一个目的)。"生动的例子"这个非常贴切的短语出自 James V. Schall, S. J.，
　　"Immanent in the Souls of Men," introduction to *Acquaintance with the Absolute*，4。

⑤　Robert J. Mulvaney, "Practical Wisdom in the Thought of Yves R. Simon," in *Ac-
　　quaintance with the Absolute*, 148, 153.

⑥　这本书是《道德知识批判》(*Critique de la connaissance morale*)(Paris：Desclée de
　　Brouwer, 1934)，是西蒙在 1934 年出版的第二本书。这里的引用出自最后一章，
　　英文翻译出自 Ralph McInerny, *A Critique of Moral Knowledge*, New York：Fordham
　　University Press, 2002, 75。

⑦　西蒙第一次去美国，是以访问教授的身份，在诺特丹大学待了一年。但法国沦陷
　　后，他欣然接受了留下来的机会。

展,进行了深刻的斗争。⑧

　　奎克(Vukan Kuic)说西蒙视自己为一名哲学家,这显然没错。⑨ 但是,西蒙迄今为止已经面世的作品的分量【94】和他所受到的关注,明显都与实践哲学相关,而且还是亚里士多德意义上的实践哲学,包括道德哲学和政治哲学。与其说西蒙关心自己被称作什么——政治哲学家,道德哲学家,或仅仅只是哲学家,不如说他专注于理解哲学是什么,实践判断或选择是什么,以及两者之间的中间地带,也就是可被称作道德哲学和/或政治哲学的东西又是什么,还有它的作用是什么。像这样澄清基本概念和范畴,是西蒙作品的一个重要方面,也在一定程度上被西蒙认为是严格意义上的哲学作品。

　　在索邦大学时,西蒙研究的是 19 世纪的社会理论家,特别是蒲鲁东(Pierre-Joseph Proudhon)——他对此人有着异常的热情。

---

⑧　见施特劳斯对《民主政府的哲学》(*Philosophy of Democratic Government*)的评论,载于 Leo Strauss, *What Is Political Philosophy? and Other Essays*, Westport, CT: Greenwood Press, 1959, 306—311。施特劳斯在我面前高度赞扬了西蒙对现代民主的分析,特别是《民主政府的哲学》。西蒙注意到托马斯主义以及在某种程度上天主教能够抵抗法西斯威权主义,出现在西蒙与马利丹的通信中,特别是 1941 年间的通信;见 John Hellman 的评论,John Hellman, "The Anti-Democratic Impulse in Catholicism: Jacques Maritain, Yves Simon, and Charles de Gaulle during World War II," *Journal of Church and State* 33, no. 3 (Summer 1991): 458—471。从第二次世界大战初期那些紧张的日子到写作《民主政府的哲学》,西蒙更加关注"托马斯主义和天主教"与现代民主之间所谓的、有时也能感觉到的紧张,比如下面这篇文章,"The Doctrinal Issue between the Church and Democracy," in *The Catholic Church in World Affairs*, ed. Waldemar Gurian and M. A. Fitzsimons, Notre Dame, IN: University of Notre Dame Press, 1954, 87—114。对于西蒙在 20 世纪 50 年代的作品中提出的"托马斯主义的民主主张",最近较佳的解释见 Jeanne Heffernan Schindler, "Democracy and Tradition: A Catholic Alternative to American Pragmatism," *Logos* 11, no. 2 (Spring 2008):36—44。

⑨　Vukan Kuic, *Yves R. Simon: Real Democracy*, Lanham, MD: Rowman & Littlefield, 1999, 1. 正如安东尼·西蒙所观察到的,他的父亲认为自己原则上是"非专业哲学家"(*Acquaintance with the Absolute*, ix)。西蒙任教于芝加哥大学社会思想委员会时所开设的课程体现了他的哲学兴趣范围(1948—1961 年),课程名单可见于 Yves Simon, *Work, Society, and Culture*, ed. Vukan Kuic, New York: Fordham University Press, 1971, xii。

蒲鲁东自称是无政府主义者,但有时被认为是自由至上社会主义
者(libertarian socialist)。蒲鲁东对工人组织感兴趣,反对中央集
权政治组织,不反对联邦政治组织。在巴黎天主教学院(Institut
Catholique de Paris)时,西蒙同时也被马利丹所吸引,然后在他的
指导下研究了托马斯·阿奎那的哲学—神学著作。几年后,西蒙
在自传式反思中惊奇地发现,这种事情"肯定前所未有,蒲鲁东的
学生竟然恰好也是圣托马斯的学生"。⑩ 一个生气勃勃的年轻学
生因为关注欧洲 20 世纪早期的经济正义问题(一战之后社会动
荡不安所造成),而对蒲鲁东和社会理论家产生浓厚的兴趣,似乎
完全可以理解。⑪这种兴趣只不过是反映了共和国的一个好公民
对时代问题的关注。但我们如何理解他在这个人生阶段的如下反
常事件:坚定地致力于以托马斯的方式研究哲学?

　　西蒙晚年对这段时期的反思,为我们理解他如何理解自己受
到哲学的召唤、为自己划定这样的哲学研究范围提供了基础。⑫
1945 年,他讲述了二十多年前第一次遇到教现代哲学的马利丹,
并跟随他学习笛卡尔和康德的情形。【95】他被马利丹吸引到"爱
马利丹所爱的真理,并想要知道得更多"。西蒙承认,他从索邦大
学的老师那里学到了很多关于"工作方法和研究领域"的东西。
但他认为,他在那里所接受的教育是"不系统的",是"实证主义和
理想化相对主义的结合"。他把自己在索邦大学学习社会理论的

⑩ "Yves R. Simon," in *The Book of Catholic Authors*, ed. Walter Romig, Detroit: Walter
　 Romig, 1945, 266.

⑪ 关于这些研究及这些研究对西蒙后期思想的影响的分析,可见于 Ralph Nelson,
　 "Freedom and Economic Organization in a Democracy," in *Freedom in the Modern
　 World*: *Jacques Maritain*, *Yves R. Simon*, *Mortimer J. Adler*, ed. Michael D. Torre,
　 Mishawaka, IN: American Maritain Association, 1980, 141—152。

⑫ 本章几乎不怎么借用西蒙的信件;对此进行更广泛的研究可能有助于我们进一步
　 理解他作为哲学家的自我理解和变化发展。现在,相关信件也变得更易获得。参
　 阅 Jacques Maritain & Yves Simon, *Correspondance*, vol. 1, *Les années françaises*
　 (1927—1940), ed. Florian Michel et al. Tours: CLD, 2008。

经历概括为"搞哲学只是文化练习"。他心满意足地意识到,他对哲学抱有更高的期望,"寻找一个哲学真理体系"。不过,这个体系能否从他所谓的"新发现的圣托马斯哲学"中找到,又是另一回事。⑬

西蒙决定转向一个论证严密的哲学体系,与马利丹和托马斯两人的素养有着很大的关系。对于西蒙而言,这不仅是一种挑战门阀学术的举动,也是一种克服他自身缺陷的途径(他意识到这种缺陷已经成为自己前进路上的障碍)。即使到了天主教学院被带入托马斯的世界之后,考虑到自己的数学和"科学指导"背景,他仍然觉得自己有所欠缺。搁置自己那些"大量的随机阅读",他致力于发展"科学思维素养"。"忠于这个决定",他补充道,"我变得越来越渴望准确、精确和系统化的有序性,不管是在哪个知识领域"。⑭

尽管西蒙后来承认,马利丹对哲学和实验科学之关系的处理,是他"更多地跟着(他)学习,不怎么跟着其他老师学习的一个重要原因",但最终他认为自己受到的"召唤"严格地跟哲学有关,伴随着"要严格地保证认识论上的纯粹和逻辑上的严密"。这与马利丹形成了对比。马利丹似乎真正配得上基督教哲学家的称号,因为他处理的是"哲学问题在特殊情况下的问题——考虑它们与基督教信仰和神学的关系"。⑮

西蒙致力于培养"科学思维素养",但却巩固和发展了对托马斯的爱慕和敬仰。在一些人看来,这似乎自相矛盾。【96】在1955年为合作译著《圣托马斯的物质逻辑》(*The Material Logic of John of St. Thomas*)所写的前言中,西蒙承认"宗教、形而上学、哲学以

---

⑬ "Yves R. Simon," in *Book of Catholic Authors*, 264—266.

⑭ "Yves R. Simon," in *Book of Catholic Authors*, 267.

⑮ Simon, "Jacques Maritain," 8—9, 14(另见第11页对马利丹"如何保持对哲学召唤的清醒和忠诚"的强调)。

及人█████中"存在神秘因素，然后痛惜这些学习领域中存在"对科学形式的█████"。通过再次设定自己的哲学方向，反对以文学的方式进入哲█████观察指出，"我们在处理神秘的过程中，不缺真诚，不缺思想之丰█但缺科学精神之严谨"。他在圣托马█和最好的托马斯主义那█具体寻找且找到的，是"陈述问题和█████时的清晰清楚、推理时█████定有力、做预测时的恰当合适"，"█████地保存过去的发展"以█支持结论的理性依据、清楚易懂的█防止出错的独特方法██凭理性形式就能实现）"。⑯

早 11 年，《远见与知█████ Foresight and Knowledge）首次在法█████时，西蒙曾敦促科学█解，托马斯主义者和他们有着"相同的█████"，跟他们"属于同一█种"。托马斯主义者被其他哲学家和"有█████的大众"嘲笑时█到的揶揄之语，正是后者描述"亚里士多德学█████清█████"时所用的语言。但是，只有在亚里士多德学派中，哲学原则才达到了与让精确科学获得声望的那种阐释程度相当的技术性阐释。西蒙在这里以反讽的方式说抱歉的这些"特征"，是"（我们）永远批评词义，关注精确的定义和全面的分类、严谨的推论和必要的论证，害怕模棱两可差不多"。⑰

哲学与经验科学之间的密切关系不仅在于论证、探究或方法的风格一样。西蒙提出，托马斯主义者具有这样一种哲学概念，它"首先暗示，哲学本身就是一种科学，或者更精确地说，每条哲学原则都是一种科学"。⑱ 在这部作品中，西蒙后来回到了这个主题，并专门提到了形而上学："在我们看来，任何想要对哲学与科学之间的关系进行理论建构的人，都必须首先要注意到，哲学具有

---

⑯ Yves R. Simon, foreword to *The Material Logic of John of St. Thomas*, trans. Yves R. Simon, John J. Glanville, and G. Donald Hollenhorst, Chicago: University of Chicago Press, 1955, xxii—xxiii.

⑰ Yves R. Simon, *Foresight and Knowledge*, ed. Ralph Nelson & Anthony O. Simon, New York: Fordham University Press, 1996, 4.

⑱ Yves R. Simon, *Foresight and Knowledge*, 4.

科学的一面,而且还要理解,作为一切哲学思维原型的形而上学,同时也不折不扣地是一切科学思维的原型。"[19]

【97】西蒙强调,从道德/政治哲学到终极的形而上学,哲学探究往往源于实践领域的困惑和问题。[20] 西蒙因而承认了简单但直接的好奇在推动探究和思想方面的作用。但他也坚持认为,真正的哲学致力于解释,就像科学一样,它渴望自己的解释能够说明或证明什么,能够产生共识。[21] 第一科学,或者说哲学,是抽象层面的东西,不仅为道德和政治哲学概念提供基础和辩护,也让经验科学的真理和真相得到透彻的解释。西蒙提供了一些引人注目的公式,帮助他的读者理解这种宏大又重要的关系体系,理解终极科学或形而上学如何能够推进。他观察指出,"实证主义科学家走错了,是他所使用的术语的含义不能被简化为可观察到的数据。哲学家走错了,是他所使用的术语的含义不能被简化为存在"。[22] 哲学事实和经验事实的异同在西蒙对哲学的责任是什么的回答中得到了阐明:哲学的责任是将科学事实从它们严格的科学形式中脱离出来。[23]

临终前,西蒙有过一次讲座(不过 1988 年才首次出版)。讲座结束时,西蒙对认知方式的多种多样进行了反思。然后,他再次谈到了哲学的抽象职责:"在我们这个时代,人类智力最沉重的负

---

[19] Yves R. Simon, *Foresight and Knowledge*, 91.

[20] 在《道德知识批判》中,西蒙写道:"人的终极目的的形而上学隐含于每个政治概念之中。毫无疑问,终极目的这个想法与城市应该如何组织管理的各种意见是兼容的。"(80)另见 Yves R. Simon, *Foresight and Knowledge*, p. 40,道德科学和形而上学之间的关系说得很明白。

[21] Yves Simon, *The Great Dialogue of Nature and Space*, ed. Gerald J. Dalcourt, rev. ed. South Bend, IN: St. Augustine's Press, 2001, 21; Yves Simon, *Practical Knowledge*, ed. Robert J. Mulvaney, New York: Fordham University Press, 1991, 98—99; Yves Simon, "The Philosopher's Calling," in *Philosopher at Work: Essays by Yves R. Simon*, ed. Anthony O. Simon, Lanham, MD: Rowman & Littlefield, 1999, 4—5.

[22] Simon, *Foresight and Knowledge*, 76.

[23] Simon, *Great Dialogue*, 178;另见第 7、第 9 章。

担是原则和认知纷繁杂多、未加整合。我们迫切需要的简约只有通过形式上的抽象才能得以实现。这种智力上的操作与宁静有关，与理论智慧和实践智慧有关。"㉔

【98】到这里为止，我已经勾勒出西蒙对哲学——实际上是所有科学或理性学习——之本质和对象的理解。对于本章而言，更重要的是哲学的主体方面，也就是哲学家以及哲学家的心灵和灵魂状态。在这个地方，西蒙自然是透露得更多，我们也看到了更多的生存冲突——为了回应哲学的召唤而产生的生存冲突。在那篇自传体论文的结尾之处，西蒙呼吁我们注意爱真理和爱正义不可分割的统一，这乃是一个真正的哲学家的灵魂标志。㉕ 在最后一次公共演讲中，他用献身于真理和正义来描述马利丹的抽象思想实践，以及马利丹这个在他走向哲学的过程中如此关键的人所带来的对公共和知识舆论具有影响的精神资源。㉖ 但是，说一个学者、一个科学家或一个哲学家"爱真理"是如此平常，以至于我们往往忽视了，忠实于这种爱实际上会遇到巨大的挑战。

正是因为爱真理，使得西蒙尊重所有的知识和认知方式，并走上先前所规划的形而上学之路，走向纷繁复杂的人类经验背后所具有的统一。这种驱动力的上升既反映了人类特有的一种渴望，渴望真理的完满，又反映了这样一种信念，即那些受到召唤寻找和传达真理的人若能不负使命不负此生，那正义就会得到最好的伸张，慈善就会得到最好的发扬。献身于真理不是要大范围地行动。西蒙从我们如何对待当代实际问题中寻找这种哲学态度，尽管他意识到，哲学家在实际选择的时候可能是最无能的公民之一。警惕"文化华而不实的一面""造成主观主义、武断主义，以及对自然

㉔　Yves R. Simon, "Philosophy, the Humanities and Education," *The New Scholasticism* 62, no. 4 (Autumn 1988): 471.

㉕　"Yves R. Simon," 270.

㉖　Simon, "Jacques Maritain," 13.

及其法则的轻浮厌恶态度",西蒙认为,"理想的规范标准应该是知晓真理,而非拥有文化。如果按照真理自身的规律和精神去寻找真理,文化也会得以实现,对此我们毋须怀疑"。㉗

关于献身于真理(实际上是真理文化),西蒙最动人、最微妙的论述出现在第二次世界大战刚刚结束之际。在《自由人的共同体》(The Community of the Free)的第一章中,西蒙强调了自由文化和真理文化之间的联系。【99】他写道:"自由精神的死敌乃是谎言。在日常生活中,征服自由首先意味着每天与谎言进行斗争,每天为真理而战。"㉘

西蒙随后提醒我们,不要低估战斗的难度——不管是对于一个共同体、一个个体,还是一个哲学家(哲学家尤其要坚守真理):

> 我们得明白,几乎不可能要求一个人做出比这更艰难的牺牲了:因为爱真理,他得准备好对"他的兄弟和伙伴"每天的所思所言说不;得准备好去发现谎言对他亲朋好友的灵魂的蹂躏,虽然憎恨他们的谎言但继续热爱他们的灵魂;得准备好不断地揭露自己良心上的谎言……如果我采取对所有谎言都说不的态度,不管是在我周围出现和传播的谎言,还是在我自己心中涌现出的谎言,我知道,我正进入一种可怕的孤独,一个没有路没有水的荒芜国度。那里,我最亲爱的伙伴将辜负我。我的习惯,我的品位,我的激情,将抛弃我。除了真理,我没有任何支持。我将赤身裸拳,战战兢兢地往前走……回想这个终生计划,我们感到自己被痛苦所包围。现在,真正的问题被提出来了;我们必须了解自己到底是极度热爱真理,愿意必要时在痛苦中生活,还是希望不惜一切代价避免痛苦,哪

㉗　Simon, "The Concept of Work," in *Philosopher at Work*, 18.

㉘　Yves R. Simon, *The Community of the Free*, trans. Willard R. Trask, rev. ed., Lanham, MD: University Press of America, 1984, 5.

怕牺牲真理。㉙

在其他作品中,西蒙指出了哲学家坚持忠于真理会遇到的特殊挑战。在那篇自传体论文的结尾处,西蒙曾许下对真理激动人心的承诺。那段激情澎湃的承诺表明,他早先被似是而非的哲学弄得很气馁,然后觉得需要从年轻学生的热情和真实中寻求鼓励。㉚ 另外,在其他地方,他关注两点,一是哪怕是伟大的哲学家也经常出错,二是哲学总是充满分歧。㉛ 他写道,引起哲学困惑的一个重要原因是,成功从来都不是毋庸置疑的。㉜ 不过,尽管存在这些难题,西蒙依然认为,哲学上的共识还是有可能的,虽然我们从来没见过。他提出,哲学家群体内部充满分歧乃是偶然,不是必然。他列出了几个最重要的原因:"(a)哲学问题本来就难,【100】(b)人的态度、道德态度和审美态度会对哲学思想的方向产生影响,(c)如下这个奇怪的事实:对哲学问题没有真正理解的人可以成功地成为哲学门徒和哲学写作者。"㉝

对于哲学乱史,至少对于其中一部分,西蒙提供了心理学解释。在《存在与知道》(To Be and To Know)一文的结尾处,西蒙指出,往往有种主观上的压力让人提前对某种解释下定论,而不是对之保持开放,考虑现实之复杂、存在之丰富。他说道:"这种事(提前下定论)特别容易发生在这样的人身上,他们认为真正重要的

㉙　Simon, *Community of the Free*, 5—6. 在接下来的内容中,西蒙展示了服务于真理过程中的敏感和灵巧,这让他展望把隐瞒真相,甚至在某些情形下把沉默作为服务于真理的一种手段。

㉚　"Yves R. Simon," 270.

㉛　Simon, "The Philosopher's Calling," 1—2; "Philosophy, the Humanities and Educa-tion," 469.

㉜　Simon, "The Philosopher's Calling," 3.

㉝　Simon, "Philosophy, the Humanities and Education," 469.

事,特别是在哲学和宗教中,不是知道真理,而是享受智力给人的福祉。"[34]所以,我们或许可以说,在评价哲学的历史与现状,分析许多获得哲学家头衔的人实则懦弱的过程中,西蒙毫不犹豫地"直言不讳,有一说一"。不过,我们随处可以看到,因为考虑到人类历史上那些充满偶然性的时刻具有复杂性,考虑到人类灵魂深处错综复杂,考虑到圣经有这样的禁令——不得评判他人,他并不对别人下定论,并不评论别人是不是好人。他展现的是诚实和勇气。有人可能会说是愚蠢;但让我们说这是神圣的愚蠢。他勇敢地面对哲学惯常的悲惨状态,始终忠实于哲学家对真理的热爱。

　　西蒙经常说哲学家的热爱和哲学家的责任。[35] 为了较好地回应这种热爱,"对真理无所畏惧的爱"以及"无私、坚毅和谦卑"不可或缺、无可替代。[36] 1958 年获得美国天主教哲学协会的阿奎那奖章发表讲话时,西蒙道出哲学家必须具备这些美德。假设"一些哲学家能够接触到确凿的真理",他提醒说,这当然是"没有什么可吹嘘的,因为获得罕见的真理最不应该成为特权。不过,他们必须坚定、热情地表达他们可靠的信念"。这样拥护他们的这种责任可能会表现为"疯狂的骄傲",因为一个人所拥有的哲学信念不能作为单纯的"个人意见",【101】最终也不能受"相互接受的意见"或"良好的社交礼仪"的约束。一个哲学家的职责是"常常孤独地与有学问的人和有尊严的人作斗争,与笛卡尔、斯宾诺莎、贝克莱作斗争……并不可避免地暗示,作为一个孤独斗士的他,比大多数最伟大的哲学天才更知晓真正重要的问题"。[37]

---

[34]　Simon, "To Be and To Know," in *Philosopher at Work*, 193.

[35]　在"Jacques Maritain"第 14 页中,他把马利丹说成是在回应他自己的热爱,而非做出自己所偏好的选择。

[36]　Simon, "The Philosopher's Calling," 5.

[37]　Simon, "The Philosopher's Calling," 5.

基于对真正的哲学的独特理解,西蒙试图澄清在使用"意识形态"一词过程中的混乱——这个问题一直延续到我们今天。⑱在西蒙看来,当可能成为哲学家的人过于顺从社会群体的意见时(任何社会群体,如果说不是更大范围的社会),意识形态就出现了。难怪这个学过社会理论的人发现这个概念有用,比如"工人阶级的意识形态"。西蒙把意识形态理解为"与哲学主题相关的思想体系……被某个特定的社会……在发展阶段的某个时期……所秉持……旨在满足明确的需求"。意识形态因而需要"对真理的社会学、进化论和实用主义解释"。大多数哲学体系具有意识形态成分,大多数意识形态具有哲学内核。比如,洛克的作品充满了意识形态元素,亚里士多德的教诲和笛卡尔哲学则完全没有这些元素,斯宾塞(Herbert Spencer)的思想"如果不能说完全是,也主要是一种意识形态"。西蒙认为,非常值得在分析过程中"探求意识形态的哲学内核,也就是,探求与意识形态相矛盾的真理,因为真理独立于社会,独立于历史,最为重要的是,独立于人类的需求和渴望"。⑲

尽管哲学有各种难,从陷入无休止的争论到往往被镶嵌进意识形态之中,西蒙发现,过一种哲学的生活除了高度召唤对真理的义务之外,还给人一种深深的满足感。他在自传式陈述中表明,他从哲学,至少从圣托马斯的哲学中看到了启发灵感的力量,看到了使人进入精神生活的力量。⑳结束阿奎那奖章获奖演说时,西蒙描述了哲学家从孤独中解脱出来(哲学家的工作基本上都必须在孤独中完成),【102】成功地传递他们的启发和爱,以及一点真理,由此享受到友谊带来的快乐时,对哲学的热爱是何等强烈。㉑

⑱　Simon, *Work, Society, and Culture*, 107—109.

⑲　Simon, *Work, Society, and Culture*, 107—109.

⑳　"Yves R. Simon," 267; 另见第 264 页。

㉑　Simon, "The Philosopher's Calling," 5—6.

　　西蒙敏锐地意识到,这些时刻非常罕见,即使是对于一个真正的哲学家,也是非常罕见。哲学的巅峰是研习哲学,不断地探索,像哲学家一样生活。它让人远离日常经验及与之相关的道德和政治问题。在成为一名哲学家的时候,西蒙对这个过程带给他的影响感到惋惜,对哲学就实际生活而言所具有的缺陷的关切构成了他哲学作品中一个非常重要的主题。在他的自传式陈述中,西蒙描述了他"为了专注于哲学研究"和撰写博士论文而好几年"不写任何杂志文章"的事。他满意地指出,"一获得博士学位,就可以再次转向时事……以及当今时代最棘手的问题了"。先前,他曾正式从大学休学,尽管每天继续学习很多东西。回想那段时期,他评论说:"我现在意识到,这种用功学习的生活太注重知识了,太少关注社会和人类经验。"另一方面,他担心自己会因缺乏经验和与外界隔绝而导致自己的哲学工作不切实际,尽是胡言乱语。㊷

　　在自己的生命即将结束时,以及在最后一次演讲中(赞扬马利丹的那篇演讲),西蒙说了很多类似的话,只不过基于更多的经验,不仅包括关于 20 世纪 30 年代日益恶化的国际局势、西班牙内战等时事和西方众多国家的教会—国家问题的经验,也包括关于哲学家和哲学生活的经验。西蒙抱怨说:"政治哲学家和神学家倾向于过分简化事物,从大量幻想中获得令人讨厌的满足,因为他们缺乏经验,这成了一种必然。"㊸在这次演讲中,西蒙后面发展了《民主政府的哲学》一书中的重要内容——对突发事件和审慎的思考。㊹西蒙的分析始于这样的观察:涵括基本的社会和政治现

㊷　"Yves R. Simon," 269, 265, 267.

㊸　Simon, "Jacques Maritain," 11.

㊹　穆尔瓦尼补充道:"西蒙的意思很简单;在过去四个世纪的西方经验中,传统的实践智慧概念已经消失殆尽。恢复这个概念是我们个人和社会生活的迫切需要。"(见 Mulvaney 的编者注, *Practical Knowledge*, xii。)

实的"现实情况"具有偶然性,而且一般说来,【103】"假设道德科学可以没有审慎这种美德的辅助就处理偶然事件,是一种愚蠢的错觉"。我们从他的其他著作中知道,西蒙心里想的是经验性的社会科学以及哲学性的科学。这在他为审慎或实践智慧所代表的领域进行辩解的时候显而易见:"审慎,正如哲学家和神学家所理解的那样,是一种如此难以获得、保持和经营的智慧,因而人类往往倾向于用各种各样的名义培育科学理想,它足以追溯我们在这个偶然的世界中走过的路。"⑤一旦人们意识到"任何科学方法无论如何都无法回答有关偶然性数据的问题,那很快就可以理解,一个哲学家非但不能哲学地回答同胞的问题,还很有可能处于劣势,且有特殊的理由保持沉默"。这种劣势当然就是哲学家所拥有的人类经验普遍有限。在西蒙看来,不管是哪种形式的社会和政治审慎,"大量的人类经验都是必要的"。⑯

在西蒙的分析中,经验虽然是审慎的必要条件,但却不是审慎的充分条件。西蒙在《民主政府的哲学》一书中对审慎的定义让我们注意到实践智慧的另一个要素(西蒙在这本书中说道,在"正常状态下",领导力属于审慎之人⑰)。他再次把审慎与科学对立起来,将审慎定义为"知道如何正确使用"的"完全确定、无误有效的知识"。他随后立即补充说道,获得审慎"主要是通过践行德性,而非阅读书目和学习课程"。⑱ 审慎似乎既是其他基本德性(节制、勇气和正义)的结果,又是它们的源泉,因为这些德性的践行有赖于审慎选择的出现,先有作出审慎选择,后有践行这些德性。⑲

---

⑤ Simon, "Jacques Maritain," 12. 强调出自本书作者。

⑯ Simon, "Jacques Maritain," 12. 强调出自原文。

⑰ Simon, *Philosophy of Democratic Government*, 279.

⑱ Simon, *Philosophy of Democratic Government*, 282—283.

⑲ 见 Kuic, *Real Democracy*, 34—37,全面讨论了西蒙拒绝用其他东西替换掉德性作为实践智慧的关键要素。

　　在西蒙的分析中,经验本身通常还不足以实现审慎还有另外一个原因。明确实践哲学领域不能让科学单独作主之后(这里的科学也包括最重要的科学、一切科学之科学,即哲学),西蒙在他的多部著作中努力阐明哲学和实际选择/行动之间可能存在的联系。【104】他有一次写道:"道德经验强烈感到需要用一种合适的道德哲学进行检验。"⑤⁰然后,他在《民主政府的哲学》中谈到宏观道德哲学也就是政治哲学时提出了同样的观点。讨论"经被统治者同意的统治"(government by the consent of the governed)这个短语之际,西蒙观察指出(这让人想到,修昔底德曾考察过党派如何出于自己的利益而歪用关键的政治概念 [III. 82]),它有好几个意思:

　　　　但在政治演说中是区别不开来的,甚至通过陈述原则也区别不开来。从社会学存在的角度看待政治概念就有这种悖论,因为只有处于混乱状态,它们才是最活跃的,才能产生它们最重要的影响。但这些主题是可以澄清的,如果可以澄清它们的工具被任何需要和关心使用这些工具的人所拥有。研究出这样的工具,确保它们井然有序,就是政治哲学家的职责。⑤¹

　　在最后一次公开演讲中,西蒙对政治哲学家的职责进行了更广泛、更具体的阐述。那是在他描述自己如何认识到,一个审慎的人有时仅有"处理'抽象思想'的常识能力"还不够的时候。一位好友对西蒙说,他对墨索里尼入侵埃塞俄比亚的批评,正如任何"对公共良心的捍卫(以防止公共良心被政客和知识分子败坏)",

---

⑤⁰ Simon, *Practical Knowledge*, 96.
⑤¹ Simon, *Philosophy of Democratic Government*, 190—191. 强调出自本书作者。

得益于西蒙关于"权利、法律、契约、社区、权威、武力、法律强制、暴力、自治和文明"等观念的哲学著作。㊷

西蒙总结道,无论我们在物理世界面前有多无知,"它都不如道德世界那么神秘"。在道德上,"正义之心的倾向"和"体现这些倾向的传统"可能足以导致"实现",即正确的选择和行动。㊳ 道德哲学,包括政治哲学,最终可能会有一个总的指示,但这种形式的实践智慧还不是"终极实践智慧",因为终极实践智慧是意志行为融入行为本身。这种情况还只是在充满偶然性的环境中,运用一定的规则,每个个体考虑具体采取什么行动。【105】这种情况是西蒙所谓的"承认问题",是西蒙所看到的遍布道德领域的东西得到运用(例如,机会均等是我们想要也需要的东西,这个概念是否适用于我面前的这个案例?)。㊴ 这里也有足够的空间让道德行动者怪异、不可预测的经验掺和进来。所以,这里,在这个确认行动命令的时刻,践行终极实践智慧的时刻(这是对审慎最后的考验),这个必定孑然一身的行动者拥有足够的神秘空间。西蒙写道:"(某个具体行动的)最后一个判断之所以不可言传,是因为决定这个判断的行动涉及情感,无关逻辑。"㊵接下来,他推测了我们人类为何可以在实践领域达成我们所能达成的一致;换句话说,人与人之间的疏离孤立如何可以得到缓解。我们的社区需要通过建立权威机构找到克服我们的孤独、独特和个性的方法,并让它们代表我们的共同善。㊶

在生命的最后阶段,不断与实践智慧的错综复杂进行搏斗的

㊷　Simon, "Jacques Maritain," 12—13. 西蒙评述了入侵埃塞俄比亚事件的那本书1936 年首版于法国,最近再版的新版为: *The Ethiopian Campaign and French Political Thought*, ed. Anthony O. Simon, Robert Royal, and A. James McAdams, Notre Dame, IN: University of Notre Dame Press, 2009。

㊳　Simon, *Practical Knowledge*, 96—97.

㊴　Simon, *Philosophy of Democratic Government*, 235,随处可见。

㊵　Simon, *Practical Knowledge*, 24.

㊶　Simon, *Practical Knowledge*, 40 n. 17.

西蒙兜了一圈又回到了最初的地方,回到了青年时代的兴趣。这种兴趣根植于政治行动主义,关乎正确的道德和政治选择。[57] 他的"科学之科学"之旅让他强调哲学工作固有的孤独和神秘。所以,不管是在巅峰时刻,即致力于理解实在(reality)的时刻,还是在决定以这种方式而非那种方式行动的时刻,我们人类都是孑然一身的,只有我们自己的历史、性情、性格以及一系列经验,包括从经验科学和技术专家那里知道的东西。这种孤独似乎补充、强调了西蒙在其作品中对自治、自由和责任的强调。换句话说,自由伴随着对真理的奉献和责任。

对西蒙来说,在致力于理解实在的巅峰时刻和采取行动的时刻,这个真理尤其难以捉摸。他的基本态度似乎永远都是召唤我们尊重现实,从而拒绝完全地——更不用说仓促和自负地——用我们的理性解释模式进行解释。然而,我们总有想要解释这个解释那个的冲动,不管是出于单纯的好奇还是出于对指导的需求(控制我们的行动和周遭的自然、为我们的行动和自然提供方向,需要一定的指导),都是一种独特的人类财产,把我们与不同文化和不同时代的人联系在了一起。【106】经验是多种多样的,认知方式也是多种多样的,但寻找其中的统一,换句话说,对它们进行抽象,是人类的方式。刚翻开晚年的篇章时,还在多学科社会思想委员会任职的西蒙撰文指出,"学科和认知未加整合、纷繁复杂"是"人类智力"当下"最沉重的负担"。提出这一说法前,他承认,过度简化以求统一断不可为。但他也观察发现,这"不应该让我们忽视一个事实,那就是,最伟大的科学进步在于或涉及令人钦佩的简化"。[58] 尊重现实就是尊重对真理的渴望,在合适的地方保持

---

[57]　对这篇文章此处及后面内容的进一步阐述,见西蒙与马利丹的对话(*Practical Knowledge*, 106—108),以及穆尔瓦尼对两者对话中某些内容的解释性评论(Mulvaney, "Practical Wisdom in the Thought of Yves R. Simon," 175.)。

[58]　Simon, "Philosophy, the Humanities and Education," 471.

差异和区别。这种尊重现实、努力说明差异，但又力求简化和统一的基本立场似乎是西蒙一贯的哲学态度。他似乎相信，这种充满张力的立场既有利于人类的理解，也有利于人的行动。他那些意味深长的观察反映了他的这种自信。比如，他曾尖锐地总结提出："本体论上的乐观并不意味着道德上的乐观。"但他很快补充道，"当然也不意味着道德上的悲观"，它甚至不会让人怀疑在行使人类自由的过程中"善与恶的比例"会有多大。㊹ 后来，西蒙在他的经典政治著作中指出（写到人类创造的制度善恶混合的时候）："人类智慧的任务是找到一种能够保护善和预防恶的原则。"对于这句"重要的老生常谈"，他希望加入另一句话：如果"我们希冀这个原则不会伴随着高失败率，那我们必然会失望"。西蒙看到"两种心灵"有可能（也的确）站起来迎接不完美的人类实践和制度的挑战："一种人是坚定地接受永无休止的不确定性、永无休止的试验和错误、不完全的成功和新的失败，另一种人是决意要让那些造成极多麻烦、反对阻止理性统治社会、在人类历史黑暗神秘地带逍遥的制度统统消失，不计一切代价。"后一种心灵简单胜出，折射出我们人类渴望理性的方向和理性的控制；【107】对西蒙来说，这意味着"自由已逝，死亡将至"。㊵

在最后一次公开演讲中，西蒙特别谈到了哲学与教育的关系。他反对某些传统把自由教育聚焦于哲学的倾向，认为"在大学层面，自由教育的主题应该是人，其具体存在的偶然性被考虑到的人"。㊶ 所以，他呼吁更多地关注公共事务，关注艺术、文学和精神生活；在"理解历史偶然性中的人的问题上"青睐 16 世纪的人文主义者而非经院哲学家。㊷ 耶夫·西蒙拒绝用"文学"的方法研究

㊹ Simon, *Philosophy of Democratic Government*, 80.

㊵ Simon, *Philosophy of Democratic Government*, 138—139.

㊶ Simon, "Jacques Maritain," 4.

㊷ Simon, "Jacques Maritain," 4.

哲学以获得体系严密的论证和确信,他似乎一直都意识到,作出人类行动,作出审慎的人类行动,需要的不仅仅是哲学这种科学。

推荐阅读

Kuic, Vukan. *Yves R. Simon: Real Democracy*. Lanham, MD: Rowman & Little-
　　field, 1999.

Simon, Yves R. *A General Theory of Authority*. Notre Dame, IN: University of
　　Notre Dame Press, 1962.

——. *Philosophy of Democratic Government*. Notre Dame, IN: University of Notre
　　Dame Press, 1993.

7

汉娜·阿伦特：从哲学到政治

达娜·维拉

【108】20世纪七八十年代,学习政治理论的学生总是听到这样的陈词滥调,说政治理论和哲学已经在50年代的某个时刻死去,直到1971年罗尔斯的《正义论》出版,才得以重获新生。但是,哪怕是极为欣赏罗尔斯作品的人,比如我,也不免对这种陈词滥调所隐含的对政治思想史的大幅缩减感到大吃一惊。毕竟,20世纪50年代及60年代初见证了过去60多年一些最有趣、最经久不衰的政治理论著作的出版。

回顾过去,一些标志性著作将势必代表一个政治思想百花齐放的时期:施特劳斯的《自然权利与历史》(1953),沃格林的《秩序与历史》(1956—1957),伯林的《自由四论》(1969),谢尔顿·沃林(Sheldon Wolin)的《政治与构想》(1960),哈贝马斯的《公共领域的结构转型》(1963)和《理论与实践》(1966),麦克弗森的《占有性个人主义的政治理论》(1962),欧克肖特的《政治中的理性主义》(1962)。此外,必须加上阿伦特的主要理论著作:《极权主义的起源》(1951)、《人的境况》(1958)、《论革命》(1963)以及《过去与未来之间》(1968)。

只要扫一眼这些精选书目的标题,就可以看到,不同的理论家虽然在意识形态和方法论上有所不同,但却都关注历史、理性和自由。或许更引人注目的是,所有这些著作都自觉地运用文本和历史的方式实践政治理论——也许这是这些著作随着上面的陈词滥调而被遗忘的主要原因所在。对于分析政治哲学领域的学术工作者而言,历史性或解释性的风格足以使上面提到的大多数作品被搁置一旁,如果不是全部。的确,在很多从事规范性分析理论工作的人看来,【109】在罗尔斯的杰作出版之前,政治哲学领域几乎没有什么进展。

当然,时间的流逝使我们,包括罗尔斯本人(在他学术生涯的后期①),将《正义论》历史化。林登·约翰逊的伟大社会的崩溃和里根主义不幸的持久遗产,意味着罗尔斯致力于证成自由民主福利国家所花费的大量精力和创造力,如今在欧洲更有影响力,而非在美国。实际上,罗尔斯后来抛弃"差异原则",绝不只是在理论上进行调整或缩减那么简单。这无异于承认,政治形势已经发生了不可逆转的变化。战后的自由—凯恩斯主义共识不复存在,政治上对社会正义的主流关注,至少在美国,在 20 世纪 80 年代慢慢消亡。"市场的力量"这种言辞和思想源源不断地渗透到中等和中等偏下收入群体,他们中的大多数人现在变得与企业对利润的不断追求和"股东价值"的不断扩张息息相关。

不仅是国家和经济的重新调整(通常被称作"新自由主义"调整),让我们以独特的历史眼光看待罗尔斯主义,此外还有国内外众多政治和社会问题的回归,虽然这些问题曾经几乎就要被抛进历史的灰堆了。文化差异、宗教差异与阶级差异,发达国家与欠发达国家之间的财富鸿沟,国家破裂及数百万"无国籍者",不断扩散的战争和恐怖主义,一切的一切都使一种聚焦于福利国家的正义理论显得狭隘,如果不是古怪的话。此外还包括:识字率下降,公共—政治空间衰落,通过筹款、营销和游说吸收政治行动和政治

---

① 见 John Rawls, *Political Liberalism*, New York: Columbia University Press, 1993。

参与，以及一长串显然要求对政治的性质、局限和可能进行更广泛和具有历史转折意义调查的社会弊病。

应该说清楚的是，前面我列举的"前罗尔斯"作品，没有一部做了《正义论》的工作或可以取代《正义论》的地位。我们谈自由民主国家的社会正义问题，不得不提罗尔斯，要是不提罗尔斯，就不可能有任何严肃的讨论。但是，说句实在的，【110】自由民主国家目前所面临的问题有很多，社会正义问题只是其中之一，虽然过去的三十年，我们的那些政客在很大程度上可耻地忽视了这个问题。上面这个"有益的提醒"让我们注意到，政治世界具有多重维度，它的轮廓在历史上不断地变化。谈到这个历史变异问题，而且若要掌握它在我们这个时代的独特特征，前面提到的任何作品都是开卷有益的。

就这一点而言，我认为阿伦特的作品毫不意外地是最具启发性的——不是因为她的作品包含了对我们最紧迫问题的回答，而是因为她的作品不断地彰显了政治理论家最重要的德性：一种从我们这个时代不假思索的预设中后退一大步的想象力，这种想象力源于深刻的学识、伟大的智识抱负与胆识。如果没有其他原因，阿伦特在政治理论经典中的地位是肯定的，因为在过去的五六十年中，没有一个政治思想家像她那样，如此深刻、如此撩人地探究过"政治是什么？"这个问题。

不管一个人有多认同或多不认同阿伦特的思想，他都必须对她为重新提出这个问题所作的艰苦努力心存感激。不过最近这个问题的答案似乎要么不言而喻，要么无关紧要。可以肯定的是，阿伦特对这个问题的回答具有历史渊源（她说政治是一个具有制度保证的公共空间中，各个平等个体的言论和共同行动），很大程度上源于公民共和传统。但是，阿伦特的版本是如此独特，从公民共和主义的立场来看是如此"个人主义"或多样化，因而我们有理由对她的经历做一番传记式纵览，因为正是这些经历导致她既接受这一传统,又从根本上背离这一传统。

阿伦特 1906 年出生于德国汉诺威,在东普鲁士的科尼斯堡长大。她的父亲是保罗·阿伦特,母亲是玛莎·阿伦特,两人都是世俗化的犹太人,有着广泛的社会民主倾向。阿伦特是独生女,从小就表现出一种智识上的早熟,孩童时期学习古希腊语,青少年时期阅读康德和克尔凯郭尔的著作。尽管父亲早逝,母亲再婚也并不那么幸福,但阿伦特在路易斯文科中学表现出色(不过 15 岁时因被一位老师的侮辱所激怒、不服从学校而被校方开除)。② 然后,【111】阿伦特以特殊学生的身份在柏林大学学习了几个学期的古典学和基督教神学(1922—1923)。其中,学基督教神学是跟着瓜蒂尼(Romano Guardini)。之后,阿伦特在马堡大学学习,是海德格尔的学生(和情人)(1924—1926)。她曾离开马堡大学,到胡塞尔门下学习了一个学期。然后,又搬到海德堡,在雅斯贝尔斯(Karl Jaspers)的指导下完成了博士论文《奥古斯丁的爱的概念》(*Der Liebesbegriffe bei Augustin*),这是在 1927—1928 年间。

正如阿伦特的传记作者扬布鲁尔(Elisabeth Young-Bruehl)所注意到的,阿伦特的大学岁月正是魏玛共和国相对而言最平静的那几年(1924—1929)。③ 她和汉斯·乔纳斯(那些年以来的朋友)等"坚定的挨饿者",可以不必考虑政治问题——更直白地说是反犹主义,自由从事他们的哲学职业。海德格尔和雅斯贝尔斯是新出现的革命性存在主义哲学的两个主要人物,阿伦特在这两人门下接受哲学教育,尽管不是那么地具有"决定性"(阿伦特的一些批评者希望我们这样认为),但对她产生了持久的影响。④

---

② 见 Elisabeth Young-Bruehl, *Hannah Arendt: For Love of the World*, New Haven: Yale University Press, 1982, 33—34。

③ Elisabeth Young-Bruehl, *Hannah Arendt: For Love of the World*, 42.

④ 见 Richard Wolin, *Heidegger's Children*, Princeton: Princeton University Press, 2001。

这里需要注意的是,阿伦特觉得自己就是要研究哲学的,不是因为哲学突然变成了一种时髦玩意,她才被哲学所吸引。⑤ 但是,阿伦特成为一个政治思想家,在她大学时代还几乎看不出来。正如她后来所承认的那样,在很大程度上,这个职业是 1933 年及之后德国一连串事件的结果。那几年,她先是和母亲经捷克非法越境,辗转逃到巴黎,最终经马赛和里斯本,于 1941 年到达美国(她于 1951 年获得美国国籍)。

对阿伦特来说,1931—1932 年纳粹崛起、1933 年纳粹上台,其中的意味再清楚不过。她晚年对那些希望日子(尤其是犹太人的日子)能够像"往常"一样过的人提出了非常尖刻的批评。对于那些尽管没有被纳粹的意识形态主张所说服,却在 1933 年后主要出于自私自利的原因而与纳粹政权"协作"的德国人,她的批评更是尖刻。学院和自诩为"知识分子"的人在纳粹时代到来前的表现,让她感到一种深深的幻灭感。她再也不想和这样的人有任何的瓜葛。

【112】出于显而易见的原因,海德格尔的情况更为复杂。与雅斯贝尔斯一样,阿伦特痛苦地意识到了海德格尔的人性弱点和政治愚蠢,甚至在《什么是存在主义哲学》(1947)一文中谴责海德格尔的存在主义哲学是德国浪漫主义的毒瘤余孽。⑥ 后来,1949年以犹太文化重建委员会执行负责人的身份重回欧洲之际,阿伦特亲自与海德格尔和解,跟雅斯贝尔斯一样承认海德格尔是 20 世纪伟大的哲学思想家之一。⑦

---

⑤　见 Hannah Arendt, "What Remains? The Language Remains: A Conversation with Gunter Gaus," in *Essays in Understanding*, 1930—1954, ed. Jerome Kohn, New York: Harcourt Brace, 1994, 9。

⑥　Hannah Arendt, "What Is *Existenz* Philosophy?" in *Essays in Understanding*, 1930—1954, 163—187.

⑦　扬布鲁尔写的传记详细地论述了阿伦特和海德格尔之间的私人关系。至于哲学关系,见拙著 *Arendt and Heidegger: The Fate of the Political*, Princeton: Princeton University Press, 1996。

阿伦特能够清楚地意识到纳粹上台掌权的严重性,很大程度上归功于与德国犹太复国主义领袖布卢门菲尔德(Kurt Blumenfeld)之间的交谈讨论。正如扬布鲁尔的传记所表明的,也正如随后出版的阿伦特—布卢门菲尔德通信集所证明的,⑧阿伦特的政治教育以她在20世纪30年代初作为一个德国犹太人的经历和她与布卢门菲尔德之间的联系为真正的起点。尽管阿伦特从来都不是一个复国主义者,晚年甚至对这场运动的狭隘前景持相当的批评态度,⑨但她渴望以某种方式行动起来,对付她那个民族的敌人,让世界知道1930—1933年间德国犹太人的遭遇和境况。

当布卢门菲尔德建议阿伦特可以通过在普鲁士国家图书馆和其他地方收集反犹宣传标语来帮助德国犹太人时,她抓住了这个机会。因为阿伦特不是犹太复国主义组织的成员,所以人们认为她从事这项危险工作对组织或成员的风险最小。这的确是一项非常危险的工作,阿伦特被德国警方逮捕了。只是由于负责她这起案件的工作人员善良轻信,而她又没说一句真话,她才得以获释。她趁机逃离了德国,晚上和她的母亲越过了捷克边境(这是在1933年)。由此,阿伦特开始了持续18年的"无国籍人"生活。

【113】阿伦特的犹太血统和无国籍状态,毫无疑问对她后来的政治思想产生了深远的影响。她虽然强烈反对一切形式的部落民族主义,而且从来不是我们今天所说的"身份认同政治"之友,但依然坚信,"一个人若是因为是犹太人而受到攻击,那必须以一

---

⑧　Hannah Arendt & Kurt Blumenfeld, "… *in keinem Besitz verwurzelt*": *Die Korrespondenz*, ed. Ingeborg Nordmann and Iris Pilling, Berlin: Rotbuch, 1995.

⑨　见阿伦特在《反犹主义》中的评论(这份文稿很有可能写于20世纪30年代晚期),载于 *The Jewish Writings*, ed. Jerome Kohn and Ron H. Feldman, New York: Schocken Books, 2007, 50—59。当然,战争一开始,阿伦特就非常清楚地认识到,犹太复国主义组织是唯一真正的犹太政治组织,是积极抵抗希特勒政权的关键。见她的专栏文章" *Ceterum Censeo…*",出自 *Aufbau*,1941年12月26日,载于 *The Jewish Writings*, 142—144。

个犹太人的身份进行自卫"。⑩ 她对同化幻想的拒绝——这是她和犹太复国主义者的主要共同点,在她聚焦于欧洲犹太人的无能,即不能构建一个政治民族时得到了理论性的阐述(在《极权主义的起源》的第一部分)。政治上组织起来比继续做一个脆弱的小群体,依赖于国家的保护和一小撮犹太富豪精英的影响要好得多。

阿伦特著作中的这种特殊张力使得她后来的一些批评者,尤其是《新共和》的文学编辑魏塞梯尔(Leon Wieseltier),控告她"责怪受害者"。不过,最近出版的阿伦特犹太作品集应该可以让这种谣言以及滋生这种谣言的对她的故意歪解平息了。这本《犹太文集》充分展示了阿伦特对自己人的强烈认同,突出强调了她宣扬政治组织和自力更生乃是犹太人生存下去的必要条件(*sine qua non*)时的慷慨激昂。⑪

无国籍经历,包括 1940 年因是一个"敌国人"而被法国哥尔斯(Gurs)集中营关押,⑫具有类似的重要影响。它让阿伦特深深怀疑关于普遍"人权"和人类尊严的道德慈善宣言。在两次世界大战期间,这种宣言被证明是完全无效的。在回应中,阿伦特把重点放在她在《极权主义的起源》中所提出的一个著名说法之上,即"拥有权利的权利":每个人都有权利成为某个有组织的政治团体的成员,成为享有合法权利的公民。⑬

如果我们回想起极权主义和亲极权主义国家滥用主权原则以剥夺所有人的国籍,由此造成两次世界大战期间数百万(如果不是数千万)难民的事,阿伦特对这一基本权利的极度重视就变得

---

⑩　她为《建设报》(*Aufbau*)所写的专栏文章,绝大多数都表达了这个鲜活的主题。这些文章不断呼吁建立一支犹太军队,以共同对抗希特勒。见 Hannah Arendt, "The Jewish Army— The Beginning of Jewish Politics?" in *Jewish Writings*, 136—139。

⑪　见 Arendt, *Jewish Writings*, 134—243。

⑫　Young-Bruehl, *Hannah Arendt*, 153—155.

⑬　Hannah Arendt, *The Origins of Totalitarianism*, New York: Harcourt Brace, 1973, 296—297.

更加可以理解。没有人想要这些"无国籍"的人,【114】他们所逃出的中欧和东欧民族国家不想要,他们所逃往的西方议会制民主国家也不想要。在这个方面,我们需要记住,集中营和拘留营并不是纳粹的发明,而是两次世界大战期间的一种泛欧现象。数百万俄罗斯人、匈牙利人、犹太人和其他难民出现在各欧洲民族国家的国门前,结果却被视为"多余"的人,没有国"家"的人,结果就是——没权利。

　　阿伦特自己的无国籍经历——更不用说 1933 年、1941 年分别冒险逃离德国和欧洲的经历,导致她终生坚持两项基本原则。第一,首先需要保证"民族国家"(nation)(以一个或多个民族为国民主体的国家),再也不可能如此轻易就压倒"国家"(state)(由法律制度构成的宪法大厦,保护公民权利)。这是两次大战之间发生的事,部分原因是泛日耳曼主义、泛斯拉夫主义的抬头。第二,有必要从根本上限制民族国家主权的理念和实践,最显而易见的就是通过某种联邦机构(比如欧洲联合会)。只有"拥有权利的权利"得到保障,也就是,作为一个具有法律和宪法保障的政治实体的成员的身份得到保障,人类的尊严才能得到具体的承认,"人的权利"才不仅仅只是一种忠告劝诫。

　　这些典型的阿伦特观点后来在阿伦特于 20 世纪 40 年代中后期写作《极权主义的起源》期间才出现。在 30 年代,阿伦特还是个巴黎的难民,但得以在罗斯柴尔德男爵夫人那里找到工作,并积极地为"青年大迁徙"(Youth Aliyah)工作,这是个为犹太青年难民提供培训、食物和衣物,为他们最终定居巴勒斯坦做准备的犹太社会服务组织。

　　阿伦特战后为犹太文化重建委员会工作,以此帮助把 150 多万件犹太文物运出被战争蹂躏的欧洲的经历,反映了阿伦特生命中的这段"实践"时期。但是,阿伦特的这段经历往往被受到《艾希曼在耶路撒冷》(1963)所激怒的美国和以色列犹太人所忽视。⑭ 不管阿伦特对肖勒姆的指责的回应(肖勒姆指责阿伦特缺少"对犹太人的爱"[*Ahabeth Israel*])从自由主义的角度来看多么值得称赞,⑮阿伦特深深地致力于犹太民族——犹太民族的生存、政治教育和组织以及未来,都是毫无疑问的。

【115】阿伦特,还有她的第二任丈夫,一个德国左派,自命不凡的海因里希·布鲁歇尔,以及她的母亲,于 1941 年到达纽约。到纽约后,阿伦特做起了专栏作家,为德语犹太报刊《建设报》(*Aufbau*)写专栏。她的专栏以"这意味着你!"为标题,强烈但又徒劳地呼吁建立一支"犹太军队",与盟军并肩作战,共同抵抗希特勒。专栏的基本思想是,只有当犹太民族自身表现出愿意自立旗帜、共抵他辱的时候,政治上的话语、权力和自由才会降临到他们身上。当然,这种思想被残酷的政治现实所摧毁,比如大英帝国的利益。这个专栏的作品后来被收进《犹太文集》中,阅读这些文章,会被它们的激情和彻底的无神论品格所打动。出于显而易见的原因,在 20 世纪 40 年代早期,阿伦特还远远没有把她早期的哲学职业与政治考虑联系起来。"要做什么"这个问题超越了对政治本身的思考。

1943 年,当阿伦特和丈夫收到消息,证实来自欧洲的关于犹太人命运最阴暗的谣言并非虚假的时候,事情开始发生变化。阿伦特虽然一开始对关于大屠杀的报道持怀疑态度(布鲁歇尔试图安抚她,坚称纳粹绝不会如此彻底地背离他们的战略和战术要务,特别是,他们正处于防御态势),但在接下来的七年时间里却一直不辞艰辛地致力于理解奥斯威辛集中营到底发生了什么。或者更准确地说,她开始了她与极权主义本质之间的"无休止的对话",试图理解使集中营和灭绝营在欧洲文明的中心得以成为可能的一系列政治、文化和社会因素是什么。《极权主义的起源》(1951)是

⑭ Hannah Arendt, *Eichmann in Jerusalem*: *A Report on the Banality of Evil*, New York: Penguin Books, 1994.
⑮ Arendt, *Jewish Writings*, 466—467.

这种努力的结果。可以毫不夸张地说,阿伦特在这本书中所说的每一句话,几乎都出自对灭绝营和集中营及其"工业化生产尸体"深深的震惊。⑯

众所周知,阿伦特将集中营和灭绝营视为"极权政府的中心机构"。她做出这样的评论,并不是为了强调极权统治的残酷,而是为了引导读者注意极权恐怖和极权"政治"的新奇。极权主义者没有用严格意义上的战略或战术性恐怖来遏制或破坏抵抗。【116】从古至今,使用恐怖手段一直都是专制和独裁政权的惯常做法。但是,极权主义者却是在他们的政治对手被消灭之后,"系统地"使用恐怖手段。他们的目标是对他们各自的行动实现意识形态上的"超级感"——这是个需要改变人性本身的目标。

在阿伦特看来,极权主义建立了一种激进的新统治形式——全面统治。这种统治消除了男女界限,把他们用恐怖这根"铁箍"紧紧地捆绑在了一起,目标是创造"一个巨大维度的人",以此代替众多分散的个体。⑰ 但是,人类若是被剥夺自由活动或自由发言的公共或社会空间,被意识形态训练和无处不在的威胁与恐怖操作剥夺自发能力,就会沦落为非人的"反射束",跟巴甫洛夫的狗没有两样。这样的生物会失去反抗能力。更为重要的是,他们将不再是不可预测的,将不再干预表面上看似"自然"的力量——这些力量被认为以一种客观、"科学"的方式决定着人类的命运。对纳粹来说,像这样恐怖地将人类固定化会加速"自然"种族选择的进程,最终使雅利安种族实现命定的霸权;对布尔什维克来说,这会加速阶级斗争思想中所隐含的选择进程,带来无产阶级"不可避免"的胜利和"历史所造成"的阶级的湮灭。

这就是阿伦特从难民营中看到的极权主义愿景。她认为,难

---

⑯   见 Dana Villa, "Genealogies of Total Domination: Arendt, Adorno, and Auschwitz," *New German Critique*, no. 100 (Winter 2007): 1—44。

⑰   Arendt, *Origins of Totalitarianism*, 466.

民营不是在实现全面恐怖的过程中"反战略"的多余之物,而是至关重要的"实验室"。正是在难民营里,开展了最先进的"改变人性""实验",即将不可预测的人类简化为只不过是"反射束"。[18]极权主义者的梦想是创造一个完全确定和完全可由他们摆布确定的世界,在这个世界中,种族或历史选择之类的"法则"将横扫培养人类原材料的被动、固定化培养基。这样,我们就能更快地到达历史(理解为阶级斗争进程)或自然(理解为种族选择进程)的意识形态"终点"。

阿伦特在《极权主义的起源》中对集中营的分析,以其惊人的反乌托邦主义最为引人注目。【117】她不仅认为集中营是极权主义统治的核心——决定性——机构,还认为它们在原则上、一定程度上在实践上成功地完成了"改变人性"计划。这或许是整部《极权主义的起源》最令人震惊的说法,违背宗教和形而上学关于人性的看法。[19] 然而,只要读过普里莫·列维(Primo Levi)对奥斯威辛集中营奄奄一息的行尸走肉(*Müsselmanner*)的描述,或大卫·罗塞特(David Rousset)在《我们死亡的日子》(*Les jours de notre mort*)中的描述,我们就不得不承认这种"成功",至少承认部分。凭借列维和罗塞特等亲历者的论述,阿伦特的理论观点是,我们身上没有什么东西、没有不可触及的精神或形而上学核心可以阻止人类真正地非人化,转变为一种单纯的动物物种。[20]

《极权主义的起源》不仅让极权主义作为一个理论性概念闻名于世,也让阿伦特闻名于世。由于这部著作,阿伦特的形象变成了"首先是一个冷战分子"。这种形象令人遗憾,但挥之不去。战

---

[18] Arendt, *Origins of Totalitarianism*, 455, 458—459.

[19] 见阿伦特和沃格林关于《极权主义的起源》的对话,载于 *Review of Politics* 15, no. 1 (January 1953), 68—85。

[20] Arendt, *Origins of Totalitarianism*, 441. 见拙文 "Terror and Radical Evil," in *Politics, Philosophy, Terror*, Princeton: Princeton University Press, 2001, 1—32。

后的法国和意大利弥漫着倾向于马克思主义的知识分子文化,阿伦特的这一形象极大地阻碍了她被这种文化所接受——直到最近,她的作品才在这两个国度得到共鸣。好的方面是,《起源》早期被视作理论和分析的杰作,又加上是一本正经的畅销书,因而使得阿伦特能够将余生致力于思考、写作和兼职教学。阿伦特在普林斯顿、伯克利以及芝加哥大学(1964—1967)陆陆续续取得客座教授职位(在芝大或许是最出名的),或多或少是这本论极权主义的著作取得巨大成功的直接结果。

令人吃惊的是,在这些把"精神生活"作为学术性职业的日子里,阿伦特只是在相对较晚的时候(1967年)才获得了一个全职教授职位。那是在新学院(New School)的研究生院。不管对"学园"有多忧喜参半,重返高校生活(即使只是作为"访客")让阿伦特加深了对西方政治思想之本质和局限的理解。极权主义尽管在一个层面上是对西方政治和哲学思想传统所代表的东西的否定,但在另一个层面上,却是对这种传统中一些最根深蒂固的偏见的夸张化、变态化表现。

【118】在这些偏见中,最重要的是对人类多元性这种基本政治现象的遗忘或抹消。人类多元性是这样一个事实,即"复数的人(men),而不是单数的人(Man),生活在地球上,居住在世界上"。在阿伦特看来,人类多元性是政治和政治关系的基本构成条件,唯一的构成条件。对于阿伦特而言,政治不是统治或控制的关系,不是行政活动,也不是国家对社会的经济"生长进程"的照料。相反,政治是多元但平等的公民在法律化、制度化的公共空间中进行辩论、审议和决定的行动。这是她邂逅极权主义纯粹的反政治本质之后,清楚认识到的东西。

当然,极权主义否定人类多元性这个基本事实很容易理解。某种程度上比较难的是,如何把握以柏拉图为起点、以马克思的思想为终点的西方政治哲学传统通过一系列具有误导性的比喻,持续性地破坏或排除人类多元性(以及以多元、话语为特征的公民平等性)的方式。从柏拉图把灵魂结构与"正义"政体的结构相类比,到亚里士多德坚持"自然"的等级关系,再到霍布斯和卢梭提出"统一的主权意志"学说(不论是君主制还是民主制),最后到马克思"克服"了政治的无阶级社会思想,这个传统一而再、再而三地抹消了真实政治的必要条件(*sine qua non*):众多平等个体的话语关系。

阿伦特开始研究《极权主义的起源》的后续内容后,看到了这种反对多元性的反政治偏见的深度。1952年,阿伦特获得古根海姆基金会的资助,对马克思思想中的原型极权主义因素进行了研究。这项研究支撑了被阿伦特(以及许多批评她的人)认为是《起源》较薄弱环节的部分,即对苏联共产主义的分析。通过接触马克思的思想,阿伦特——我差不多想写"不可避免地"——得以回到对传统的深度解读,并更好地理解那种抹消了多元性的政治共同体思想的根源。这项工作的最终成果就是《人的境况》(1958)。从很多方面看,这本书都可谓是阿伦特的理论大全。它对劳动(labor)、工作(work)和行动(action)的区分以及对公共领域的强调经常被人引用,但它也包含了对传统的精辟入里的、无可比拟的批判。从柏拉图和亚里士多德到自由主义、马克思主义和我们这个日益技术化的社会(在这个社会中,真正的政治正迅速地消失),正如我已经提出的那样,它批判了个遍。

【119】尽管有一些人(比如伯林)试图对《人的境况》视而不见,但这本书的影响难以估量。[21] 这本书或多或少单枪匹马地挽

---

[21] 见 Isaiah Berlin & Ramin Jahanbegloo, *Conversations with Isaiah Berlin*, New York: Scribners, 1992。伯林对阿伦特的漠不关心,乍一看似乎是一位分析哲学家蔑视更具有"大陆"色彩的、密集的、偶尔也有格言式写作的写作方法的结果。实际上,正如瓦尔德伦(Jeremy Waldron)最近指出的那样,伯林自己的行文很难说是最严格或最"严谨"的,至少从分析的角度看是如此。伯林对阿伦特视而不见的真正原因,毫不奇怪地是政治方面的。伯林是以色列政坛和犹太复国主义运动中许多当权派人物的密友。他几乎不关心那些批评这两者的人,比如阿伦特。学术虚荣心也起了一定的作用。

救了公共领域思想,挽救了一种非工具形式的实践免于被遗忘。没有这本书,哈贝马斯的早中期作品、沃林的《政治与构想》、波考克(J. G. A. Pocock)的《马基雅维利时刻》都将变得难以想象。用更宽泛、更不学术的术语说就是,这本书"恢复"了政治行动作为一种联合行动或"共同行动"形式的地位,对美国的民权和反战运动都产生了重大影响。最近,乔纳森·谢尔(Jonathan Schell)等人的研究表明,这本书的地球异化和世界异化主题不仅影响了反核运动,还影响了环境活动家。②

《人的境况》虽然颇具影响,但在出版面世五十多年后,仍然是一本不合时宜的书。它在20世纪50年代末、60年代初不合时宜,是因为它对推动科学和技术文明不断向前发展的力量提出了质疑。它现在不合时宜,是因为它的核心思想,即制度化的公共空间和多元化的公民,与我们如今对利益集团政治和身份群体政治的依恋格格不入。它最终不合时宜,是因为它以一种类似于但完全不同于黑格尔的《精神现象学》的方式提出,只有在公共领域中与他人共同行动,才能找到具体现实的自由;自由这种东西,其具体现实不能在消费者选择、"自我塑造"、亲密关系或从世界隐退等领域中找到。

当然,阿伦特的公共自由思想具有悠久的历史渊源,可追溯至古希腊城邦和意大利文艺复兴时期的共和城邦。在接下来的主要理论作品《论革命》(1963)中,阿伦特阐明了这一谱系。如果说《人的境况》是阿伦特最"海德格尔"的作品(正如平常所认为的那样),那《论革命》就是阿伦特最坦率地表达了其"共和主义"的作品。在这本著作中,阿伦特不仅探讨了始于亚里士多德,历经西塞罗、马基雅维利和哈灵顿,最终抵达孟德斯鸠的政治话语传统,【120】还谈到了对现代革命传统两种主要但相对立的解释——马

---

② 见 Jonathan Schell, *The Fate of the Earth*, New York: Picador, 1982。

克思主义和自由主义。[23]

通过采用广义比较法(聚焦于法国和美国的革命),阿伦特提出,现代革命传统的悲情源于其自身最基本、最具决定性的行为:通过创造一种新的(宪政和共和)政体,创建一个新的公共自由空间。但是,阿伦特指出,通过创造一个新的"自由空间"以开启一个新"故事"的政治奠基,其重要性被雅各宾—马克思主义对贫困问题("社会问题")的痴迷和自由主义对宪政的简化(宪政的"根本"目的只是保护公民权利和个体自由)所掩盖了。《论革命》为许多人认为奄奄一息的理论传统注入了新的活力,以此为盎格鲁—美国思想中公民共和主义的复兴铺平了道路。这种复兴体现在各种各样的作品中,如波考克的《马基雅维利时刻》、桑德尔的《民主的不满》、拜林(Bernard Bailyn)和伍德(Gordon Wood)对美国革命史著名的再解释。

1963 年,阿伦特出版了另一本书《艾希曼在耶路撒冷》,风头完全盖过《论革命》。这本书源于她 1961 年针对艾希曼的审判为《纽约客》所写的报告。学术界和非学术界反感阿伦特,一直以来都是因为这本书的缘故。为了理解这种反感,不得不提当时美国多个犹太组织发起运动阻止这本书出版的事。[24] 据说,《艾希曼在耶路撒冷》替"恶人"脱罪,对受害者责备有加。但是,真正读过这本书的人都清楚,这简直就是诽谤。然而,当时那场运动正是要扼杀大家自己来决定这本书到底讲了什么的可能。

阿伦特所做的是在这本长达 300 页的书的中间部分,用 8 页的篇幅提出如下话题:犹太人委员会(Judenräte),他们与纳粹的关

[23]　见 Albrecht Wellmer 的重要论文"Arendt on Revolution," in *The Cambridge Companion to Hannah Arendt*, ed. Dana Villa, New York: Cambridge University Press, 2001, 220—241。

[24]　见 Elisabeth Young-Bruehl 的详细论述: *Hannah Arendt: For Love of the World*, 347—362。

系,以及他们在大屠杀期间的活动。不用说,阿伦特并不责怪那些加入"犹太人委员会"的人对欧洲犹太人赶尽杀绝(纳粹建立这个委员会,旨在管理他们在波兰等地方建立的犹太人隔离区)。这是纳粹及其欧洲同盟以及同路人所为。【121】艾希曼也只是热情高效地履行其在最终方案中所承担的"运输沙皇"的职责。㉕阿伦特在书中反复强调这一点,但被认为是在帮艾希曼"脱罪"。

在阿伦特看来,犹太人委员会中某些"精英"的所作所为,是通过坚决落实纳粹的种种要求、执行行政任务,而出卖他们的同胞,比如,制定拟没收资产清单,制定适合运往东方的名单以及适合所谓特殊待遇的名单。阿伦特声称,夸张一点说,如果没有这种组织层面的行政共谋,最终被屠杀的 600 万欧洲犹太人中,多于一半的人可以免遭厄运。当然,换成坚决不服从策略到底会有多少犹太人得救,这无法得知。可以说,鲁姆考斯基(Chaim Rumkowski)这样的人——此人在波兰洛兹自称"犹太人之王",对特朗克(Isaiah Trunk)这样的学者而言也是个棘手人物。特朗克的巨著《犹太人委员会》(Judenräte)正是为了反驳阿伦特对(有限的)精英同谋犯的指控。㉖

在 20 世纪 60 年代持续了数年的"艾希曼争议"给阿伦特造成了巨大的损失。她一次又一次地在《艾希曼》一书中为自己辩护,声称自己只是一个"审判通讯员",没有其他。事实上,她对艾希曼的描述——一个"平常"人,但是最坏意义上的"平常",得到了许多参加审判的人的证实。他们和阿伦特一样,希望看到一个魔鬼,或者至少是一个意识形态狂热分子和仇恨犹太者站在被告席上。但是,他们看到的却是一个平常、不太聪明、喜欢自怜自艾和说官场话的中层官僚。

㉕　见拙文"Conscience, the Banality of Evil, and the Idea of a Representative Perpetrator," in *Politics*, *Philosophy*, *Terror*, 33—61。

㉖　见 Isaiah Trunk, *Judenräte*, Lincoln: University of Nebraska Press, 1996。

在这一点上,《艾希曼在耶路撒冷》驳斥了首席公诉人、以色列总检察长吉迪恩·豪斯纳(Gideon Hausner)拼尽全力最后呈堂上供的证词。豪斯纳控告艾希曼是最终方案的"建造者"。但艾希曼显然不是,正如审判和随后的学术研究所清楚地表明的那样。虽然艾希曼并不是如被呈现的那样,是个"主谋",但阿伦特依然坚持认为,艾希曼确实应该被判处死刑,因为他犯了危害人类罪。她对此一清二楚。至于那个纠结的问题,即阿伦特以及其他人是否被艾希曼"非意识形态"的自我呈现所欺骗,大屠杀纪念馆(Yad Vashem),也就是以色列大屠杀博物馆和档案馆,【122】未来将不得不公布3000页的审讯记录(阿伦特写她那本书前看过这些记录)。那时,也只有到那时,学者才能评估艾希曼的反犹程度及其作为行为动机的作用。

当然,完全有可能是阿伦特误解了艾希曼的特殊动机,或者更确切地说,误以为他缺乏动机。不过,她见到艾希曼真人时所想到的那个概念,那个著名的"平庸之恶",对于我们理解这一点依然至关重要,那就是,为何成千上万既不狂热也不充满仇恨的平常人,会让自己参与到政治理论家乔治·凯特布(George Kateb)所谓的"成为政策的恶"之中。㉗

卢旺达种族灭绝或"9·11"等事件使我们倾向于传统或神学的观点,认为仇恨、狂热和邪恶至极是世界上大多数(如果不是全部)恶的主要特征。然而,实际情况却仍然是,在20世纪,把数以千万计的受害者送往坟墓的,往往是那些缺乏意识形态热情、种族仇恨或"邪恶意志"(可能会被康德这么叫)的普通人。这并不是说狂热分子、虐待狂和种族主义者没有参与这些杀戮。但是,国家恐怖,也就是,恶成为政策,并不依赖于这些人,这些人在实际的杀

㉗　见 George Kateb, "On Political Evil," in *The Inner Ocean: Individualism and Democratic Culture*, Ithaca: Cornell University Press, 1994, 199—221。

人装置中往往只占相对少数。如果不是成千上万普通男女的参与,这些大规模的行动,如名正言顺地消灭欧洲犹太人,建立古拉格,都不可能发生。也就是说,所有由国家所开启的恐怖,都要求有人遵守法律,服从命令,干好自己的活——不管这份活有多残忍。

艾希曼争论造就了针对阿伦特最持久、最激烈的批评者。其中不少人后来还对阿伦特的道德立场和理智诚实提出了质疑,因为有爆料称,阿伦特年轻时曾与"纳粹"海德格尔有过交往。两人的关系被详细地爆料出来,是在扬布鲁尔所写的传记(1982)中,大概是在阿伦特死后的第七年,她是在 69 岁去世的。但是,1995年埃廷格(Elsbieta Ettinger)的心理分析作品《汉娜·阿伦特/马丁·海德格尔》出版之后,出现了"汉娜·阿伦特丑闻"。可以肯定的是,埃廷格并不是居心叵测,而且在某种程度上也认同阿伦特。但不知怎地,她获得了查看阿伦特—海德格尔书信的许可,【123】要是在以前,这些书信学者是没法看到的(这些书信最终于1998 年在德国出版,英译本于 2003 年出版)。㉘ 通过阅读这些书信,埃廷格得以提出,战后,阿伦特不仅原谅了海德格尔,与他和解,还重新开始了和他之间的联系。

尽管我们不能确定两人的浪漫关系是否死灰复燃,但"与敌人同床而眠"这个说法对很多人而言都太过了。更重要的是,1924—1926 年间,海德格尔显然不是纳粹(指责阿伦特与海德格尔有私人关系的人往往忘了这一点)。纳粹统治时期,海德格尔的公共角色是弗莱堡大学校长,他干了 9 个月(尽管一直都保留着党员身份,1945 年才退党)。当然,在这个时期,他的政治是彻底的极端民族主义、仇外主义和反现代主义。然而,认为他呼吁回

㉘ Hannah Arendt and Martin Heidegger, *Letters, 1925—1975*, ed. Ursula Ludz, trans. Andrew Shields, New York: Harcourt, 2003.

到前苏格拉底的"第一开端"在某种程度上为纳粹提供了重要的意识形态素材,当然也是荒谬的。1933 年后,他不再公开参与这场运动,因为没多久,这场运动就让他看清,他的思想并不完全遵循党的路线。㉙

毋庸讳言,个别读者选择指责阿伦特 1949 年与海德格尔重新建立联系,或指责她(多少有点天真地)接受他在纳粹时期的行为和动机,这都完全在他们的权利范围之内。㉚ 但也不能将阿伦特复杂的政治思想结构简化为一个"左派"海德格尔信徒的胡思乱想——至少这样不合理。诚然,阿伦特像海德格尔一样,非常担心现代科学和技术的政治含义,也像海德格尔一样,把注意力集中在政治行动的"起始"维度上("根本的开端")。但事实仍然是,她坚定不移地信仰宪政、联邦制、平等的公民权利和政治权利,以及一个包容的公共领域。她也坚决反对一切形式的部落民族主义和德国浪漫主义的一般政治遗产(她认为海德格尔致命地吸收了这种遗产)。【124】但是,这些东西没有引起阿伦特的当代学术批评者的注意。他们基于阿伦特关于艾希曼的那本书和她与海德格尔的关系,把她描绘成一个糊涂的非理性者,认为她像老话所说的那样"对犹太人不好"。

所有这些都让我们跳到最近的争论。在 60 年代末 70 年代初,阿伦特是美国最具辨识度、最有魄力、最受尊敬(虽然有那本关于艾希曼的书)的公共知识分子之一。《共和的危机》(1972)所收录的文章彰显了她对美国理想的坚定承诺和对这个国家的未来

㉙　海德格尔在纳粹期间的政治活动,见 Hugo Otto, *Martin Heidegger：A Political Life*, trans. Allan Blunden, New York：Basic Books, 1993。对他的政治思想的本质和背景的持平之见,见 Otto Pöggeler, "Heidegger's Political Self-Understanding," in *The Heidegger Controversy：A Critical Reader*, ed. Richard Wolin, Cambridge, MA：MIT Press, 1992, 198—244。

㉚　见 Hannah Arendt, "Martin Heidegger at 80," in *Heidegger and Modern Philosophy*, ed. Michael Murray, New Haven：Yale University Press, 1978。

的强烈担忧。有时人们会错误地把她与那些批评美国民主的精英进行比较，但不同于这些精英，阿伦特敦促提高政府透明度，扩大公共关注和政治参与。由美国宪法揭开帷幕的公民身份的复兴和公共自由空间的"保存和扩大"，是她一贯的主题。她对那些"精英"批评者的反对是显而易见的——那些"精英"认为民主过了头，我们遭了苦。

阿伦特在纽约寓所招待朋友时突发心脏病去世。那时，她正在准备《精神生活》的第三部分。前两卷分别论述思考和意志，虽然形式有些粗糙，但已写完。第三卷是论判断，还没怎么开始写。

正如许多评论家所指出的那样，阿伦特的死亡让我们痛失对某种官能的高度原创性分析。这种官能就是，将特殊的东西、事件或人纳入一个预设概念或"普遍"概念之中的类机械活动。阿伦特虽然遵循康德而非亚里士多德的传统，但像伽达默尔一样，认为特殊和普遍实际上"共同决定"彼此，而且判断力不是在将事件、人物或事物读回到熟悉的范畴，而是在创造一个新概念并自然而然地公平对待特殊事物的新颖之处和前所未有的品质的时候，最是它自己。㉛ 正如阿伦特自己在《精神生活》的导言中所言，"平庸之恶"就是一个例子，说明做判断时发生了怎样的反射运动，它从某种具体的特殊事物出发（艾希曼），上升为一个全新的、自然而然出现的概念。"平庸之恶"抓住了 20 世纪生活中一种全新但越来越普遍的现象：大规模的政治之恶，【125】见不到什么十恶不赦的人，犯罪者甚至没有任何特殊的动机。㉜

在去世前的几年里，阿伦特获得了许多奖项，其中包括丹麦松

㉛ 对伽达默尔和阿伦特的延伸比较，以及对阿伦特如何受益于康德的第三《批判》的深入评价，见 Ronald Beiner, *Political Judgment*, Chicago：University of Chicago Press, 1984。

㉜ Hannah Arendt, *The Life of the Mind*, vol. 1, *Thinking*, New York：Harcourt, 1978, 3—4.

宁奖，这是为了表彰她对欧洲文明所作的贡献。1973 年和 1974 年，阿伦特受邀在阿伯丁大学做吉福德讲座（Gifford Lectures），其间第一次遭受心脏病严重发作（在第二系列的讲座开始时）。阿伦特作为一位知识分子名流的地位（这一地位在她去世时已建立），近些年来被人们对其作品之经典的广泛认可所取代。可以这么说，她是第一个其作品被列入西方政治思想经典的女性。当然，有些人可能会对这种评价提出异议，更愿意视她为缺乏严谨的典范——搞分析哲学的人认为所谓的大陆人物就是这样。所以，虽然几乎所有的人文学科领域如今都在讨论、著述和教授她的作品，但除了在美国少数几个哲学系之外，她仍然是个逃亡者一般的存在。

尽管一些分析哲学家作出了定论，但目前人们对阿伦特的兴趣达到了历史最高点。2006 年是阿伦特的百年诞辰，法国、意大利、德国、巴西、土耳其、以色列、瑞典、日本、美国等国均举行了会议和庆祝活动，足见她的影响力已遍布全球。当然，没有人能说她的声誉在未来几十年里会变好还是变差。但我们能说的是，在光辉的流亡知识分子长廊中，她是唯一把公共领域以及人类多元化的政治重要性作为永恒主题的人。她的政治理论超越了造就它的极权主义恐怖背景，它提醒当今世界的公民，政治的意义不是权力、财富或德性。正如她在未完成的《政治导论》中简单明了地所指出的，"政治的意义是自由"。㉝

㉝　Hannah Arendt, "Introduction into Politics," in *The Promise of Politics*, ed. Jerome Kohn, New York: Schocken Books, 2005, 108.

第三部分
自由主义政治哲学的复兴

8

弗里德里希·哈耶克论
社会秩序和法律的本性

埃里克·马克

【129】在 20 世纪最重要的社会理论家和法律理论家名录中，少不了 F. A. 哈耶克（1899—1992）的名字，他之所以能享有这一地位，很大程度上是因为他对支配着 20 世纪大部分社会和法律思想的两个假定提出了兼具深度与洞见的挑战。第一个假定是，理性且有益的社会秩序必定是有意计划或者说设计出来的；第二个假定是，法律必定是一个权威的（有意）命令，权威是法律的源泉，其自身不能臣服于法律。哈耶克对这些人们普遍持有的假定提出了挑战，本章将介绍这一挑战的核心要素。哈耶克给出了替代性的社会秩序观念和法律观念，结合对这些替代性观念的理解，认识到这些人们普遍持有的假定的本性、流行程度和虚假性，将有助于使我们对社会、经济和法律秩序的性质和价值的理解产生豁然开朗的根本性转变。

哈耶克对社会秩序和法律的本性作了"科学的"探索，他还以各种形式尝试重申支持自由主义式个人主义的根本价值或原则的理由。如果可以不受限于篇幅，那么对哈耶克的更广泛的探讨应聚焦这两方面工作之间的关系。在哈耶克为自由主义式个人主义所作的辩护中，有两个尝试最历久弥新且最为重要，一个是在《自由宪章》中为个人自由所作的辩护，一个是在《法律、立法和自由》

中为正义行为的根本规则所作的辩护。① 但凡想要研究这类辩护,就必须检讨哈耶克在多大程度上受制于、试图规避或无意中挑战了另一个 20 世纪思想的核心预设:在"事实"或者说"科学"判断与规范判断之间存在根本区别,以至于规范判断绝不可能建立在【130】"事实"或者说"科学"判断的基础之上。这类研究也得检讨哈耶克对"理性主义"的批判,这种理性主义与误入歧途的社会、法律观念相联系。我们要具体检讨的是,这一批判是否为哈耶克称为"伟大社会"的自由主义个人主义社会的某种理性基础留有空间。对哈耶克作更广泛的探讨还要检讨他的"反理性主义"或者说"批判的"或"演化的"理性主义②的本性、证明及界限,以及哈耶克对"社会正义"的批判的性质及有效性。虽然本章必须放弃作诸如此类的研究,专注于哈耶克关于社会秩序和法律之本性的观念,但我们可以专注于他哲学思想中最关键、最独特的内容,专注于使那些堪称伟大社会之基础的价值观或规范重新被人欣赏和认可(哈耶克就这么认为)的思想。

两种秩序观念

从 20 世纪 30 年代晚期开始直到封笔之作《致命的自负》出

---

① F. A. Hayek, *The Constitution of Liberty* (Chicago: University of Chicago Press, 1960); Hayek, *Law, Legislation and Liberty* (henceforward LLL), 3 vols. (Chicago: University of Chicago Press, 1973—9).

② 哈耶克的反理性主义出现于他早年的文章《个人主义:真与假》("Individualism: True and False" [1944], in *Individualism and Economic Order* [Chicago: University of Chicago Press, 1948], 1—32.)。在他早年的重要文章《自由和经济体制》("Freedom and the Economic System" [1939], in *The Collected Works of F. A. Hayek*, *vol. 10*, *Socialism and War* [Chicago: University of Chicago Press, 1997), 189—211)中,在《通往奴役之路》(*The Road to Serfdom* [Chicago: University of Chicago Press, 1944])中,以及《自由宪章》中也有相对较弱的体现。而在《法律、立法与自由》中,反理性主义又强势出现,在《致命的自负》(*The Fatal Conceit* ⟨Collected Works, vol. 2 [Chicago: University of Chicago Press, 1988]⟩)中则得到了甚至更多的强调。

版,哈耶克写了大量社会哲学、法哲学著作,它们可以且应该被看作是他在 30 年代中期关于中央计划经济是否理性的辩论中所作贡献的扩展和一般化表述。③ 中央计划经济的提倡者经常诉诸这一观点,即经济失序的唯一替代选择就是总体性经济计划。在这类计划中,某一中央权威拟定一个全国所有经济资源的清单,调查使用这些资源的方式的不同组合,发现资源配置和使用的最佳总体组合,传达和推行所有必要的命令,来指导每个经济行动者执行自己在资源调配和使用的最佳总体组合中分配得到的任务。收集有关所有可用资源的信息并将其传达给中央权威,中央权威再根据这些信息以及对【131】共同善的某种估量来拟定并推行这类中央计划——只有在这种情况下,理性经济秩序才会存在。任何此类谋划的基本吸引力都反映了人类身上一种惊人普遍的倾向,即相信秩序必然是组织的产物,诸体系无法自生秩序,必须依靠某个外在组织者的指令。秩序不会是内生的;它必然是外生的。

　　这种理性社会主义计算是否可能? 哈耶克的经济学导师路德维希·冯·米塞斯(1881—1973)给出了一个极为漂亮的论证来反驳理性社会主义计划的可能性。④ 计划制定者如何能够知道哪种未来投入应被用于哪种未来产出(许多产出将会是进一步可能产出的可能投入)? 粗略来说,答案是,计划制定者应这样挑选为产出所作投入的配置组合方式,使产出的最终价值最大程度超过投入的价值。但米塞斯和紧随其后的哈耶克指出,仅当计划制定者知晓所有相关投入产出的市场价值——也就是市场价格——时,他(她)才能如前述答案所说的那般行事。因为,只有市场价格才能容纳反映了有价资源稀缺性和需求的信息,舍此只能得到

---

③　参见重印于《个人主义与经济秩序》的三篇论社会主义计算(socialist calculation)的文章(载 *Idividualism and Economic Order*, 119—208.)。

④　着重参见米塞斯的《社会主义》(*Socialism* [1922], trans. J. Kahane [Indianapolis, IN: Liberty Fund, 1981].)。

一堆完全零散的信息。例如,只有关于市场价值的知识才能揭示将社会中所有的钛投入到汽车牌照生产中去是非理性的。但是,中央计划机构消除了市场价格,因此这一机构不可能作出理性的中央计划。哈耶克对米塞斯的这一批判作了补充。他强调,还有一类关键信息超出了市场价格的容纳范围,市场应当被允许使用这些信息。这些信息是高度地方性的,并且经常只能是默会的(tacitly grasped),它们分散于个人之间,而并没有反映在市场价格当中(即使假设允许市场价格出现)。对于有益的经济革新来说,这些分散的知识和个人据此行事的有效权利必不可少。但对于中央计划制定者来说,这些信息必然也无法获得,即使可以获得,中央计划制定者也将不得不禁止个人据此行事。

因此,理性经济秩序无法被设计出来并外在地施加。但是否可能出现非设计的、内生的、自生秩序的理性经济秩序?哈耶克赞同亚当·斯密(1723—1790)的理解,即经济秩序源于个殊经济行动者【132】根据他们自己的知识清单——包括他们对他人的偏好、资源和可能行动的了解——将他们的个人资源用于追求他们独立的目的这一过程。秩序并非产生自任何总体性计划的施加,而是源于各元素间持续不断的相互调试,这种调试形成了地方性的、不断变化的环境的秩序。不存在任何有意创造这种秩序的个殊个体或权威,经济秩序产生于"看不见的手"的运作过程。源于这一过程的秩序是——用斯密的同代人亚当·弗格森(1723—1816)的话说——"人的行动而非人的设计的结果。"⑤在这种自发经济秩序内部,个人通过生产活动、贸易或塑造能使资源从低价值用途流向高价值用途的新的财产或经济关系形式来实现他们的私人目的;因此,总体的经济理性就是自发的经济秩序。

经济秩序不只是唯一一种自然出现的、非设计的秩序,我们还

---

⑤ Adam Ferguson, *An Essay on the History of Civil Society* (London, 1767), 187.

能举出其他显例。比如组成特定生物体的诸元素之间的秩序，以及构成一个生态系统的诸要素之间的秩序。曾有一段时期，大部分人都认为这类复杂秩序必然是一个外在的智慧设计者的作品，事实上，这类秩序还被当成这样一个智慧设计者存在的首要证据。对于上帝存在的这类设计论证(design arguments)已经没有市场，因为我们现在将生物秩序理解为生长形成、自然发生且无意图的秩序。

非设计的、自然发生的经济和生物秩序的彼此协调的诸元素是可详细观察的实体，在此意义上这些秩序是具体且真实的，例如人类活动、物质资源、生物器官和这一或那一物种的群落。但是哈耶克追随弗格森和卡尔·门格尔(1840—1921)⑥的观点，他同样强调存在更抽象地演化出来的、非基于意图产生的秩序。构成这些更抽象的秩序的元素是行为规范或行为模式。这类抽象秩序有两个显例，即货币和语言。正如具体的经济和生物秩序的情况一样，人们也强烈地倾向于认为货币和语言这种抽象秩序必定是设计的产物。货币和语言必定是由某个非常聪明的个体发明的，或者是通过有头脑的个人之间的某种协议有意图地建立起来的。这类想法自然会【133】进一步认为，这种有益的秩序像人眼的各个部分之间惊人的协调配合一样，绝不会是偶然的产物。但哈耶克辩称，这类有益的抽象秩序既不是智慧设计的产物，也不是有益且自然形成的具体的秩序。正如雄心勃勃的中央计划制定者没法拥有设计一种具体的理性经济秩序所必需的信息一样，任何个人或委员会也没法拥有非凡的革新才能来发明货币或语言。这类抽象秩序既非产生自有意的设计，也非源于偶然，相反，它们是通过主要由文化突变、调整和选择构成的演化过程产生出来的。当抽象

---

⑥ 参见 Carl Menger, *Principles of Economics* (1872), trans. B. F. Hoselitz and J. Dingwall (New York: New York University Press, 1981)。

的行为规范或行为模式的秩序有助于促成有用且更为具体的秩序出现——其方式通常并不为受益者所知晓——时，这种抽象秩序就会出现并存在下去。

根据哈耶克的观点，道德也是一种由人类行动而非设计产生出来的抽象规范秩序。这些规范的其中一组以及对它们的服从对于互利且自发的具体秩序的形成特别关键。这些"正义行为规则"一般是消极的禁止，它们在不同地方、不同时间采取的形式多少会有不同；禁止的对象则是对个人选择的如何处置自己的人身、天赋、精力和（合法获取的）财产的安排的干预，以及对人们有效的契约主张的侵犯。这些规范的统一特征是，他人对这些规范的服从构成（constitute）人们的自由。因为在哈耶克看来，个人自由就在于不受阻碍地"使用他的知识为自己的目的服务"（LLL 1：56），此类规范中的每一条都禁止一种阻碍个人使用他们的知识为各自的目的服务的方式。这里要回想下哈耶克对一项事实的强调，即成功的行动所必需的知识极度分散于个人之间。由此得出，只有在一个自由的领域，在个人能依据自己的特定见识和偏好行事的情况下，成功行动的可能性才能最大化。在《自由宪章》中哈耶克提出，自由之所以要被尊重，是因为强制本身就是恶的；然而更多时候他主张，自由因其有益结果而应获得尊重。我们绝不能认为，由于人们已经理解自由带来了累累硕果，所以那些构成自由的规范已经被采纳了。相反，在这类规范被允许发展的地方，它们出现并扎根的原因在于，服从这些规范促进了成功的人类行动及互动，规范已经在其中出现并扎根的这类社会因此更适应生存。正如具体的自发经济【134】秩序具有一种罗伯特·诺齐克所谓的"看不见的手的解释"[7]一样，道德和更为具体的正义行为规则之类的抽象秩序也可以这么解释。

---

[7]　Robert Nozick, *Anarchy, State, and Utopia* (New York: Basic Books, 1974), 18—22.

和其他道德规范不同，这些正义行为规则被认为是可以强制执行的。⑧ 他人和自己会被要求遵守这些规则（如果这些规则已经在他们的社会中发展出来了），这样一种稳定的预期是私有财产、自由市场经济秩序的必要条件，而这种秩序被哈耶克看作是中央计划经济的理性的替代选择。事实上，"正义行为规则将会被服从"这样一种稳定的预期是一系列自发且具体的社会秩序发展进步的关键前提，而这些秩序意味着不断演化的、有活力的、多元的伟大社会。组成伟大社会的更为具体的社会经济制度和关系只有在这一社会的背景规范——尤其是已经在这一社会的历史中显现出来的正义行为规则——被尊重并且人所共知它们是受尊重的情况下才会出现。

在哈耶克看来，不存在所有个人都应为之努力，因此作为一个整体的社会也应该为之努力的共同目的或者一组可公度的（commensurable）目的。人们有着许多不同种类的能够定义人生的目的，没法把这些多种多样、任意关联的目的排出序列。或者即便存在排出序列的办法，我们也没法知道。⑨ 因此，中央计划制定者最严重的错误在于，他们相信自己能够发现共同目的或一组可公度的目的，而他们的计划就致力于最大化地实现这一（这组）目的。伟大社会自身不是计划出来的，和其他自发秩序一样，它自己没有什么确定的目标："伟大社会无关于——事实上是不相容于——'团结'（solidarity），所谓团结，即是在追求为人所知的共同目标时的、真正意义上的联结一致。"（LLL 2:111）但是，对这样一个社会的正义行为规则的普遍服从，以及实现产生于这一社会的个人目标的途径，为个人提供了史无前例的机会来规划自己的生活。

---

⑧　哈耶克再三宣称，只有反对强制的强制才是可证成的。然而他同样宣称，无论何时，只要符合一般规则，强制就是可证成的。

⑨　哈耶克在不可公度的目的上持多元主义主张，这种主张在《自由和经济体制》中体现得最为明晰。

但哈耶克并不坚持认为所有有益的人类秩序都是自然产生、无意图的。相反,他主张在伟大社会内部,【135】亦即在更大的、将非自然产生的秩序包含在内的自发秩序内部,有意图创造、设计的秩序——亦即"组织"——是至关重要的。公司、工会、教堂、运动队和军队就是这类组织的样本。这类组织有确定的目的,比如利润最大化、提高工资、拯救、冠军和彻底摧毁敌人,这些目标是每个加入其中的个体所分享的。在任何这类组织中,个人被期望能根据达成相应目标的计划行事;他们被期望能确认并遵守所在组织的计划。哈耶克式的自由社会被这类有意图的共同体以及由它们组成的各种网络所充分分层(richly layered)——这正是因为个人能根据他们自己多种多样的知识和偏好,自由选择一系列自己会参与其中的团体。

在哈耶克看来,"必须并且应该对社会本身进行设计"这样一种现代"理性主义"信念还只是他喜欢的那种开放、多元且基于自愿的社会的两个主要敌人之一。另一个敌人是我们的前现代——事实上是部落的——倾向,这是一种想要成为价值观相同的紧密共同体成员的倾向,一种坚决要求我们遇到的其他人也拥护其特殊的价值观并为其共同体服务的倾向。根据哈耶克的看法,现代自由社会中的个体面临一项巨大的心理挑战:享受着加入一系列适合自己的、拥有共同价值观的共同体这一好处,与此同时还能意识到,正是因为每个人不会被法律强加无论何种实质性价值观,我们才可能随意选择加入哪些共享价值观的共同体。

自发社会内部还有一种相当特殊的组织,即政府。作为一个组织,政府拥有一个目的或一组(被推定为)相容的目的。毫不令人意外,在哈耶克看来,政府的首要目的是澄清并实施正义行为规则。哈耶克还经常分配给政府下述任务:(1)生产那些无法通过自愿市场交易来提供的公共产品(或为此类公共产品的生产提供资金);(2)为"某些不幸的少数群体、弱者或那些无法自食其力者"提供社会保障(LLL 1：141—2)。不过我们要注意到,哈耶克相信,某些被普遍认为该由政府供应的善品(goods)事实上可以由私人(更好地)供给,⑩并且他【136】担心,在民主政治的动态过程内部,对社会保障的供给要求将会为再分配国家打开"泄洪闸",再分配国家会以其他所有社会成员为代价,来提升某些占统治地位的政治联盟的利益(LLL 2：140)。即使没法具体弄清哈耶克对政府有多少好感或应该有多少好感,有一点还是很清楚的：在哈耶克看来,政府应该是社会内部的一个特定组织,拥有特殊且被严格限定的目的。那么,政府会指示谁来实现那些目的呢? 哈耶克式的回答是,在自由社会,政府会有特定的手段来实现自己的目的。这些手段将(在某种程度上)包括那些已经成为那一组织(即政府)成员的个人,但"这些手段并不包括普通公民"(1：113)。

两种法律观念

按哈耶克的看法,有两种存在根本分歧的法律观念：命令观念和协调性规范(coordinating norm)观念。即使许多理论家已辩称,"法律是(神圣的或世俗的)主权者的命令"仅仅是一个概念真理,但看到这点依然很重要：法律的命令观念也是"理性社会秩序是设计出来的"这一观念的自然伴生物。如果某人这样理解理性社会秩序,那他肯定认为存在某个确定的目的,理性社会秩序被认为是为这一目的服务的,而这一秩序内部的各种要素必须被外在地组织起来,以最好地服务于这一目的。如前文所言,那种社会秩序的设计者将承担以下任务：调查清楚社会内部的所有资源(经济资源和其他资源);决定如何组合这些资源的使用方式,以最好地

---

⑩　参见哈耶克对货币的私人供给所作的赞扬, *Denationalisation of Money*, rev. ed. (London：Institute for Economic Affairs, 1990)。

实现(他所认为的)那一社会的目的;向所有的社会其他成员发出指令,指示他们该如何利用他们自己(作为人力资源)和特定的非人力资源,以使他们相互配合的行动能最大化地实现(他所认为的)社会的目的。一般来说,接到这些指令的个人不会了解他们各自被要求做的行动将如何有助于实现那一目的,因为他们只会拥有自己那点信息片段,而无法综观整体,只有设计者才被认为拥有那一整体图景。此外,他们很可能关心自己的私人目的胜过关心达成那个光芒四射的社会目标,而设计者则专注于后一种目的。因此,不能留待这些指令的接收者来决定他们是否要服从指令。相反,必须这样来理解这些指令:【137】这些个体有法律义务执行这些指令,因为这些指令是"主权"权威发出的。[11] 公民将被认为拥有服从实定法——亦即由政治权威设定的法律——的义务,而这只是因为这一法律被提出了。权威的命令本身就是公民服从的理由。

　　于是,法律被理解为某一权威表达出来的意志,其以"若不服从就施加惩罚"这样一个威胁为后盾。因为那个表达并强制执行这一意志的行动主体[12]自己就是法律的源泉,因此它自身不能臣服于法律。这一行动主体意愿和施行的任何指令都不会与法律相悖;他所意愿、所施行的每一项指令都是法律本身。对这个创造法律的权威来说,不可能存在真正意义上的法律约束。正如这种理论在17世纪粉墨登场时所主张的,是先有国王,后有法律。事实上,当这一观点在17世纪发展出来以服务于绝对君主的权威时,多少带点一般性的成文法律就被认为是由君主发出的,而这只是因为他们已然变得太忙,没法对臣民的所有活动细节作出指示。根据这种法律观,当法官在具体案件中试图发现和适用法律时,他

---

[11]　有些人坚持这种法律观,与此同时却信奉人民是真正的主权者这一幻想。
[12]　原文为"agency",应为"agent"。——译者注

们实际是在试图弄清并执行君主的意志，他们是君主的助手。

即便是被设计出来的社会秩序最热切的提倡者，在详细考虑后也不会相信社会工程师能收集所有个人拥有的相关且详尽的地方性信息，因此这种秩序的提倡者会想象这样一种中央计划，这一计划将为相关行动者留出行动空间，让他们根据自己对地方实际情况的了解来调整行动。旅长指示团长去攻占猪排山[13]。团长于是将自己的地方性知识（例如他对手下各班能力的了解）融入对各班班长的指示。依此类推。类似地，计划经济体制中的工厂经理得到指示去生产 5000 双鞋子，其他人则被命令为他提供相应材料。经理在向他手下的工头作出更具体的指示时会融入地方性知识。（任何看似是中央计划在利用的东西，其实往往是有魄力的个人在计划限制之外妥善地运用自己的自由判断产生的结果。）不过即便社会计划能适应这一事实，即受其指示的人在选择如何执行自己分配到的任务时必须多少拥有【138】自由判断的空间，这一计划也必须采取这种形式：为具体的个人分配大致比较明确的不同任务。在这种设计出来的社会秩序中，法律必定臃肿不堪，它规定了分配给个人的不同任务并命令其去执行。（在这些分配给几乎每一个人的任务中，有一项任务是不要阻碍其他人执行分配给他们的任务。）

与这种命令观念不同，哈耶克坚持认为，按最基本的含义，法律先于且在概念上独立于统治权威；在此意义上，法律在历史上先于立法存在。就其本质而言，法律是一组规范，普遍服从这组规范可以使个人（或家族、氏族）组成的团体之间形成社会秩序。或者，如果将法律从这类规范的整体中分离开来的话，我们可以说，根据其最基本的含义，法律是那类规则的一个子集，一定程度上通过预见和接受法律的强制实施发挥作用。法律是这样一组规范：

---

⑬　猪排山（Pork Chop Hill）是朝鲜战争中美军与中朝军队的一个战场。——译者注

如果人们生活于其中的社会秩序及其带来的好处会继续存在,人们就会——可能只是模糊地——认为,在与他们的社会伙伴进行互动时,必须遵守这些规范。人们身处社会秩序之中,在这一秩序中,这类规则得到服从,并被普遍且明确地认为是人们的有益互动所必需的,因为如果没有这种服从和认知,社会秩序就将不复存在。如果这类规范和对它们的认知尚未出现,那么社会秩序也不会出现。

虽然在某一时刻,一个演化而成的社会的特定成员可能分配得到这样一个任务,即在必要时执行这些规范,但这些规范本身却不被看作是也不应被看作是任何社会成员的意志或设计的结果。虽然立法也许会进一步将这些规范编成法典,但这些规范自身和它们的规定性力量(prescriptive force)并非立法的产物。事实上,正是因为这些规范其实是无意图的文化演化而非任何行动主体意志的产物,它们才经常被认为是永恒、神授的法律,类似于遥不可及的⑭自然法。

哈耶克关于法律先于有意为之的立法的论证既是历史的也是概念的。那些我们强烈倾向于认为是法律的事物事实上早在立法——换句话说就是明确提出可执行的规则——之前就存在了。一般而言,已确立的政治权威的作用是且被认为是执行先已存在的、基本只能默会的法律。从时间顺序来看,是先有法律,后有国王。同时哈耶克还认为,法律的命令理论【139】(以及法律实证主义的类似形式)需要借助合法权威(lawful authority)概念来区分合法且能施加义务的命令和拦路抢劫者的号令。但合法权威只能被理解为这样一种权威:它表达并执行了因其协调功能而值得被表达和执行的规则。正是这一(经常没有被意识到的)协调功能使规则有了规定性力量,并使权威表达和执

---

⑭　原文为"unbreachable",应为"unreachable"。——译者注

行这些规则的举动变得合法。我们只能根据他们各自准备执行的规则的合法⑮内容或品质来区分合法权威与拦路抢劫者。有抱负的权威要使自己变得合法,只能通过执行那些独立于自己意志而存在的法律。因此,在概念上也是先有法律,后有国王。

在 17 世纪,有一些人反对这种命令观念,尤其是其中暗含的国王必然高于法律的观点。他们经常会给出一种论证,这一论证结合了哈耶克在时间和概念这两个层面提出的核心观点。它以普遍存在的加冕宣誓为突破口。至少在许多欧洲国家,成为合法君主的一项法律条件是按规矩作加冕宣誓。这一法律规则本身不是由任何君主的意志确立起来的,相反,若不存在这一规则,那就没人可以成为合法的君主。此外,野心勃勃的君主不得不发誓坚守国法,也就是那些并非由他制定且他无权废除的法律规范。

这自然就回到了哈耶克的观点:法律——至少是某类法律——是一种自然产生的抽象秩序。这类秩序产生于人群之间,这是因为它对这些群体有利,而不是因为人们知道如何服务于自己的利益,乃至不是因为人们知道这一秩序对自己有利——这种理解不符合这类秩序的本性。人们会在偶然之间对既有法律作出有益的表达、修改或扩展,法律在此过程中持续发展。在哈耶克看来,长者和法官解决争议的努力是这种演化转变的主要途径,他们必须在持续变化的社会经济环境中不断发现和适用规则,这些规则是人们合理预期的基础。这里所谓的合理预期就是对他人行为以及对如何扩展或完善那些规则的预期,这种扩展或完善要能使正在出现的合作形式变得对各方都有利。当越来越多的社会成员根据他们自己的认知与价值自由地与他人(包括其他社会的成员)互动、交易时,社会就提高了存活和被模仿的可能性。个人单独或联合起来利用自己的知识追求自身【140】目标的自由使社会

---

⑮ 这个"合法"应该是原作者笔误多加的。——译者注

基本规范获得了发展,即原来是指示个人去关注某些共享(例如部落的)目标的规则,后来转变成了仅仅使每个人负有一类消极义务的规则,这种消极义务就是不去干涉他人做他们认为适合自己或自己的财产的事情。

将可实施的规范从那些要求个人去推进实现某些实质性目的的规则精简到仅仅要求不去干涉别人的规则,这是使越来越多拥有愈益多样的自己的目的的个人进入合作性互动的交互网络的必要条件。在精简了可合法实施的规则后,每个人都臣服于相同的法律,这些法律也保护每一个人(LLL 2:88—9)。此外,法官的义务是去发现和实施这些一般性协调规范,而非法律之上的主权者的意志。这样,难以捉摸的法治理想就实现了。相反,根据法律的命令观,法律规则必然会给不同的人分派不同的(并且其变化是不可预料的)法律义务和豁免,法官探索这种法律就等于尝试发现和实施主权者的意志。

哈耶克强调,这些正义行为的普遍规范是"独立于目标的",意思是它们并非为了实现任何确定的"社会"目的而存在;它们存在仅仅是为了方便个人去追求他们自己选择的目的。这里没法研究一个关键性问题,即为人们实现各自目的提供方便是否为这些独立于目标的规范提供了一种("理性主义的")证成,哪怕这些规范并非(至少其中绝大部分不是)某种提供方便的意图的产物。

当然,哈耶克的意思并不是指令意义上的法律或用来分配必要任务的法律是不恰当的或没什么用。个人借助公司、教堂和运动队之类的组织来实现自己的诸多不同目的,对于这类组织的运作而言,作为指令的法律是必要的。也请回想下,在哈耶克看来,政府自身是一个存在于社会中的有用组织,它有自己的特殊目标,其中的主要目标是进一步表达和执行正义行为规则。因此,政府的诸多层面和组成部分是通过向那些政府机构成员发出明确程度不一的指令来运作的。政府雇员将执行那些指示。但这种推论陷入了严重且有害的错误:就社会成员一方而言,【141】合法的做法就是执行政府指示。相反,按其最根本的含义,合法性表现为所有社会成员和包括政府在内的一切由他们组成的机构在确立起自由的正义行为规则的约束下行事。

9

迈克尔·奥克肖特：
焦躁时代的哲学怀疑主义者

提摩西·富勒

【142】迈克尔·奥克肖特 1901 年 12 月 11 日生于英国肯特郡,1990 年 12 月 19 日在他那间位于多塞特海岸边阿克顿村的小屋里逝世。他以剑桥大学冈维尔与凯斯学院本科毕业生和该学院研究员、历史学教师的身份闻名于世。除了二战期间在英国军队服役,从 20 世纪 20 年代起他一直在剑桥,直到 40 年代末。随后他在牛津短暂待过一段时间,然后于 1951 年被任命为伦敦政治经济学院(LSE)政治学教授。在伦敦政治经济学院,他任教于政府系,还当过系主任,出台了政治思想史硕士学位项目。这个一年制学位项目吸引了世界各地的学生,加拿大和美国学生尤其多。虽然于 1968 年正式退休,但直到 1980 年,奥克肖特都还继续参与该课程的秋季学期,并在其常规研讨班上介绍自己的文章。

奥克肖特是个非凡的教师和讲授者,喜欢和学生交流,在这一点上,那些只有他一半年纪的同事也无法比拟。年纪大了以后,他从没忘记如何保持年轻的状态。本科生喜欢他,他也喜欢他们活力四射的样子。在伦敦政治经济学院政府系,从 20 世纪 50 年代到 80 年代,政治理论研究一直都很红火。奥克肖特吸引了一批学者和教师组成了一个杰出的团队,其中包括约翰·硕维(John Charvet)、莫里斯·克兰斯顿(Maurice Cranston)、埃里·凯杜里(Elie Kedourie)、沃尔夫冈·冯·莱登(Wolfgang von Leyden)、肯尼斯·米诺格(Kenneth Minogue)、罗伯特·奥尔(Robert Orr)等人。

　　奥克肖特受过现代史方面的学术训练,崇拜弗雷德里克·梅特兰(Frederick Maitland)那样的伟大学者,于是投身政治思想研究。在 20 世纪 30 年代开设于剑桥的课程中,他对政治思想史作了考察。杰出的中世纪专家布莱恩·蒂尔尼(Brian Tierney)和伟大的洛克研究者彼得·拉斯莱特(Peter Laslett)都向我生动回忆过本科时奥克肖特给他们上课的情形,而那至少已经是 50 年前的事情了。从他【143】那些最早写于 20 年代的笔记中可以看到,他细致研读过柏拉图和亚里士多德的作品。他更像哲学家而非历史学家,他有时会说自己既非哲学家也非历史学家。他给思想家排列等级的标准是,在多大程度上他们关切的问题并非只是当时的实际问题。他深深着迷于政治研究,但对政治实践主义并无兴趣。在他那篇著名的霍布斯《利维坦》导读中,①他挑出柏拉图、霍布斯和黑格尔作为思想家的典范,并描写了三个伟大时刻:以柏拉图为典范来展现"理性和自然"的传统,霍布斯展现"意志和技艺"的传统,黑格尔展现"理性意志"的传统。这些思想家将政治视作时间与永恒的交叉来考察——他们感兴趣的是理解政治的特性和人之境况本身,但也会关注它们所处时空中不容忽视的偶然因素。

　　在写于 20 世纪 30 和 40 年代的关于哲学和政治哲学本性的文章中,奥克肖特强调了思想的开放性,将哲学称作"具有彻底的破坏性"的质问,这使它不至于沦为意识形态和政治宣传。② 他所

---

① Michael Oakeshott, introduction to *Leviathan*, by Thomas Hobbes, ed. Michael Oake-shott, Blackwell's Political Texts (Oxford: Blackwell, 1946). 我之所以引这个版本是因为当奥克肖特 1975 年出版他关于霍布斯的文集《霍布斯论公民联合体》(*Hobbes on Civil Association*)时,他对原版导论作了实质性修改。对于那些希望在研究霍布斯时追随奥克肖特的人来说,比较下这两个版本会很有收获。

② Michael Oakeshott, *Religion*, *Politics and the Moral Life*, ed. Timothy Fuller (London: Yale University Press, 1993).

说的"破坏性"并不是指试图发动革命推翻政府或改变公共政策。相反,他的意思是哲学家的抱负是把握整全经验,他们就是想更好地理解已部分理解的东西,此外再无别的动机。这种探究者的政治忠诚会很弱:哲学不是一种另辟蹊径参与政治的方式。哲学家可能会对通过检省政治生活学到的东西深感兴趣,但最终,当他们意识到在政治中无穷无尽的自相矛盾难以避免时,他们的探究便使他们超越了政治。如果他们的使命是追求智慧或者说——用奥克肖特的说法——更好地理解他们已部分理解的东西,那么他们就必须接受那种探究所隐含的要求。

他在自己的首部重要作品《经验及其模式》(1933)中讲解了这些观点。这本如今依然在不断重印的杰作确立了他作为重要且具有原创性的哲学家的身份。在这本书里,奥克肖特【144】承认自己受到了黑格尔的《精神现象学》以及 F. H. 布拉德雷的《表象与实在》的影响。《经验及其模式》乍看之下是英国黑格尔主义传统的延续,但读者会发现,这本书具有高度的原创性,作者博览群书且融会贯通,这本书打上了他本人的深刻烙印,并提出了许多具有个人特色的思想。

他的论证要点如下:"世界"和我们"关于世界的经验"之间的区分是站不住脚的。世界和我们对它的经验紧密关联,因此将它们分离开来的尝试注定失败。世界和我们对世界的解释就是我们所经验的这个世界。世界是整全,是思想的世界。我们没法了解任何不在我们思想之内的东西。我们发明了许许多多模式来解释经验。我们尝试通过不断变动的、部分的解释来理解整全经验,这些解释抓住经验的某些特征,就好像它们足以解释整全了。

在 1933 年,奥克肖特详细阐发了最重要的三种经验模式:科学、历史和实践。他承认可以有许多模式存在,这三种模式并未穷尽一切,但他认为它们既重要又发展得比较充分,经得起详细分析。科学根据稳定的量化关系——这些关系是完全透明

的——来解释世界(从量化性质来理解世界);历史通过将一切
经验视作过去的经验来解释世界(从过往性质来解释世界);实
践——宗教和政治都涵盖在内——将世界理解为"是什么"和
"应该怎么样"或者说和意志性质之间的张力,通过意志和欲求
来定义世界。

每种模式都试图从自己的假定或者说设定所塑造的视角出发
来理解整全经验。只有通过无视那些会带来棘手的、难以容忍的
矛盾的经验因素,它们才能实现令自己满意的融贯性。因此,哲学
家的探究并不是要通过融合其他模式来"纠正"某种模式因抽象
造成的缺陷,因为这么做只会带来更多矛盾。邂逅整全经验这一
抱负要求我们抛弃对任何模式的执念以寻求未被模式化的整全;
每一种模式都以特定方式从整全中抽取特定因素。抽象就是从特
定模式偏爱的角度出发对整全经验作出说明。哲学家的任务不是
"改善"某一模式,相反,哲学家在探寻"未被扭曲的整全"时必须
不落入这些抽象模式。

用一种模式来解释其他模式会导致范畴无关(categorical ir-
relevancies)。历史可以对科学的历史作出说明,但无法替代科学
探究。【145】政治尝试从历史中学到教训,但会用过去发生的事
情来强化我们既有的观点或立场;我们援引历史上的榜样来证成
或打击当前的政治志向。这种"实践导向的过去"并非"历史学家
的过去"。历史学家可以把政治决定放在复杂条件构成的情境中
(这些决定就是在其中作出的)来描述,但政客必须追随他们的处
境所透露的信息,无视碍手碍脚的过去的经验,当机立断作出决
定。"为了过去本身"而研究过去会束缚乃至麻痹实践判断。科
学和政治同样没法结合起来。

不过就像我们会谈论"政治科学"一样,我们也经常会说"科
学中的政治"或历史研究中的政治。因此奥克肖特最终得出了他
关于"人类对话"的见解——他在 50 年代的一本小书《人类对话

中的诗音》(1959)③中给出了这个概念。尽管不同模式间没有高下之分,但使用这些模式的人却可以彼此交谈,甚至还可能受到寻求整全的哲人天职的感召。奥克肖特认为对话最能彰显人的特性,它使我们不同于其他造物。大学是"学习之所",在此,对话被视为目的本身。

这一观念是如何影响他对政治哲学的理解的呢?对奥克肖特来说,哲学是"具有彻底的破坏性"的质问。政治哲学是对政治的哲学探究,不带政治立场考察政治生活的特征。用政治哲学来为政治立场或政策提供思想支持意味着为了政客的任务或者为了意识形态抛弃哲学家的任务。政治哲学家既非哲人王,也非政策科学家。

说没有哪种经验模式在哲学意义上比其他模式优越可能听着会有点奇怪,因为实践生活显然占据支配地位且会干扰其他模式。人们会倾向于认为实践生活具有基础性地位,其他一切模式必然是从中衍生出来的。但奥克肖特并不这么认为。不难理解,干扰性和优先性被混淆起来了。因为有许多可用来解释我们的经验的模式,所以选择模式就是在选择以特定方式进行理解。哲学本身不是一种模式。相反,哲学是对"受缚于经验"的批判,而每种模式都会受缚于经验。诸如我们"应该"以科学的或历史的方式看待世界,或者我们"应该"接受【146】任何事物都具有政治性这一观点之类的说法都是一些劝告,之所以提出这种劝告,是因为人们意识到不该拔高这种或那种模式。

原则上,哲学家不会选定任何一种模式,因此作为哲学家,他(或她)在考察政治时不会搞得好像这就是理解整全经验的关键所在一样,即便从事追求"想象的和盼望的满足"以及解决"是什

③ Michael Oakeshott, *The Voice of Poetry in the Conversation of Mankind* (London: Bowes and Bowes, 1959). 这部作品后来重印在《政治中的理性主义及其他文章》(*Rationalism in Politics and Other Essays*)中。

么"和"应该怎么样"之间的无穷张力的事业能让人深刻洞察
人性。

　　然而奥克肖特很留心他所处时代、所在地域的政治。在《当
代欧洲的社会和政治理论》(1939,这本书由对自由主义、天主教、
共产主义、法西斯主义和民族社会主义的记录和评论构成)中,他
把后三类主义称为"现代威权主义理论":

> 　　自由派和天主教思想都认为"人能够以威权方式规划生
> 活方式并将之强加于社会"这种观念显得像傲慢无知的具体
> 表现;只有对人缺乏尊重并想把人用作实现自己野心的手段
> 的人才会接受这种观念。④

从1947到1960年,奥克肖特写了一系列评论文章,他把其中很多
篇收录到一起,在1962年以"政治中的理性主义及其他文章"为
名出版。用在书名里的那篇文章《政治中的理性主义》和《理性行
动》《政治教育》《自由的政治经济学》以及《论做一个保守派》等
文章一道,强有力地批判了意识形态政治、试图模仿自然科学的社
会科学以及因为相信一种培根/笛卡尔式的方法论可以使我们摆
脱对自身传统的依赖而轻视传统智慧与洞见的态度。

　　意识形态政治坚持用一种预先独立策划出来的(具有一种抽
象的理想色彩的)计划来指导我们该怎么做决定,以走向所设想
的完美状态或终局状态。奥克肖特把自己称为"只有知道如何做
才会做得更好的怀疑主义者",他的这一评论非常有名:在政治
中,我们就是在无边无际、深不可测的海上航行,政治的主要任务
是避免覆舟。奥克肖特这句话的意思不是生活没有意义或有理由

---

④ Michael Oakeshott, *Social and Political Doctrines of Contemporary Europe* (Cambridge: Cambridge University Press, 1939), xxii.

绝望,虽然他的某些批评者确实这么认为,有位批评者甚至说他是
"孤独的虚无主义者"。奥克肖特认为,我们可能会在别处而非政
治中发现意义——我们更可能在宗教、艺术、诗歌或哲学中发现意
义。【147】在这方面,奥克肖特明确持奥古斯丁式立场。意识形
态政治宣称政治行动是意义之源,而非只是作为手段,来为我们提
供背景条件,使我们更有希望追寻自己的意义。

　　奥克肖特怀疑政治的自负,认为政治只是"必要的恶"。与此
同时,他也不去谈超验领域,即便他终身都对宗教抱有兴趣。他在
日常经验中寻找诗意。政治——致力于为因选择和特定机遇聚合
到一起的人作出安排,它是维持均衡的工具,而非值得视作信仰的
事物。他是一个持怀疑主义立场的保守主义者,而非"运动式保
守主义者"(movement conservative)。对他而言,做保守主义者就
意味着找寻及时行乐的可能性。他援引奥古斯丁、帕斯卡尔、蒙
田、霍布斯和休谟的说法来支持自己的主张。他对柏克和罗素·
柯克并不感兴趣,也一点不像新保守主义者。在自20年代起写的
早期文章中,奥克肖特明确谈论了活在当下的宗教特征。⑤ 他后
来明确讨论了"怀疑主义的政治"和"信仰的政治"之间的张力(此
处所谓的"信仰"指的是意识形态/乌托邦类型的政治信仰),可见
于他去世后出版的《信仰的政治和怀疑主义的政治》(1996;可能
写于1950—1952年前后)。

　　奥克肖特出身于观念论哲学传统,他在这一传统内部摒弃对
经验的二元论理解,特别是此世和理想世界的二元对立。不同于
二元论,他在单一的经验世界中谈论自我理解背后的不同动机。
拒斥此世就是拒斥当前的混乱和要紧之事,从而使人们不再作这
样的努力:在不幻想可以消除生活之奥秘的情况下,试图洞察这一
奥秘。对他而言,接受宗教意味着要尽可能活下去,不为过去的行

⑤ 参见 Oakeshott, *Religion, Politics and the Moral Life*。

动或未来的不确定性焦虑。因已然发生之事或我们想象可能会发生之事而分心意味着丧失对生活的宗教性理解,这也会使人更易陷入意识形态以及使用政府权力来"径直追求完美"的做法。奥克肖特认为,对有序世界的追求很可能会因为过度集权而使意识形态成为灾难的源头。他说,哲学家也许有一个天堂般的家园,但不能着急去那儿。这话也许可以从两方面来理解:首先,【148】"着急"是没有意义的,因为没有能使我们加速到达天堂的计划、规划、地图或捷径;其次,如果成天觉得自己的生活永远应该在别处,那我们就无法再享受和仔细探索当下的可能性。

奥克肖特最喜欢的圣经故事是巴别塔。他有两篇文章就以此为题。第一篇写于20世纪40年代,可见于《政治中的理性主义》;第二篇可见于《论历史和其他文章》(1983)。在这两篇文章中,奥克肖特都提到,这个故事给了我们永恒的洞见,来看待自己那永远放不下的攻占天国的念头。由此而来的灾难最终在作出妄图取得成功的新尝试时被忘却,而之前的一切尝试都失败了。现代理性主义和与之相伴随的技术中心主义是这一原初经验在我们时代的变种。

不过奥克肖特不只是个怀疑主义者。他积极的政治理论发表在他的代表性巨著《论人的行动》(On Human Conduct, 1975)中。奥克肖特把《论人的行动》描述为构成一个系列的三篇文章。读者将会看到,这三篇文章事实上构成了一个结构紧密且系统的整体,用来对奥克肖特的政治哲学作出总结。第一篇文章题为"论对人类行动的理论理解",第二篇题为"论公民状况",第三篇题为"论当代欧洲国家的特征"。这一结构和霍布斯政治哲学的结构相一致,而霍布斯也是奥克肖特耗费最多笔墨的政治哲学家。第一篇文章探讨的问题是,作为人意味着什么;第二篇文章研究他所描述的这种人在公民状况下如何互动;他在一篇史学论文中总结了现代欧洲国家的成就;这种国家最适合那样一些人生活,他们将自己理解为试图和他人在现代条件下达成妥协的个人。

人是什么？奥克肖特在《论人的行动》中对这一问题作了最系统的处理，但在论自由教育的文章中他也思考过这一问题（这方面的文章大多收集在《自由学习之声》[*Liberal Learning*, 1989]中）。在奥克肖特看来，人类是个体行动者，会根据他们对自我的理解学着成为某种样子。他说，对我们而言，"自在之我就是自为之我"。"行动"不是"行为"（behavior），在此行为被理解为由我们无从选择的深层过程引发和决定的表现和外显（exhibitions and e-missions）。我们必然会尝试理解我们自己以及我们生活其中的世界，终生致力于此，根据【149】我们对自己及我们必然生活于其中的环境的理解来应对世界。

奥克肖特是个激进的个人主义者。每个人试图作出自我理解；每个人都在思索、解释、回应世界。在奥克肖特看来，自由就是"可理解的回应"。我们不是自主自制的，因为我们受制于我们被抛掷其中的、先已存在的世界，这个世界持续存在着：在我们生前就已出现并发展了很久，在我们身后大概率还会存在很久。无论喜欢与否，我们的生活都无法摆脱这一传承下来的背景，因为我们不得不什么都去了解学习，必须从某个地方出发。然而，我们从这一传承物中得到的东西并不能决定我们如何利用和回应它。每一个人类行动都是"可理解的回应"，在行动时我们既非自主也非已被决定。当然，奥克肖特的意思并不是每一个人类行动都是明智的或成功的，他想说的是，无论好坏，每个行动都是这样一个存在者作出的回应：他以理性态度对待所处环境，追求想象出来的、自己想要的结果，避开他所认为的不可欲的或危险的事物。在这种意义上，所有人都是能动主体，无论他们行为如何怪异。

奥克肖特从这种存在者出发来理解公民状况。他将"公民社会"这个为人熟知的词替换为"公民联合体"。奥克肖特笔下的霍布斯（以及他解读的休谟）对他的黑格尔思想作了限定：个人虽然联合起来但并未构成"社会";按奥克肖特的理解,社会太过抽象,掩盖了个人永远是个人哪怕他们想要逃离意识的折磨(ordeal of consciousness)这一事实。一个人就是生活在人类中的人(homo inter homines),和其他自我一同存在的自我,无可避免地就是"自为的"。"公民联合体"认可个体性,并关注这样一个问题:怎样的形式结构能恰当地让一些人以这种方式彼此联合起来。这一结构包含法治和那些被联合体成员认可、授权的主体对权威的行使。

第三篇文章论述现代欧洲国家的起源,奥克肖特在此文中主张,以同意为基础的政治权威是欧洲取得的一项成就,它是从由试验、犯错和调试构成的漫长过程中发展出来的,这一历史展现了权威关系从命令和服从转向承认和同意的渐进过程。社会契约论是对 17、18 世纪信念的总结陈述,那时人们相信,欧洲人已经完成了从中世纪到现代世界的转变,这其中包括【150】承认个体性,引入新的权威概念和国家概念作为现代政治的组织原则。如果说在古代,主要研究对象是城邦(polis),那么在现代,主要研究对象则是国家(state)。社会契约论提出了一种对现代欧洲国家的解释,它是在这一漫长的历史进程完成时出现的,不能认为这一历史过程由它引发。

不过,下面这个要求中隐含着契约论的革命意涵:既存政体必须持续改革,使之变成这样一些人想要的国家形态——他们想象自己如果制定一个纯粹的契约,就会要求国家变成这种形态;纯粹的契约意味着其余一切可选择的人类关系形式也都被改变了。我们只需想想约翰·罗尔斯的作品就能理解这一意涵。因此,契约论就是根据一个为想象的和想要的未来设计出来的模型来批判过去和当下的精致论证。这是以哲学的方式去改变当前的主导秩序,而非只是对其作解释或描述。和休谟一样,面对这个充斥意识形态化哲学的世界,奥克肖特是个政治怀疑主义者,在这种意义上也是个持怀疑主义立场的保守主义者。奥克肖特给出的不只是

"小心为妙"这样一个审慎论点,也不是在主张"旧比新好"。奥克肖特也许带点浪漫主义倾向——他确实迷恋诗意——但在他给出的论点中绝不包含浪漫主义元素。奥克肖特反对流行于我们这个时代的普遍主义,他并不认为普遍性可以取代地方性,抽象性可以取代具体性。

政治对我们很重要,因为它介入我们的生活且无可逃避,是人类经验中的一个顽固特征。政治无休无止,因为它必须努力管好世俗世界。政治正是世俗的象征,永远无法摆脱无休无止的世俗事务。我们永远无法调和"是什么"和"应该怎么样"。奥克肖特的批判聚焦的对象主要不是具体的信念、计划或行动,而是他所认为的对理性在实践生活中的功用的流行于世的错误的现代理解:想象出完美的状态,集中必要的力量使之变为现实。在他看来,这种理解和公民联合体的特征相互矛盾。

公民联合体是被公认的权威和法治绑定在一起的一群人。不过成为"权威"不同于成为"掌握权威之人"。"掌握权威"的官员之所以能统治,不是因为他自称有特殊的知识或洞见,而是因为他被承认有权利行使权威性职权,他们运用这种职权为所有人制定【151】法律、无偏私地裁断纠纷。他们拥有权威是因为他们被认可去拥有权威。

在现代国家,被统治者授权拥有权威性官职的人制定既定领土边界内联合在一起的人应该会认可的规则。他们之所以应该会认可,是因为他们把立法这一任务托付给了这些法律的制定者。法律制定者和认可者都能理解法律的基本目的;可以为这些具体的立法提供理据。这并不意味着他们不会讨论法律的优缺点了,但这种讨论是在承认它们有权威的框架下发生的。

权威的行使涉及作为公民联合体成员的个人。由这种权威制定的规则无意改造或践踏个体性,或为"自为的"个人定义他们是谁。他们的大部分活动都将是私人性质的自主事务,法治会为此提供便利。公民联合体中将会发生的典型争论是,政府权力的范围如何界定。

还有另一种替代性的现代国家形象,即把国家视为一项在"共同体"内部实现共同目标的共同事业,共同体超越了公民联合体,在共同体内部,治理者被理解为是在经营一项有积极产出的事业,公民被视为参与实现共同最终目标的合作性奋斗的角色:按这一观点,国家不是在管理联合体,它更像一个公司,或者也许可以被称为管理型/规制型科层制国家。奥克肖特认为,公民联合体与管控型事业联合体这两个选项在现代欧洲——以及北美——历史上你方唱罢我登场,在很大程度上解释了现代政治为何会如此运转。长久以来,现代政治就是那些对政府改造社会的能力以及完美社会生活持怀疑主义态度的人和那些对我们做这些事的能力抱有信心的人之间的一场漫长争论。在我们的时代,信仰政治理性主义的声音似乎占据主导地位。然而即便现代理性主义并未退潮,奥克肖特也希望它的自负——它总是会走向幻灭——可以被不断发出的怀疑主义声音约束。依照他自己对政治哲学的理解,他无法以政治哲学家的身份来简单规定要选哪条道路,但他可以给出理由来让我们思考得更细致一些。用哲学话语讲,甚至对他自己的怀疑主义立场,他也要保持怀疑主义态度。【152】不过要说他自己倾向于何者,这一点还是很清楚的。如他在《政治教育》(1951,这是他在伦敦大学的就职演说)中所言,

> 不能期望政治哲学增强我们在政治活动中取得成功的能力。它无助于我们分辨政治筹划的好坏;它没能力来指引或指导我们如何追随自身传统的指示。但对已经和政治活动联系在一起的一般概念——比如自然、人为、理性、意志、法律、权威、义务等——的耐心分析若能消除我们思考中的歪曲,让我们更简洁明白地使用概念,那它就应该得到既不过高也不

过低的评价。但它必须被理解为一种解释性活动而非实践性活动，如果我们从事这一活动，那我们对它的期望就不能像被那些含糊陈述和无关论证所误导的那么高。⑥

许多学政治哲学的学生会驳斥说，这样约束政治哲学的作用有些太过头了。不过把这点记在心上也许会有所帮助：奥克肖特不崇尚政治活动的谦抑态度让人回想起苏格拉底的警告，即智慧起源于"无知于"周围人宣称自己知道的东西。这也是避免将某人的"理性主义"强加于他人的一种办法。

《论人的行动》(1975)不仅总结了奥克肖特的政治哲学，也是奥克肖特的哲学告别信，在这本书里，他表达了受到苏格拉底和蒙田启发，学习如何面对死亡的人的平静：

> 在此，哲学反思被认为是试图根据他已理解的东西来进行理解的人的探险，由此寻得的理解(它本身也无可避免地带有条件性)揭示了他已经获得的理解有哪些条件，但它并不会取代这种理解。最适合用来表达哲学反思的文体是论说文(essay)，用这种文体写作，论说(思想漫游者的叙说)的特征就能符合这项事业的特征——这是一场思想探险，有过程但无目的地。哲学论说文给读者留出许多空间，这些文章往往因为怕太啰嗦而写得太简略；它们专注于主题，但不会把论证的每一环节都雕琢清晰；它们文风谨慎但不会藏拙；它们带有个人色彩但绝不只是"主观的"；它们并不掩饰所抛出的结论的条件性，并且虽然可能有启发性，但它们并不作出指导。简言之，它们是在宁静中被记录下来的深思熟虑的思想冒险。⑦

---

⑥　Michael Oakeshott, "Political Education," in *Rationalism in Politics and Other Essays*, rev. ed. (Indianapolis: Liberty Fund, 1991), 132.

⑦　Oakeshott, *On Human Conduct* (Oxford: Clarendon, 1975), vii.

【153】奥克肖特最喜欢一个中国车轮匠的故事。那个工匠年届七十,却没法把自己的手艺传给儿子,因为他儿子掌握不了窍门。车轮匠的儿子只能学会抽象的手艺规则,车轮匠从中总结出一番道理,用来评论他那个正在读圣贤书的主公:"古之人与其不可传也死矣,然则君之所读者,古人之糟魄已夫!"⑧我想奥克肖特也想起了柏拉图笔下那个拒绝把哲学诉诸笔端的苏格拉底。不过我们记得柏拉图发明出了一种把哲学写下来却又不会写死的方法。我认为奥克肖特的想法大致是这样的:在糟粕之中可能留有某些精华,正所谓塞翁失马焉知非福。他喜欢论说文,他把自己放在从培根到休谟到麦考利再到约翰·斯图亚特·穆勒的英国作家(当然还有蒙田和帕斯卡尔)谱系中。他发出了属于自己的声音,使自己步入最伟大的人类对话中最值得与之交谈的对话者之列,在此种伟大对话中,他们和他持续地与我们交流。

推荐阅读

奥克肖特著作很多,且大部分出版年代离现在不远。下面这些著作表达了他的根本思想。

Experience and Its Modes. Cambridge: Cambridge University Press, 1933.

Hobbes on Civil Association. Berkeley: University of California Press, 1975. New edition with foreword by Paul Franco. Indianapolis: Liberty Fund, 2000.

Introduction to *Leviathan*, by Thomas Hobbes, edited by Michael Oakeshott. Blackwell's Political Texts. Oxford: Blackwell, 1946.

Morality and Politics of Modern Europe: The Harvard Lectures. Edited by Shirley Letwin. London: Yale University Press, 1993.

---

⑧ 奥克肖特对这个出自《庄子》的故事的评论可见于《政治中的理性主义》中题目用作书名的那篇文章,第 14 页。

On History and Other Essays. Berkeley: University of California Press, 1975. New
　　edition with foreword by Timothy Fuller. Indianapolis: Liberty Fund, 1999.

On Human Conduct. Oxford: Clarendon Press, 1975.

The Politics of Faith and the Politics of Scepticism. Edited with an introduction by
　　Timothy Fuller. London: Yale University Press, 1996.

Rationalism in Politics and Other Essays. New York: Basic Books, 1962. New and
　　expanded edition. Indianapolis: Liberty Fund, 1991.

Religion, Politics and the Moral Life. Edited by Timothy Fuller. London: Yale U-
　　niversity Press, 1993.

10

道德多元主义和自由主义民主政治：
以赛亚·伯林的非正统自由主义

威廉·高尔斯顿

【154】等到20世纪政治理论史尘埃落定，以赛亚·伯林将被认定为自由主义传统最卓异的代表之一。在实质内容和方法层面，他的自由主义都是非正统的。在约翰·罗尔斯如日中天的年代，伯林的独特贡献黯然失色了。如今，人们可以更清晰地看到这些贡献。相比罗尔斯，伯林没有那么体系化，但他对自由主义以及启蒙运动观念体系（通常认为这构成了自由主义的部分背景）的重要替代选择有更为深入的反思；他也更明确地迎难而上，处理了自由主义传统以及人类事务中普遍主义与特殊依恋之间的张力。虽然罗尔斯晚年改造了——有些人相信是损毁了——自己的理论，以适应"多元主义事实"，但伯林在解释这一事实和评价其价值这两方面都要走得更远。

1909年，伯林出生于拉托维亚的里加。他是独生子，父亲是个富裕的商人，母亲对他宠爱有加。1916年，他们全家搬到了彼得格勒，一直待到1920年，那时新生的布尔什维克政权使政治趋于不稳定，政治压力也与日俱增，于是他们搬到了伦敦。伯林在伦敦度过了接下来的八年时光。1928到1931年，伯林在牛津读书，然后先是在牛津大学新学院当了一年导师，随后被选为全灵学院研究员，这是他未来几十年的思想家园。他立即成为一个哲学圈子的中心人物，这个圈子的成员包括A. J. 艾耶尔，一位直言不讳的逻辑实证主义者;令人敬畏的日常语言哲学家约翰·奥斯汀;以及他的同学/批判者斯图亚特·汉普希尔。在牛津,他开始发展稠密的社会、思想和政治关系网络,这一网络将决定他未来人生的独特色彩。

　　和其他许多人一样,对伯林来说,第二次世界大战带来了巨大的改变。从 1941 年起,他先是服务于设在纽约的英国情报机构,然后为外交部【155】工作——不过他并不待在位于华盛顿的英国大使馆——一直分析美国政治和公共意见。按官方流程,他写的每周报告在一个包括首相丘吉尔在内的精挑细选的小圈子中传阅,报告的地下版本则在朋友和高级文官中非正式传阅。

　　战争结束后不久,伯林访问了莫斯科,并与苏联文学家进行了一系列重要会面,其中包括鲍里斯·帕斯捷尔纳克和诗人安娜·阿赫玛托娃。他在那里遭遇了恐惧弥漫的氛围,这一氛围驱使他走向了自由主义的反共产主义圈子,并加快发展出了下述独具特色的观点:对历史决定论和唯物史观的批判,对自由主义的自由观念的辩护。1958 年,他作了牛津大学奇切利社会和政治理论教授就职演讲,内容就是著名的《两种自由概念》。1966 年,他成了牛津大学沃尔夫森学院的创立者和首任院长,他在这一职位上挥洒自如,干了近十年。在伯林人生的最后 20 年,亨利·哈代孜孜不倦的编辑工作使他的专著和文集一部接一部面世,认为伯林雄辩滔滔但写得太少的观点不攻自破。1997 年 11 月 5 日,他在爱和赞美中去世。①

总体观点

　　在回顾自己的人生时,伯林曾评论道,他被三种传统塑造——英国的、俄国的和犹太的。伯林在英国的生活经历和所受的教育使

---

① 有关伯林生平的最佳资料是 Michael Ignatieff, *Isaiah Berlin* (New York: Henry Holt, 1998)。

他不仅吸收了对得体、礼貌和宽容差异的尊重,而且接受了这片土地上独具特色的经验主义。从俄国传统中,特别是从赫尔岑和屠格涅夫等19世纪人物身上,他发展出了自己那颇为复杂的自由主义,其关注个人自由,反对任何类型的决定论。犹太文化的熏陶使他敏感于共同体纽带的重要性。他的犹太主义具有共同体性质而非教义性质,而他的犹太复国主义也是出于本性而非源于意识形态。

他的观点也许可以用几组稳健的对照来概括。首先,他信奉经验主义而非科学主义。② 他拒绝逻辑实证主义将意义化约为证实和演绎推理的做法;在他看来,哲学是由那些证实和演绎推理都无法解决的"古怪问题"构成的。③【156】他的经验主义延伸到了道德问题上。他强调忠于道德经验的重要性;道德哲学重在解释道德现象——比如为内在于甚至是最合理的道德选择中的价值损失感到理性的遗憾——而非消解这类现象。④

另一组关键的对照是,伯林注意到并赞美文化多样性,但他并不接受彻底的社会建构主义。基于复杂的甚至可能是相互矛盾的根据,他相信一种最低限度的但又是实质性的人之本性观念,这一观念限定了人类生活的可能变化范围。⑤ 最后,在宗教问题上,他是一个休谟式怀疑主义者,而非无神论者,并且他认为启蒙运动对世俗理性的偶像崇拜十足幼稚。他曾评论说:"头脑僵硬的无神论者不理解人靠什么生活。"⑥

② Steven Lukes, "An Unfashionable Fox," in *The Legacy of Isaiah Berlin*, ed. Mark Lilla, Ronald Dworkin, and Robert B. Silvers (New York: New York Review of Books, 2001), 54.

③ George Crowder, *Isaiah Berlin*: *Liberty and Pluralism* (Cambridge: Polity, 2004), 192.

④ Aileen Kelly, "A Revolutionary without Fanaticism," in *The Legacy of Isaiah Berlin*, 63; Thomas Nagel, "Pluralism and Coherence," in *The Legacy of Isaiah Berlin*, 65; Crowder, *Isaiah Berlin*, 130—1.

⑤ Crowder, *Isaiah Berlin*, 55.

⑥ Ignatieff, *Isaiah Berlin*, 294.

政治理论进路

伯林认为自己是(虽然不仅仅是)政治理论家,他赞成一种独特的政治理论观念。在前面提到的他的那篇最有名的文章开头,他对这样一种观点表达了支持,即政治理论是"道德哲学的一个分支",因为它"始于发现或适用政治关系领域的道德概念"。⑦ 这一命题显然很模糊,对其作出澄清会使诸多差异显露出来。如果政治理论家仅仅是将外生的道德应用于政治,我们就会获得一幅准康德式的图景,在其中,"一切政治都必须跪拜于正当脚下"。然而如果理论家通过检省作为人类活动独特领域的政治来发现道德原则,那么政治理论很可能会拥有一种独特的——虽然仍可被认为是道德的——内容,这种内容无法从非政治的道德中得出来。伯林似乎两层意思都有。一方面,我们将对自由的一种理解带入政治,这种自由对人和人的能动性都至关重要。另一方面,政治实践引出了自由的范围这种独特的问题。他声称,服从和强制是政治的"中心问题",但在个人道德中,它们几乎从来不是中心问题。

【157】无论作何种理解,伯林的实际做法都反映了这个主张:对政治理论来说,道德至关重要。他对政治目的——由对什么是正当的、善的或重要的独特观念构造的生活方式——的兴趣,要远大于对政治手段——宪法、制度和公共政策——的兴趣。他的自由主义与这一进路相一致,这种自由主义是一个总体方向,而非关于正义或其他任何东西的精细理论。对于仅仅指定一种价值作为"社会制度的首要德性"⑧,他会深表怀疑。

道德至关重要,因此政治理论无法避免道德论证固有的不精

---

⑦ Isaiah Berlin, "Two Concepts of Liberty," in *Four Essays on Liberty* (London: Oxford University Press, 1969), 120.
⑧ 就像约翰·罗尔斯在《正义论》中的著名做法那样。

确性。无论抽象的逻辑结构和细致的分析在别的探究领域多么有
用,伯林对这类方法在政治领域的运用都充满警惕。哲学中不存
在"统一的方法"。方法必须适合对象,而非强加于对象。政治的
主题不稳定且易变,各种政治概念边缘模糊。就此而言,伯林的进
路是亚里士多德式的,虽然在其他许多方面并非如此。如果问他
对亚里士多德这句名言——"在每一领域都只寻求特定对象的本
性所允许的精确程度,这是有教养的心灵的标志"(*Nicomachean
Ethics* 1094b23)——怎么看,他肯定会表示赞同。

伯林相信政治观念有改变世界的力量。我们的环境影响我们
的观念,伯林不会对此熟视无睹,但他对他所说的"粗鄙的唯物史
观"作了不懈的批评。他强调观念绝不是附带现象。观念是使我
们成为人的关键所在,观念反映了我们塑造(以及重塑)自己生活
的最基础的自由。如果是这样,那么对政治的理论研究就不是纯
粹的沉思,而是代表了一种政治行动。至少就政治而言,伯林无法
接受路德维希·维特根斯坦的主张:哲学"没有改变任何东西"。⑨
(就维特根斯坦而言,他可能已经将政治理论的这一特征视作充
分证据,判定它不是且无法变成哲学研究。)

伯林的自由主义

伯林认为政治的中心问题是可允许的强制和强制性的服从要
受到什么限制,而这显然意味着他是经典自由主义传统的子嗣。
他对那个问题的回答基于某些前提,【158】相比 20 世纪,这些前
提在 19 世纪接受度更广。在《两种自由概念》中,他区分了消极
自由和积极自由、不受强制和自我掌控,并认为前者与自由主义相
一致,后者则与那些反自由主义的政治理论相一致。他声称:"自

---

⑨　Ludwig Wittgenstein, *Philosophical Investigations*, sec. 124.

由最基本的含义是免受束缚、监禁和他人奴役的自由。其他含义或者是这一含义的扩展，或者就是比喻性的。"⑩按这种理解，自由之所以是消极的，是因为被囚禁者不需要关于如果被解除束缚他将做些什么的肯定性观念；他抵制监禁是因为监禁就其本身而言就是恶的，而不只是因为监禁会妨碍他达成这一或那一目标。在一篇论述黑格尔的文章中，伯林强调："这种能选择你希望选择的东西的能力一直是自由的本质所在，因为你希望所以去选择，不受强制，不被胁迫，没有被某个巨大的体制所吞没……这才是真正的自由，没有它，任何类型的自由都不会存在，甚至连自由的错觉都不会有。"⑪

伯林努力将消极自由的定义与个人可能实际持有的欲望分离开来；他认为，使人摆脱难以实现的欲望可能会让人更快乐或更有保障，但不会带来更多自由。自由并不意味着不存在挫败，相反，自由意味着"不存在对可能的选择和活动的阻碍"。问题不是我想不想穿过这扇门，而是这扇门是否开着。⑫当狱卒打开牢房，并告诉囚犯他可以自由离开时，他就享有消极自由，无论他是否想要离开。伯林同样在去做某事的自由和做此事的能力之间作了区分。我没有四分钟跑完一英里的生理能力，但由此说我没有四分钟跑完一英里的自由就显得荒谬了。我没有足够的财力来对一家大公司进行敌意收购，但也不能说我没有这么做的自由。当无能源于有意阻止某些选择或可以预见会对某些选择造成阻碍的做法时，这种无能就变成了不自由。（贫穷是否意味着不自由则取决于在特定情形中贫穷是由什么原因造成的。）

伯林并不完全敌视被理解为自我掌控的积极自由。他明白，

⑩　Berlin, *Four Essays*, lvi.

⑪　Isaiah Berlin, *Freedom and Its Betrayal*: *Six Enemies of Human Liberty*, ed. Henry Hardy (Princeton: Princeton University Press, 2003), 103—4.

⑫　Berlin, *Four Essays*, xxxix.

对欲望、癖好、愚昧、谬见或意志薄弱的内在屈服会让人有遭受束
缚之感——确实,这感觉就和屈服于任何外在力量一样。伯林害
怕的是在更高自我和更低自我、理性自我【159】和无理性欲望、真
实意识和错误意识之间作出的任何区分会为某些群体支配其他人
打开方便之门。富有同情心的批评者琢磨过,这一滑坡谬误想说
的是概念与结果之间存在一种必然关联,还是正好相反,它只是在
说一种历史偶然状况。他们反驳说,积极自由无需否定个人主义
或加强强制。此外,把身受精神疾病折磨的人——即便没被收容
进福利机构——说成是"自由的",这合理吗? 人的自由包含某种
关于正常人的能动性的观念,这一点不言而喻,而这种能动性不仅
有外在的,也有内在的先决条件。[13]

　　伯林明白这些反驳的力度。在某种程度上,他的命题是经验
性、政治性的,而非概念性或哲学性的。他曾写道,积极自由概念
堕落为其对立面"长久以来都是我们时代最为人熟知且最令人沮
丧的现象之一。无论出于何种理由或原因,'消极'自由概念……
在历史上都没有像'积极'自由那样,被它的理论家经常地或有效
地歪曲为晦暗的形而上学之物或有社会危害之物"。那么从实践
角度着眼,揭露和反对背离了正确道路的积极自由当然是更紧迫
的工作。[14]

　　然而,伯林不只是策略性地捍卫消极自由,因为消极自由是其
人性观念的核心。正如他在凝练地表白下述信念时所说的:

　　　　在我看来,日常思想言语中蕴含的核心思想似乎就是,自
　　由是将人区别于所有非人存在物的首要特征;自由是分程度
　　的,选择阻碍消失之处,便是自由程度上升之地;选择意味着

---

[13]　Crowder, *Isaiah Berlin*, 84—6.

[14]　Berlin, *Four Essays*, xlvii.

自身不受先在条件决定,至少不完全被这样决定。和在其他问题上一样,在这个问题上,常识也许是错误的;但承担反驳义务的是那些反对这一观点的人。⑮

但也能看到,在这段话中,伯林先是认为自由就是进行选择时不存在外在阻碍,然后不加过渡地主张,在一种更为内在和形而上学的意义上,选择本身就是自由。虽然他以赞许的态度引用了霍布斯和边沁,但他没法完全追随他们了。

【160】伯林赋予消极自由尊显地位,由此他与自由主义传统结盟,站在了共产主义的对立面。但在其他方面,伯林的自由主义绝不合乎正统。自由主义经常(且并非没有道理)与启蒙运动联系在一起,伯林曾宣称:"在根本上,我是一个自由派理性主义者。我深切认同……启蒙运动的价值。"⑯话虽如此,在几个关键方面,他还是背离了启蒙运动。

首先,正如阿维夏伊·玛格利特(Avishai Margalit)观察到的:"虽然伯林非常认同自由主义道德,但他从不相信自由主义的心理学,尤其不相信那些从启蒙时代心理学中得来的内容,他觉得那种心理学愚蠢透顶。"⑰他发现,标准的自由主义心理学——被理性和正义感约束的自利——是非常不充分的。他认为,我们必须把心理层面的复杂性——激情和感情,人类动机中邪恶和破坏性的一面,乃至无意识——引入政治理论与实践。

虽然伯林坚定捍卫个人自由,但对他所理解的启蒙运动的过度个人主义,他也深感不安。他认为,分隔为一个个内部关系紧密

⑮　Isaiah Berlin, "From Hope and Fear Set Free," in *The Proper Study of Mankind*, ed. Henry Hardy and Roger Hausheer (New York: Farrar, Straus and Giroux, 1998), 109.

⑯　Quoted in Crowder, *Isaiah Berlin*, 98.

⑰　Avishai Margalit, "The Crooked Timber of Nationalism," in The *Legacy of Isaiah Berlin*, 151.

的群体是人类的自然欲望,他提醒人们不能低估单纯的归属欲的
力量。他主张,群体导向的特殊主义并不是自由主义的对立面。
"自由主义的民族主义"绝非自相矛盾的说法,它指向的是当代政
治的一种可行形式。伯林既是犹太复国主义者,也是自由主义者,
他并不认为这两者之间有什么必然矛盾。

伯林也无法接受以启蒙运动为根基的自由主义所持的非历史
论点。这不仅是因为历史是人类事务中的强大力量,还因为历史
一定程度上决定了在特定社群、特定时代中,作为人意味着什么。
这不是说人的存在彻头彻尾是历史性的,伯林是在对一种经不起
推敲的信念提出警告,那种信念认为我们人性中持久不变的方面
比易变的方面更重要。

最后,伯林耗费数十年反驳一种许多启蒙思想家信奉的、给人
以希望的命题:人类生活中的各种善是彼此和谐的,或者久而久之
会变得和谐。我们珍视的东西多元且相互冲突,历史无法改变这
一赤裸裸的事实。自由主义不是也不能成为一种关于普遍和谐的
理论。如果自由主义的伟大梦想"永久和平"实现了,这也不是
【161】通过人类汇聚于同样的概念和价值实现的,相反,对永远存
在的差异作出有效安排才能实现永久和平。

在伯林看来,对普遍和谐的信念是启蒙运动过度信仰理性力
量的一种表现,这种信仰逐渐沦为这样一种理性主义,它能够且经
常损害平等与宽容,自由也无法免受其害。如果可以确定地获知
对人而言什么是真正的善,那么拥有这种知识的人就可以对没有
这种知识的人主张权威了。如果人之善好在任何地方、任何时代
都一样,那么道德真理和人类的多样性就与之对立了,基于真理的
权威也许会试图压制表现在多样性中的错误。虽然启蒙思想家批
判他们眼中天主教的蒙昧主义,但其实他们只是联合起来反对世
俗政治专制主义。著名的《百科全书》由狄德罗和达朗贝尔主持
编写,书中赞颂了中国的文官阶层统治,伏尔泰坦率陈述了这一基

本原理:"人民是牛,他们需要的就是一副轭、一根棍棒和一堆饲料。"马克·里拉注意到,像门德尔松和莱辛那样有分量的启蒙人物呼吁要宽容对待其他的文化和宗教,这种看法很公正。[18] 尽管如此,伯林的下述发现并没有错,即在理性主义和以政治权威来推行均一化之间存在联系。

伯林非正统性的根源

在伯林看来,对自由的威胁不仅来自教条化的理性主义,由理性主义引发的反动——反启蒙运动——也是一种威胁,他投入数十年来研究这一运动的主要代表。在做这项工作时,他展现出了最理想的自由主义心智——开放、不教条、愿意考虑那些对自己信念和期望构成挑战(哪怕是最深刻的挑战)的想法。正如迈克尔·伊格纳季耶夫(Michael Ignatieff,又译"叶礼庭")所言:"在真正重要的自由主义思想家中,能不辞辛劳探究那些与自由主义不共戴天的仇人的精神世界的,仅有伯林一人。"[19]

在所有"人类自由之敌"中,对伯林的政治观影响最深的也许要数天主教君主主义者、萨瓦的约瑟夫·德·迈斯特(Joseph de Maistre)。迈斯特猛烈抨击启蒙运动和他所认为的启蒙运动的必然后果,即法国大革命后的大恐怖时期(the Great Terror)。他声称,这一灾难的根源是一种对人类盲目乐观的观点。【162】人既不理性也不良善。相反(按伯林对迈斯特观点的概括),"人在本性上就是恶毒、邪恶、懦弱且败坏的。罗马教会和基督教对原初罪过、原罪所作的描述是对人之本性最真实的心理学洞见。如果放任自流,人类会把彼此撕成碎片"。[20] 人性无法独立于自然的其余

---

[18] Mark Lilla, *The Legacy of Isaiah Berlin*, 68.

[19] Ignatieff, *Isaiah Berlin*, 249.

[20] Berlin, *Freedom and Its Betrayal*, 141.

部分,而自然是个竞技场,里面充斥无休无止的竞争、暴虐和杀戮。理性不能保护人类免受他人伤害,基于自愿的社会契约也不能,只有以强制为后盾的权威才能做到这点。这种权威的来源和主张经不起理性审视,但它却是必要的,且因为能制止非理性的破坏而得到了证成。

很难想象还有什么能比迈斯特的观点与伯林宣扬和践行的宽容礼貌更针锋相对了。尽管如此,伯林还是将迈斯特表彰为先知与向导:他揭示了将永远威胁人类自由的各种力量。自由主义特有的缺点是一种肤浅的乐观主义:相信经济社会策略能消除或永久地克服我们本性中的黑暗面。一种更为深刻、更可持续的自由主义在建构自己的国内制度、安排它的外交关系时必须充分考虑这些非常严峻的现实因素。不理解这一点的自由主义秩序将会震惊于新的反自由主义形式,可能还会被后者所倾覆。部分是出自这一原因,伯林强调自由不仅需要支持者,也需要批判者,强调自由主义的捍卫者必须以甚至比研究自己的朋友更认真的态度研究自己的对手。

根据伯林对 19 世纪思想史的解释,对理性的反启蒙批判为浪漫主义运动和民族主义奠定了基础。浪漫主义强调人创造现实的意志力量,尤其是那些罕见的创造性天才的意志。民族主义则是浪漫主义意志的集体性表现。[21] 个人属于相互隔离的特定文化群体,通过共享的理解和共同的语言成为一个整体,有机地而非机械地组织起来。民族主义不仅为这些群体提供了政治家园,也将这些群体的自由和完整视为至高无上的价值。民族成了个人认同的首要聚焦点,民族利益是道德证成的基础,民族目标可以用强力来实现。虽然民族主义最极端的表现形式——法西斯主义和纳粹主义——在 20 世纪遭受挫败,【163】但民族主义是人类境况的一个

---

[21]　Crowder, *Isaiah Berlin*, 105—7.

长久特征,也许会与人类相伴到永远。

　　大部分自由主义者都为民族主义感到不安,他们也有充分的理由不安。自由主义倾向于普遍主义,珍视理性,为和平而斗争;民族主义基于特殊主义,助长非理性的群体性自我偏好,倾向于战争。尽管如此,伯林还是认为自由主义和民族主义之间并没有彻底的矛盾。迈斯特对自由主义的普遍主义作了臭名昭著的指责,而伯林对这一指责抱有一定同情:"在我的人生历程中,我见过法国人、意大利人、俄国人……至于说人,我得声明我这辈子还从没见过;如果他存在,那我也不认得。"[22]人们通过特殊性获得认同;共有的东西并不能定义我们,至少不足以使我们认出自己。

　　被有机理解的文化群体可以成为个人自由的对立面,伯林痛苦地意识到了这一事实。如果个人被构想为"部分",那么自然会认为他们自己不如"整体"来得重要。然而这并不意味着这是文化群体固有的恶,相反它表明,需要在政治上对群体强制其成员的权力作出限制。正如迈克尔·沃尔泽所言,伯林提倡"自由主义的民族主义"作为在政治领域结合特殊依恋和普遍原则的最佳方式。这种民族主义体现了一定程度的平等和对等性,不仅支持本群体的自决,也支持其他群体的自决。这并不矛盾,就像父母虽然对自己的孩子抱有最美好的期盼,但同时也接受升学、录取的共同规则框架。[23]

　　在沃尔泽和伯林看来,企图在政治中消除群体依恋的自由主义者注定会失望,因为这种依恋深深根植于我们的道德感情之中。我们都想要归属感,想要一个因我们之所是而被接受的地方(就像"家"一样)。不惟如是,我们都想要自决自主,摆脱因寄人篱下而产生的羞辱感。我们都希望感觉正常并正常地生活,在现代社会,要实现这一点,国家结构就得表达文化认同或至少允许作这种表达。

---

[22]　Quoted in Berlin, *Freedom and Its Betrayal*, 144.

[23]　Michael Walzer, "Liberalism, Nationalism, Reform," in *The Legacy of Isaiah Berlin*; also Crowder, *Isaiah Berlin*, 41.

伯林终身不渝的犹太复国主义反映了这些感情,也表现了他的这一信念:在特定限度之内,它们是可敬的,且有助于人类的兴旺繁荣。

【164】伯林对文化认同及其重要性的理解主要来自约翰·戈特弗里德·赫尔德。伯林总结了赫尔德的思想,宣称对人来说,生活于"自然群体"之中才是适切的人生,"自然群体"由共同文化构成,其语言表达了群体的集体性经验。[24] 模仿异己文化就是在造作地、不自然地生活。每一种文化都有自己的侧重点,自己的原则和规范;都有自己独一无二的优点;都必须根据它自己而非其他文化的词汇来评判自身。我们不应把诸种文化分出高下,而要将它们看作人类精神的独特展现来理解和赞美。

伯林对文化多样性的强调不仅根植于诸如赫尔德等反启蒙人物的思想之中,也来源于他对詹巴蒂斯塔·维柯的研究,后者是个古怪的 18 世纪那不勒斯学者,伯林为恢复他的名望作出了巨大贡献。维柯反对笛卡尔的观点,即科学方法普遍适用,他认为科学方法只适用于有限的范围。自然科学可以从"外在"视角清晰准确地描述机械现象。然而,人文科学要求我们从内在视角出发来理解它们的研究对象,因为人的行为有意图、有目的。关键是要以想象的方式进入他人的内心生活。想做到这一点,我们就必须学习如何解读语言和文化符号。此外,绝不能假定他人的内在和我们一样。在不同历史时期,人的思考和行为差异很大,除非我们认真对待历史,否则没法理解这些人。历史不是由笨蛋讲述的故事,充满喧哗与骚动,实则什么都没说。相反,伯林认为,维柯将历史理解为"一种目标明确的探索——人努力理解自己和自己所在的世界,努力在这个世界中实现自己的能力——的各个阶段"。[25] 理解

---

[24] Isaiah Berlin, *Three Critics of the Enlightenment*: *Vico*, *Hamann*, *Herder*, ed. Henry Hardy (Princeton: Princeton University Press, 2000), 186.

[25] Isaiah Berlin, *Three Critics of the Enlightenment*: *Vico*, *Hamann*, *Herder*, ed. Henry Hardy (Princeton: Princeton University Press, 2000), 55.

人类的本性和能力不仅须从静态方面着眼，也必须看到历史的遗传，随时代而变的东西至少和那些不变的东西一样重要。

通过伯林的诠释——当然这一诠释并非毫无争议——维柯成了黑格尔和马克思那种不断前进的历史主义的先驱。然而伯林并不接受进步观念，他并不对历史作目的论理解。在这一方面，他选择赫尔德的无进步的多元主义。赫尔德强调的不是时代越来越进步，【165】而是文化多样性，并且他对文化的理解是有机而非机械的。每一种文化都是各种信念与实践构成的总体，这些成分处于复杂的相互关系之中，像考尔德（Calder）的动态雕塑那样相互保持平衡。我们无法以这样的方式构建个人生活计划：把不同文化打碎成原子部分，然后进行一种存在主义拼贴。也许我们对阿基里斯极为景仰，但荷马式的德性无可避免地与勇士社会的残暴相连。普鲁塔克的《名人传》或许会触动我们，但甚至连乔治·华盛顿这位美国政治领域最伟大的古典主义者也不得不通过个人主义、平等主义社会这面棱镜来折射古罗马的德性。

价值多元主义

伯林决心根据各种文化自己的词汇来理解这些文化以及它们独具特色的思想家，人们因此怀疑他是个相对主义者，但他并不是。他区分了多元主义和相对主义，支持前者而拒绝后者。他作这一区分的根据多变且复杂，有时还晦涩难懂。为了理解他这方面的思想，我现在必须对他的价值多元主义理论作出说明，这一理论是他在现代道德和政治思想领域作出的一项重要贡献，他也因此声名卓著。

伯林反对他所说的道德一元主义，后者认为，"所有伦理问题都有单个正确答案，所有这些答案都可以从单个融贯的道德体系

中得出来"。㉖ 他的反驳一定程度上是实践性的:他确信一元主义
主张助长了现代暴政。这一反驳一定程度上也是历史性的,是从
他对不同文化和思想家——特别是马基雅维利——的研究中得出
来的。该反驳还具有经验色彩。伯林强调,日常经验揭示出,深刻
的道德对抗这一事实并非源于混乱,而是植根于值得追求的诸善
好之间的冲突。他拒绝为了追求理论融贯性而牺牲道德生活
现象。

伯林否认存在单个最高价值,否认存在可以用来将一切价值
排序的单一尺度,他还否认我们认为有价值的诸善好和诸原则构
成一个和谐的整体。在道德事务上,伯林并非主观主义者;他相信
诸根本价值表现了人类及其生存环境的客观特征。然而,那些被
我们正确珍视的事物是多样、无法公度【166】且相互冲突的。在
实践中(在理论中也经常这样),实现一种价值意味着使另一种价
值居于下位。这一点不仅在个人生活中成立,文化和道德规范体
系也是由诸善好和原则构成的充满冲突的整体。信仰异教的古代
代表了一种道德观,基督教代表了另一种道德观。宽宏大度的骄
傲和恭敬的谦卑,赋予公民身份以显赫地位的伦理学和关注灵魂
幸福的伦理学,它们都有不少地方值得肯定。但它们相互间无法
融贯;我们必须在两者之间进行选择。

根据这一必然性(即不同价值[体系]之间必然相互冲突、无
法协调,人们必须进行选择),某些诠释者将伯林解读为一个存在
主义者,认为伯林鼓吹(或至少是屈从于)根本上无根据的选
择——一种"信仰之跃"的道德等价物。虽然伯林落下一些口实
可用来证明这种说法,但这与他的核心观点似乎并不一致。在许
多要紧环节,伯林指向了一种道德特殊主义。当了解特定事件的
相关事实时,即便不能在抽象道德概念之间进行选择,我们也可以

㉖ Crowder, *Isaiah Berlin*, 127.

在这一特殊处境中的诸种善好和原则之间基于理由作出选择。在具体语境中,愿意了解事实、听取论证的通情达理的观察者能够同意这个说法:某个选择在一个价值维度上牺牲了太多,而在另一价值维度上有所收获,另一种做法则在相互竞争但都有价值的主张之间达成了更好的平衡。

不过伯林的道德理论中还有一些与前述立场相对的思路。伯林很多时候也用这套语言:人之尊严、不可侵犯的权利以及我们绝不能像别的善好那样拿去交易的最低限度自由。他强调,一些基本范畴构成了人们的共同视域,据此我们可以理解人的经验和人类本身。正是这些范畴使我们能跨越文化差异进行交流——无论这种交流多么不完美;也正是这些范畴使我们能作出道德判断。伯林强调,人类理解、交流和判断的可能性事实上"依赖于某些共同价值的存在,而非仅仅依赖于共有一个'事实'世界"。不仅存在经验层面的疯癫,还存在道德疯癫:"那些无法感知外部世界的人被描述为反常之人,在极端事例中甚至会被描述为神经错乱者。但是,那些过分远离人们共享的公共价值世界的人也会被如此看待,而这正是关键所在。……我们的'正常人'观念包含这样一种成分:正常人就是接受共享价值之人,至少要接受绝不能再化约的最低限度的共享价值。"㉗这就是自然法和普遍权利学说的常识内核,也是我们在即便没法说明具有普遍约束力的【167】至善(summum bonum)是什么的情况下依然能自信地谈论至恶(summum malum)——人之境况的最大恶——的原因所在。即便无法对人类诸共同体和诸文化作出从高到低的排序,我们也能得出希特勒统治的德国已经陷入非人境地这一判断。

如此一来,我们也许可以把伯林的道德世界观描述为一个被

㉗ Berlin, *Four Essays on Liberty*, xxxi.

一条视域之线界分开来的模糊空间——这条线下面是普遍性,上面是多元主义。如果是这样,那么真正需要争论的就是这条线位于何处。伯林似乎并不认为政体位于这条线下面。例如,他可以想象系统侵犯私人领域的平民民主制,也可以想象相对正派且尊重权利的独裁政体。[28] 类似地,虽然自由和得体需要最低限度的经济条件,但这并不要求实行社会主义或社会民主主义。(伯林自己倾向于温和的中左路线;伊格纳季耶夫将他描述成一个自由主义的社会民主主义者,这颇有说服力。)在伯林看来,留待个人或集体选择而非由理论来解决的问题是,明确人与人之间、不同共同体之间的关键差异何在。这一不确定地带非常广阔,足以排除大多数形式的家长主义和文化优越感,与此同时依然可以对清楚明白的恶作道德谴责。

伯林的价值多元主义饱受批评。康德主义、功利主义和其他一元主义道德理论的支持者并不认为严密性和融贯性应该在道德直觉面前让步,无论这种直觉有多么强烈。虽然遗憾也许是许多道德选择的情感伴生物,但其本身是不够"理性的"。罗纳德·德沃金辩称,伯林对基本价值间的冲突所作的诊断太过匆忙:在得出自由与平等冲突的结论前,我们应该尽力建构最具吸引力的自由平等观念,在建构过程中,使不同价值间产生整体性(integrity)本身也是一种价值。[29] 伯纳德·威廉斯站在伯林这边反驳道,并非所有道德(或法律)问题都有单个正确答案,承认这一事实有助于我们严肃地将政治视作处理多元主义、心怀尊重地将我们的公民同胞看作与我们观点不同——但他们的观点不一定比我们自己的观点低劣——的人来对待的最佳方式。[30] 查尔斯·泰勒认为,寻

---

[28] Berlin, *Four Essays on Liberty*, lvii.

[29] Ronald Dworkin, "Do Liberal Values Conflict?" in *The Legacy of Isaiah Berlin*, 126—7, 132.

[30] Bernard Williams, "Liberalism and Loss," in *The Legacy of Isaiah Berlin*, 102.

找能缓解基本善好之间的张力或至少使它们在更高层面达成折衷平衡的方式总是明智的。[31] 我相信,伯林会把这一【168】建议视为友好的补充,但缓解张力、折衷平衡之类的事情总是说来容易做来难。

伯林在道德上是价值多元主义者,在政治上是自由主义者,已经有越来越多的文献开始关注伯林如何结合这两种立场了。站在差异序列一端的是约翰·格雷(John Gray),他认为伯林的多元主义不可能把自由主义视作对政治理想的普遍有效的说明;自由主义充其量是诸多可接受的政治选项中的一项,至于选哪个好则取决于地方状况,而非道德或人之存在的普遍特征。[32] 站在另一端的是乔治·克劳德(George Crowder),他认为伯林的多元主义不仅通向自由主义,还通向将个人自主放在重要位置的启蒙自由主义。[33] 在我看来,价值多元主义的作用在于,它是道德和政治论辩中的禁止性原则,它拒斥这类主张:某种在那条视域之线上方的生活方式显然优于其他那些同样位于那条线上方的生活方式。一旦我们排除这类主张,那么留给个人选择和政治选择的空间就与自由主义试图捍卫的自由大体相当。[34] 短期内,这一辩论不太可能结束,但对于那些将多元主义道德和自由主义政治视为最合理出发点的理论和公民来说,这一争论是重要且无可回避的。

结论:伯林对道德与政治思想的持久贡献

虽然很大程度上伯林的独特性植根于其个人经历和环境,但将

---

[31] Charles Taylor, "Plurality of Goods," in *The Legacy of Isaiah Berlin*, 118.

[32] John Gray, *Isaiah Berlin* (Princeton: Princeton University Press, 1996), chap. 6.

[33] Crowder, *Isaiah Berlin*, chap. 6; and Crowder, *Liberalism and Value Pluralism* (London: Continuum, 2002), part 3.

[34] William A. Galston, *Liberal Pluralism* (New York: Cambridge University Press, 2002), chap. 5.

来的学者很可能会仔细考虑他在道德政治思想中作出的贡献,有些
学者还会仿效他。他独具特色的分析方法熔哲学和历史于一炉,使
历史变得哲学,也使哲学变得历史。他从没因为自己敏感于时空条
件而无视那些他试图研究其思想的伟大心灵的更大意义。伯林拥
有非凡的理解能力,他的【169】思想英雄之一维柯将这种能力称为
fantasia(想象力)。某些文化的基本前提在我们看来也许古怪乃至
令人厌恶,生活于此种文化中的人与我们差异极大,而 *fantasia* 就
是一种进入他们的思想世界并对其进行想象性重构的能力。

　　谈完方法我们再来看实质内容。伯林澄清了自由的不同维度
以及它们的实践后果,这一工作时常遭致批评,但从未被人轻视。
他在一元主义与多元主义间所作的区分回溯了柏拉图所说的哲学
与诗之间的古老争论。伯林敢于宣称,哲学探究本身可以证明诗
对冲突与神秘的关注是正确的,关于和谐与可理解性的"哲学"预
设则否。虽然 20 世纪规模巨大的极权主义运动已被扫入历史,但
伯林说明了为什么被极权主义诱惑是人类心灵的一个持久特征。
勒恩德·汉德(Learned Hand)法官尝言:"自由精神就是不过分确
信'这是正确的'。"伯林同意这种说法,但会警告说,过不确定的
生活艰苦且不安。对个人和共同体来说,自由都是一项辛苦得来
的成就,我们绝不能认为拥有自由是理所当然的。

推荐阅读

Berlin, Isaiah. *Four Essays on Liberty*. London: Oxford University Press, 1969.

——. *Freedom and Its Betrayal: Six Enemies of Human Liberty*. Edited by Henry
　　Hardy. Princeton: Princeton University Press, 2003.

Crowder, George. *Isaiah Berlin: Liberty and Pluralism*. Cambridge: Polity, 2004.

Lilla, Mark, Ronald Dworkin, and Robert B. Silvers, eds. *The Legacy of Isaiah
　　Berlin*. New York: New York Review of Books, 2001.

11

H. L. A. 哈特：一位 20 世纪牛津政治哲学家

约翰·M. 菲尼斯

哈特的生平

【170】赫伯特·哈特生于 1907 年,家在英格兰北部,父母以裁缝为业,家境颇为富裕。11 岁时,他到南部上寄宿学校,但几年后转入一所离家不远的文法学校,该校水准不俗。哈特以尖子生身份毕业,校长盛赞他忠诚可靠、才华横溢,是个拔尖的孩子。通过奖学金竞试,哈特进入新学院,这是牛津大学最古老且最好的学院之一。在新学院,他研习希腊文、拉丁文、古代历史和哲学,学业顺遂,表现优异。

1930 年底,哈特通过律师资格考试,随即加入林肯律师学院的商事部门。在这个行当,尤其是在处理税务纠纷方面,他取得了受人瞩目的成功。虽然他在法律生涯起步阶段就加入了律师学院步兵团(Inns of Court Regiment),并饶有兴趣地进行狩猎之类的消遣,但在 20 世纪 30 年代中期,他那一直偏自由主义的政治观念决定性地左转了,这甚至发生在他和珍妮弗·哈特交往之前,后者已于 1934 年加入共产党。但是,就像她(她与哈特在1941 年底结婚)后来写的:"他在理论和实践层面都强烈反对共产主义。"①

1940 年 6 月,哈特加入军情五处,这是英国的反间谍情报组织。直到战争结束,他都在军情五处效力,工作内容包括反间谍、向敌人散播虚假情报、处理军情六处破译的高度机密的德国密码等。在军情五处内部,他被认为极有才干、十足可靠且富有洞察力。终其一生,哈特绝口不提他所知道的相关秘密,这体现了他的爱国心。

【171】战争结束后,他没有回去当律师,而是选择重返新学院,成了一名哲学研究员和导师(tutor)。人们希望他能也预测他会保持他导师 H. W. B. 约瑟夫——一位柏拉图主义者——的反经验主义传统,但他立即被吸引到了拥有现代心智的反对派那一边,也就是以 J. L. 奥斯汀为首的哲学家圈子。和其他人一样,哈特喜欢把这群哲学家贯彻的哲学思考方式称为语言式的,有时也称为分析性的。但哈特一直在讲授柏拉图的法律和政治理论,直到他于 1952 年被选为法理学讲席教授。

1953 年,哈特发表就职演讲,这一演讲为一种散发着语言哲学气息的分析法理学设定了议程、作出了示范。哈特将这种分析法理学描述为杰里米·边沁从事的法理学,甚至认为这就是边沁开创的。尽管如此,正如后文中说到的,从深层结构来看,哈特的杰作《法律的概念》(*The Concept of Law*, 1961)既不是语言式的,也不是分析性的。哈特最著名的作品《法律、自由与道德》(*Law, Liberty and Morality*, 1963)与哲学方法论上的新潮流也没什么关系。

1968 年,《惩罚与责任》(*Essays on Punishment and Responsibility*)面世,这时距离他退休还有六年。哈特觉得自己已经把该说的话都说完了,因此离开了法理学讲席和学校(虽然还住在位于牛

---

① Jenifer Hart, *Ask Me No More: An Autobiography* (London: Peter Halban, 1998), 72.

津中心的家里）。② 之后的五年,他致力于编辑边沁对法律、权利、权力和法律语言的相关说明,并以论说文的形式对其进行评论。他也继续从事他于 1966 年开始做的准政府工作——履行一个垄断委员会成员的职责。1973 至 1978 年,他以布雷齐诺斯学院院长的身份正式重返牛津,此后直到他于 1992 年 12 月去世,大学学院一直留有一个房间供他工作。在最后十多年的岁月中,他的主要学术关切是回应《法律的概念》的某些主要批评者;这一工作的最终成果是对罗纳德·德沃金的一项回应,后者是他的讲席继承人;这一回应由哈特在法理学上最亲密的继承人约瑟夫·拉兹编辑,并作为《法律的概念》第二版的跋,于 1994 年面世,此时哈特已经逝世。

在度过 70 岁生日后不久,哈特写道:"某些并非仅是人之态度或政策的东西可以作为(道德判断和论证的)依据,这样一种信念已经丧失了,而对许多人来说,丧失这一信念就像并依旧会像丧失对上帝的信念一样严重。"③哈特的传记出版于 2004 年。这本传记不避秘辛,在哲学层面也颇具信息量。④ 从中我们可以看到,哈特早已抛弃对上帝的信念。至少事后看来,每件事都显示出他也丧失了另一种信念,即道德判断确实能够【172】为真。不过,哈特履行了保卫自己国家的战时义务,对自己的家庭尽心尽责,对他们那个年纪最小、不幸残疾的孩子也是悉心照顾。与这些表现类似,哈特作为一个哲学家、教师、指导者、同事和朋友所做的种种,都充分展现出他拥有诸多卓越的道德品性。

---

② Nicola Lacey, *A Life of H. L. A. Hart: The Nightmare and the Noble Dream* (Oxford: Oxford University Press, 2004), 289.

③ H. L. A. Hart, "Morality and Reality," *New York Review of Books*, March9, 1978, p. 35.

④ Lacey, *A Life*.

哈特法律理论中的政治哲学

　　从哈特战后重返牛津到《法律的概念》出版的这些年间,有一些政治哲学观念在牛津占据支配地位。只有把哈特的工作与这些政治哲学观念对照着来评估,我们才能理解哈特的重要性。虽然如同哈特自己的哲学发展过程一样,这些观念也许可以分为前"语言式"观念和"语言式"观念,但它们依然有许多共同点。正如埃里克·沃格林在他写于 1952 年夏天的刻薄文章《牛津政治哲学家》⑤中所强调的,像 A. D. 林赛(A. D. Lindsay)那样对方法论颇为了解,并很有代表性的当代前语言哲学的牛津政治哲学家主张,通过研究有助于国家稳定存在的"起作用的理想"(operative ideals),比如公民的信念,政治理论超越了对制度的描述。这一思想使政治理论本质上成了一种观念史,它以一种(如沃格林所观察到的)神学风格作些归类、整理和公理化工作(它不是从哲学思考中获得自己的原理,而是将原理看作给定的、教义般的存在)。林赛承认,起作用的理想的"绝对价值"何在这一问题依然存在,但他的这一让步转瞬即逝:"政治理论家的首要工作"依然是理解实际起作用的理想;"于是,政治理论就和事实相关"。⑥

　　语言—哲学进路的政治哲学观念在 1950 年左右取得支配地位,那么,这一进路的关注点是什么呢? 在这一进路的支配地位即将走到尽头之际,安东尼·昆顿(Anthony Quinton)在为一本政治哲学读物所写的导言中作了一个颇受人认可的概括:从柏拉图和亚里士多德到马克思和穆勒,包括(a)"对政治制度和政治活

---

⑤　Eric Voegelin, "The Oxford Political Philosophers," *Philosophical Quarterly* 3, no. 11 (1953): 108.

⑥　A. D. Lindsay, *The Modern Democratic State* (Oxford: Oxford University Press, 1943), 45; cf. 37—8, 47.

动的事实性或描述性说明"（政治科学）；（b）"关于政治活动应当追求哪些理想目标，能实现那些目标的政治制度该如何设计的建议"（意识形态）；以及（c）只占"很小的部分，虽然一般来说也是很关键的部分"的"概念推理"，据昆顿说，这种推理现在被认为是唯一恰当的【173】哲学活动，也就是"对实质性的一阶学科"或思考方式——亦即"关注这个世界的某一方面或某一领域"的学科或思考方式——"中的术语、陈述和论证作归类与分析"。这类思考方式与哲学不同，哲学是"概念性和批判性的，关心它们（亦即那些实质性的一阶思考方式）本身而非关心它们所探究的现实"。⑦

　　是什么使推理变成概念性的或者说分析性的？这种推理如何能够在那两类研究——描述历史上实际存在的社会中的制度，以及"推荐理想"（或者其实就是林赛式的对"理想"的历史说明）——之外作出自己的贡献？昆顿并没有处理这些问题，事实上，整个哲学流派——其自我理解正如昆顿前面所澄清的那般——都没有处理这些问题。哈特亦然。尽管他依靠对诸"概念"的"分析"发展出了《法律的概念》中的许多部分，但他几乎从来没有清楚解释过什么才算是概念性的或分析性的，如何才算是在这类分析中取得了成功。⑧ 但是，他所举出的《法律的概念》中可以算作是其哲学工作成果的那些部分，以及得出这些成果的论证，这两方面的证据一起以行动证明了，政治哲学过去可以现在也依然能够以绝非如昆顿的三分组合（描述制度、推荐意识形态、分

⑦　A. M. Quinton, ed., *Political Philosophy*, Oxford Readings in Philosophy（London：Oxford University Press, 1967），1.

⑧　他以赞许的态度引用了"日常语言"、"分析"哲学牛津学派领袖奥斯汀的说法："对语词的敏锐意识（可以使）我们对现象（phenomena）的感知（perception）变得敏锐。"（H. L. A. Hart, *The Concept of Law*, 2nd ed.［Oxford：Oxford University Press, 1994］, preface.）这里的"感知"是理解（understanding）的含混说法，而"现象"指的是现实（reality）或真相（truth）。

析概念)所设想的那种方式来做。不惟如是,这种政治哲学研究
方式还延续了政治哲学传统的主要部分,而昆顿的三分组合则歪
曲了这一传统。

哈特在为《法律的概念》写的前言中提到了"此书的政治哲
学"。这似乎指向该书的其中两个论点或者说命题。第一个命题
通过对诸"概念"的"分析"被扎实地澄清了。哈特宣称,通过"参
考""内在观点"的"表现"(manifestations),我们可以提供一种"分
析"来驱散"围绕[在国家、权威和官员这些概念(它们横跨法律理
论和政治理论)]周围的迷雾"。(所谓内在观点,就是那样一些人
的观点,"他们并非仅仅记录和预测遵从规则的行为,而且也使用
规则作为标准来评价他们自己和别人的行为"。)因为,虽然某些
内在观点——即那些"原初规则(primary rules)支配的简单体制
(regime)"中的内在观点——的表现是"最为基础的",但是在"引
入……次生规则(secondary rules)"后,【174】"从内在观点出发所
说的话和所做的事的范围大大扩展,且变得多样化了"。⑨ 次生规
则的引入带来了"一整批新概念……(包括)立法、审判管辖权、效
力和一般所谓的私人的或公共的法律权力"。因此,"规定义务的
原初规则和规定识别、改变和裁判的次生规则的结合"不只是法
律体系的核心,也是"分析困扰着法学家和政治理论家的许多问
题的最有力工具"。⑩

在此,评论者在这一分析的细节中发现的诸多技术性问题并

---

⑨ 哈特的 primary rules 和 secondary rules 常被译为主要规则、次要规则。这种译法多
少有些误导人,因为哈特并不认为前一类规则更重要。事实上,如果从效力角度
来看,第二类规则特别是识别规则(rule of recognition)地位还更高些。哈特在《法
律的概念》中用了从类似自然状态的前法律状态进入法律状态的推理,primary
rules 是前法律状态中就有的,是原初规则,secondary rules 则是为了补救这种状态
的缺陷而衍生出来的,是次生规则。也有译成第一性规则与第二性规则、基础规
则与二级规则的,这些译法稍准确些,但也没有很好地传达出两类规则的具体意
涵以及彼此之间的关系。——译者注

⑩ Hart, *Concept of Law*, 98—9.

不重要。⑪ 重要的是哈特为证明下面这个观点所作的论证：他用新的技术性术语——内在观点与外在观点，原初规则与次生规则——标示出的一些区别不只存在于法律思想或政治理论中，也存在于社会现实中。哈特常喜欢把社会现实称为"社会现象"，这种现实是指，即便它不（像它在此时、此地这般）存在，在有利的状况中它也可以被深思熟虑地、合理地创造出来，从而出现国家、法律、法律体系、法院、立法机构，等等。这一论证之所以重要，是因为它声称，另外那些对法律的"一般"说明既没能识别出法律规则发挥功能（function）的各种方式，也没能识别出——这一点更为根本——社会规则、法律体系和法律体系的主要部分所服务于的或者说所拥有的多种功能。

所以，规则根本上是通过两种方式，亦即施加义务和授予权力来发挥引导行为这一功能的。然而，如果有诸如凯尔森那样的理论家否认存在两种发挥规范性功能的方式这一点的重要性，那么哈特会指出两类规则所服务的不同功能来驳斥他。施加义务的规则不仅引导不肯合作者（以制裁来威胁他们），也引导那些只要被告知要做什么就乐于合作的人。⑫ "从那些行使它们的（平民的）内在观点来"理解，授予权力的规则给了平民因成为"私人立法者"而能获得的"巨大且特别的便利"，"使之能够在（他们的）契约、信托、遗嘱和其他（他们因此）能创立的权利义务结构的范围内，自行决定法律过程（the course of the law）"。而将授予公共权力的规则引入社会【175】"这一前进脚步对于社会来说就像发明轮子一样重要"⑬，这些规则授予了诸如立法权或司法权等公共权

---

⑪　比如像约瑟夫·拉兹所指出的，并非所有次生规则都是授予权力的规则，也并非所有授予权力的规则都是次生规则。（Raz, "The Functions of Law," in *The Authority of Law*［Oxford: Oxford University Press, 1979］, 178—9.）

⑫　Hart, *Concept of Law*, 39—40.

⑬　Hart, *Concept of Law*, 41—42（强调为本书作者所加）。

力,使法律的颁布和法院的指令拥有了权威。规范类型(即发挥功能的方式)的差异植根于社会功能的差异,亦即植根于重视它们的不同理由,这种差异的存在使权力行使成了"一种有目的的活动形式,全然不同于履行责任或顺从强制性控制"。[14]

虽然哈特继续忠实地将这一论证说成是"对存在两类规则这样一个主张涉及哪些内容……给出某种分析"[15],但很清楚,他对"法律之特征"的解释以及他认为自己的解释拥有较大"解释力"这一主张中所包含的信息,已经不只是语言式的或分析性的了。[16]相反,这是对真实人类境况的某些方面的承认、提醒或揭示。哈特在后文中对"需求和功能"这些概念的基础作了反思,这些反思可以让我们看得更为清楚:根据哈特的自我理解,诉诸功能是"参照事物作出的贡献来同时描述和评估事物的方式"[17],所谓贡献,即对"人类活动的真正(proper)目的"[18]所作的贡献。

哈特的前述反思与他认为作出了政治哲学贡献的两个论点、两个命题中的第二个有关:在《法律的概念》其中一章"法律与道德"里,哈特对他所谓的"自然法的最低限度内容"所作的讨论。[19]以"自然法的最低限度内容"为题(题目也可以是"实定法的最低限度内容"[20])的那一节强烈主张——虽然有许多迹象表明哈特这么说时很焦虑——我们应该拒绝"一个实证主义命题,即'法律可以包含任何内容'"。除了语词定义、"对事实作平常陈述",还存

---

⑭　Hart, *Concept of Law*, 41(强调为本书作者所加)。

⑮　Hart, *Concept of Law*, 81.

⑯　Hart, *Concept of Law*, 81.

⑰　Hart, *Concept of Law*, 192.

⑱　Hart, *Concept of Law*, 191(强调为本书作者所加)。

⑲　Hart, *Concept of Law*, 193.

⑳　因为前引书第 199 页得出的结论与"国内法不可或缺之特征"有关。也可参见"法律体系必须具有什么内容"这一表述(in H. L. A. Hart, "Positivism and the Separation of Law and Morals" [1958], in *Essays in Jurisprudence and Philosophy* [Oxford: Oxford University Press, 1983], 81.)。

在"第三类陈述:那些陈述的真值取决于人类及其所生活的世界是否保持着它们所具有的显著特征"。[21] 更准确地说,这种偶然的普遍真理包括对哈特所谓的"自然必然性"所作的陈述,在这一明确的上下文中,哈特所谓的自然必然性意味着由一个普遍的人类"目标"和许多自然事实或者说"常理"(truisms)的【176】结合所产生的理性(rational)必然性。所谓常理,举例来说就是,人们彼此之间在力量和脆弱性方面大致平等;人们的"利他主义"、理解力和意志力都是有限的;人们面临着资源匮乏的处境,需要通过劳动分工来开发资源。[22] 给定"继续存在"("存活")这一共有的或者说普遍的愿望,以及脆弱性这一常理,"理性所要求的就是强制性体系中的自愿合作"。[23]

哈特对自己径直提出的挑战——挑战的对象不只是凯尔森式的法律实证主义,还包括政治哲学中盛行的方法论假定(例如昆顿或林赛的假定)——感到焦虑,这一焦虑在位于上述内容之前的、作为这些内容的预备工作的几页中有所显现。一方面,他在此处说明,甚至在亚里士多德式的宇宙论和物理学原理已被抛弃的情况下,我们依然没法在没有一种"目的论观点"的情况下合乎情理地谈论人或充分理解人。他以我们的下述说法为例来说明这点:自然的"人的需求,满足这种需求是好的(good)"[24],以及"身体器官的功能"[25]——所有这些说法使我们有可能谈论伤害(harm)和损害(injury)。虽然没有明白地赞同或否认,但哈特还是勾勒了一个更为成熟的关于人之存在和本性的目的论版本:"一种生物性成熟(biological maturity)和身体力量发展完善的状

---

[21]　Hart, *Concept of Law*, 199—200.

[22]　Hart, *Concept of Law*, 194—7.

[23]　Hart, *Concept of Law*, 198.

[24]　Hart, *Concept of Law*, 190(强调为哈特所加)。

[25]　Hart, *Concept of Law*, 191(强调为哈特所加)。

态",它"也包含人类独有的、体现在思想和行为中的心智和品格的发展与卓越"。㉖

另一方面,就是在这里哈特退却了,他声称:"使这一思想和表达模式具有意义的是……这个心照不宣的假定,即人类活动的真正目的是存活下来,而这依赖于一个简单的偶然事实,即大多数人在大部分时候都希望能继续生存下去。"㉗他把这一受到极大限定的观念"人类活动的真正目的"归于霍布斯和休谟,(他认为)我们应该选择霍布斯和休谟关于人之目的的"适度的"(modest)或者说"卑下的"(humble)观念,而非亚里士多德或阿奎那的"更为复杂和更具争议的"观念。在此书中,并没有迹象表明哈特注意到了"存活下去"——即便我们不去理会这一说法的模糊性——是非常不充分的,作为一个目标或目的,它远不足以为发展成熟的"心智和品格的卓越"作出说明。【177】这种不充分性还不止于此,因为存活下去这一关切尚未触及对他的法律概念的根本成分的说明:次生规则被引入(这一点在他的第一个论点、第一个命题中已经得到清楚说明),补救那些困扰着仅仅由属于"社会道德的"前法律的"原初规则"('social morality's' pre-legal 'primary rules')管控的社会的弊病——这是一些社会问题。

哈特没过多久默认了这种不充分。在之后那年写到"社会道德"时,他不再将其看作是暂时的前法律规则,而是理解为在法律之外的、即使在以法律手段维持秩序的社会中也受到承认的标准。由此,他对普遍的价值、德性和标准作了清晰的说明。虽然这种说法依旧是在一种据称是霍布斯式的基础上给出的,但现在,他加了一个经过调整的原理(rationale):

㉖ Hart, *Concept of Law*, 190.

㉗ Hart, *Concept of Law*, 191.

　　所有社会道德……多多少少都对诸如个人自由、生命安全、免受有意施加的伤害等普遍价值作出了规定……其次……作为社会道德实践之特征的心境或者说心态很有价值,事实上在任何社会,对人们而言,培育和维续这种心态都是非常重要的。因为在任何一种社会道德的实践中,都必然存在或可被称为形式价值的东西,它们不同于相应的实质价值。在和他人的道德关系中,个体从非个人的观点来看待行为问题,并将一般性规则无偏私地适用于自己和他人;他了解并考虑到了他人的欲求、期待和反应;他以自律和自控来调整自己的行为,以此来适应一个由对等主张构成的体系。这些是具有普遍意义的德性,事实上,用以对待行为的独特道德态度就表现为这些德性……我们必须进行霍布斯式的实验,想象这些德性完全消失,才能看到它们对任何人类生活中的合作形式、对任何成功的个人生活都具有至关重要的意义。[28]

因此,合作与社会规则拥有一个远超出存活目的的原理:一种成功的个人生活。约翰·罗尔斯在《正义论》(1971)中详细阐述了这一原理,可见于他对“薄的善理论”(thin theory of good)——“基本善品”(primary goods)之范围——的解释。基本善品对我们每个人来说都是好的(good),因为“无论我们还想要什么”,这些都是我们需要的。[29] 在1967年,哈特自己也为他那个经过调整的原理稍费了点笔墨:法律“作为一种用来实现人类目标的工具如果能有任何价值的话,它就必须包含关乎社会生活基本境况的规

---

[28]　Hart, *Law, Liberty and Morality*, pp. 70—71. 这一段继续写道:

　　　　任何批判性道德原则,只要不是对最基本的人性事实以及人类必须在其中过活的环境毫不关心,就不能全然不顾这些德性。

[29]　John Rawls, *A Theory of Justice* (Cambridge, MA: Harvard University Press, 1971), 396—407, 433—4.

则……如果没有此类规则提供的保护和好处，人们在追求自己的任何目标时都会受到极大阻碍"。⑳ 这类规则是由社会道德规定的，但以这种方式来提供社会规则"使太多关乎社会规则之限制的准确【178】范围和方式的问题陷入争议"。因此人们需要法律，需要一个法律体系，它拥有哈特的说明中的第一个命题所指出的那类内容(也就是何者来履行诸功能)：原初规则(大部分是施加义务的)和次生规则(大部分是授予权力的)的结合。㉛

因此，哈特和罗尔斯都突破了他们所在哲学圈子中许多人所构想的政治哲学的边界。他们并不停留于描述制度、对存在于历史上的制度作出归纳，他们做的也不是推荐理想的工作，而是对人和群体所需之物和理性欲求之物作冷静的说明，对那些对于拥有我们这种本性的存在者来说普遍地具有价值的(好的)事态和安排作严肃的说明。在此意义上，他们重新加入了柏拉图和亚里士多德开创的事业，虽然他们口头上只承认一个霍布斯式的人会承认的事业，后者公然嘲笑"老派的道德哲学家"，因为他们在谈论对于人来说什么是内在的、最完全且最基本的善之类的问题。㉜

约翰·加德纳的一段评语颇有道理，他认为哈特和罗尔斯(以及其他一些没提到名字的人)"一起通过主张政治哲学相对于道德哲学其余部分的相对自主性而复兴了政治哲学(并在塑造和记录 20 世纪 60 年代独特的自由主义方面发挥了有益作用)"。㉝鉴于哈特的政治哲学深嵌于他的法哲学内部，人们也许可以更准确地说，哈特甚至尝试在没有道德哲学的情况下做政治哲学。然

---

⑳ H. L. A. Hart, "Problems of the Philosophy of Law" (1967), in *Essays in Jurisprudence and Philosophy*, 112.

㉛ H. L. A. Hart, "Problems of the Philosophy of Law" (1967), in *Essays in Jurisprudence and Philosophy*, 114.

㉜ Hobbes, *Leviathan*, chap. 11.

㉝ John Gardner, introduction to *Punishment and Responsibility: Essays in the Philosophy of Law*, by H. L. A. Hart, 2nd ed. (Oxford: Oxford University Press, 2008), xlviii—xlix.

而,哈特的晚期作品也表明了,他愿意承认(至少通过他的暗示可以了解到),在一定程度上,所谓的政治哲学相对于道德哲学的自治性是无法成立的。他在反驳罗尔斯、穆勒、诺齐克和德沃金时说,将基本的个人权利或自由——比如他自己有意赞同的那些权利——奠基于功利论证之上,或奠基于个人的分立性(separateness)或人们要求的平等尊重之上,或奠基于原初状态中自利但对部分信息无知的各方的假然选择之上,这些尝试都注定失败:"(一种)个人基本权利理论必须建立在一种具体的人的观念以及运用和发展独特的人类能力所需之物的观念之上。"[34]并且,我们"亟需"这样一种权利理论。[35]

哈特的自由主义

【179】哈特的传记作者莱西认为,《法律、自由与道德》(1963)"自出版四十多年以来,一直是有操守的自由主义社会政策在 20 世纪后期的响亮声明。它的观点持久地回荡在各种政治和智识辩论之中"。[36] 这一论断绝非虚言。莱西将该书的核心论点准确界定为:"民主国家无权以道德标准本身为由来实施道德标准:单纯的信念——比如说某些类型的性行为是不道德的——并不足以为禁止这些行为作辩护。"[37]跟哈特一样,她并没有意识到这一说法中潜藏着深刻的模糊性,正是这些模糊性使该书在形塑争论和政策时获得的巨大成功沦为了混淆和错误的胜利,这一胜利令人沮丧。

――――――――――

[34]　Hart, introduction to *Essays in Jurisprudence and Philosophy*, 17.

[35]　Hart, "Utilitarianism and Natural Rights" (1979), in *Essays in Jurisprudence and Philosophy*, 196. 这一模棱两可的说法暗示了哈特怀疑我们有能力对此类事物作出理性的判断(或"理论")。

[36]　Lacey, *A Life*, 7.

[37]　Lacey, *A Life*, 6—7.

《法律、自由与道德》以对英国法的一个错误陈述开篇,这一错误直接表明了整本书对陷于争议之中的政治—哲学问题的错误认识:

> 1961 年的自杀法案虽然只会对一小部分人的生活造成直接影响,但它依然是我们法律史上的里程碑。这是至少一个世纪以来,议会通过的第一部完全不再对既被传统基督教道德明确谴责又受到法律惩罚的实践施加刑事处罚的法案。㊳

不过,虽然个人私下自杀或尝试进行自杀的行为已不再是一种犯罪,但 1961 年的这一法令严厉地确认了(事实上是加强了)对任何社会性自杀实践——对自杀的一切类型的协助、建议、促进或佐助(assistance, advice, promotion, or facilitation)——的刑事惩罚和禁令。㊴

哈特继续写道:

> 许多人希望,这一自杀法案出台后还会有进一步的改革措施出现,从而某些形式的堕胎、成年人之间私底下自愿进行的同性恋行为以及某些形式的安乐死将不再被定义为犯罪;因为他们认为,和自杀的情形一样,法律对这些行为的惩罚所直接或间接引发的痛苦要远大于这些实践可能引起的可想象的伤害。㊵

㊳ Hart, *Law, Liberty and Morality*, preface(强调为本书作者所加)。美国出的第一版中没有这一序言页面,后来那个 1981 年的版本(参见注释 42)也一样。

㊴ 《1961 年自杀法案》第 2 节规定,任何事先或在自杀当时劝告(建议)、导致或协助自杀的人将受到最高四十年的监禁;依据关于犯罪未遂的一般法律,任何提供此类建议或协助的尝试都是对法律的严重冒犯。

㊵ Hart, *Law, Liberty and Morality*, preface.

【180】在所有这些事情上,陷入争论的议题根本上具有一样的结构,而哈特完全忽视了这一结构。无论过去还是现在,这一问题都可表述如下:假定一个成年人或一些自愿的成年人之间真正的私人行为应该且/或已经不再被认为是犯罪,那么,当出现对这类行为的公开促进或佐助时,相关法律以及社会的其他管控制度(例如公共教育)应该坚持何种政策? 毕竟,无论过去还是现在,英美世界外的许多国家都在私人(领域)和公共(领域)之间作了清晰的原则性区分,这一区分在以阿奎那为代表的哲学—神学传统中有很好的根据。

但是,与哈特在处理自己的首要理论问题——强制实施道德本身这一观念——时犯下的错误相比,他在处理法律问题时的这些严重缺陷就不值一提了。“某些行为按主流标准来看不道德,这一事实是否给了人们充分的理由,去把它设定为可依法惩罚的行为? 强制实施道德本身在道德上是否可允许? 不道德本身就应该被当成犯罪吗? 对于这一问题……”[41]这里我们要暂且搁置对哈特的讨论。(对于引文中提到的“这一问题”)起源于柏拉图和亚里士多德的政治哲学传统会作出如下回答:“这一问题”不是一个问题,而至少是两个问题。因为那种行为“按主流标准是不道德的”这一事实从来都不足以证成对它的惩罚;众所周知,主流道德标准也许多少会是不道德的。如果像哈特那样认为“道德本身”可以等同于主流道德标准本身,那么我们可以用相同的回复作答。然而,如果“(不)道德本身”指的(正如它所应该指向的)是批判性道德所正确判定的(不)道德,那么这一传统就可分为两路:(a)柏拉图—亚里士多德式的观点。这类观点以家长主义的方式授权对不道德行为施加处罚,其目的是提升那些有不道德行为的人或不施加处罚就会做出不道德行为的人的品格。(b)托马

———————

[41]　Hart, *Law, Liberty and Morality*, 4.

斯传统,我们已经看到,阿根廷宪法对这一传统作了表述。只有在行为已经有了公开色彩,并损害公共秩序、公共道德或他人的权利时,托马斯传统才授权处罚。

遗憾的是,哈特并没有正视上述回应中的任何一种,⑫而是投入了另一个方向。促使哈特这样做的原因是帕特里克·德富林(Patrick Devlin)的相关思考,后者是一个【181】没有哲学修养的英国法官。在对批判性道德和实在道德作出贴切区分后,哈特将他那本书所要处理的问题概括如下:"我们要处理的就是用法律强制实施实在道德这样一个批判性道德问题。"⑬这确实是德富林的朴素(artless)问题。然而,这个问题并不值得认真对待。⑭ 因为在思考道德与不道德之事时,"实在道德"从不是决定性因素。当然,风俗能够在批判性道德中获得规范性力量;并且,对自己实际成长于其中的道德,我们如果不能入乎其内、出乎其外的话,也无法触及批判性道德。但实在道德本身不过就是一群关心正确和错误的行动、性情之类的人所持有的一组意见。这些意见是关于那个群体的信念为何的事实,深思熟虑的人绝不会单凭这些意见来回答自己应该判定什么对、什么错。

---

⑫ 1967 年,哈特再次思考了这场争论,他在文章开头(终于)提到了他所谓的"古典立场",这一立场相当于我们前面勾勒的柏拉图—亚里士多德式的观点;他忽视了托马斯主义的立场,并说他对古典立场无话可说。(这一段还证实他并没有意识到这一主流基督教[以及托马斯主义]立场,亦即神启道德的严格规定同样是自然的,也就是说,在有利的认识条件下,可以通过独立于启示的理性来认识这些要求。)参见 Hart, "Social Solidarity and the Enforcement of Morality," in *Essays in Jurisprudence and Philosophy*, 248。亦可参见哈特为 1981 年再版的《法律、自由与道德》所写的前言第 3 节(Oxford: Oxford University Press, 1981, ix—x.),这一节证实了,哈特在这一问题上的三个版本中的第二和第三个版本中,他过去和现在所谓的"道德本身"(以及"不道德本身")是"由常见的标准"来判断的,亦即由实在道德而非批判性道德来判断。

⑬ Hart, *Law, Liberty and Morality*, 20.

⑭ 哈特和德富林的辩论中有一个(事实)问题较为次要、空洞贫乏且缺乏具有一般性意义的佐证的证据,因此我先把它放在一边,这个问题是:如果不按人们强烈主张的道德意见来定义罪犯,会不会使持有这些道德意见的人对社会和/或他们自己的道德的忠诚瓦解?

用哈特自己的术语来说,从内在观点来理解的道德的中心情形就是(深思熟虑的人们认为的)批判的道德,亦即得到证成的道德。⑮ 有意识思考的人所思考的是他们应该将什么算作行动的理由,他人将某些东西算作理由这一单纯的事实并没有使它成为一个理由(虽然作为某种证据推定——他人的信念得到了某种很好的理由的支持——的根据,它也许颇有说服力)。事实上,除非某人认为即便现在没人同意自己的观点,自己深思熟虑的判断在道德上也可以是正确的,否则他几乎不算是在道德地思考。

哈特单单关注实在道德,这使得这一辩论脱离了政治哲学的主要传统,脱离了理由。这带来了一个草率的预设,即那些支持群体之道德的人在这样做时并没有什么道德理由,或者没有人需要探究那些道德理由可能【182】是什么。⑯ 这一危害深远的预设最早在哈特下述未加检省的假定中被表达了出来:"诸如同性恋等背离习传的性道德的行为,为不会伤害到他人的冒犯行为提供了再清楚不过的例子"⑰,并且"性道德(显然)是由多变的喜好和风俗决定的"。⑱

⑮ 注意,在《法律的概念》以道德为主题的布局清晰的讨论中(168—84),哈特显然没能领会到,即便是支持广泛或普遍为人接受的道德的人,他们也不会——至少在中心情形中——因为其他人这么做而自己也支持它,他们之所以支持,是因为自己认为它是正确的,换句话说,就是认为它成功表达了个人和群体的幸福、尊严、荣誉、卓越等的要求,因而证成了自身。哈特上述分析中的这一严重问题于 1972 年被罗纳德·德沃金点破,德沃金将我所说的这种情形中的批判性内在观点描述为"独立确信的一致"。(与之对立的是习惯的一致,在这种情况中,群体的普遍服从被个体成员算作是他们自己接受这一道德的理由或至少是其中一个理由。)(Dworkin, "The Model of Rules II," in *Taking Rights Seriously* [Cambridge, MA: Harvard University Press, 1972], 53.)在哈特逝世后发表的《法律的概念》后记中,哈特对这些说法做出了让步(*Concept of Law*, 255—6),他承认,这本书并没有提供"对道德——无论是个人道德还是社会道德——的可靠说明"。事实上,最迟在 1980 年以后,哈特就意识到了这一错误,他承认这个错误"很大";参见 *A Life* ,335—6。

⑯ 德沃金最近的一些说法可以作为哈特的错误所导致的这一后果的对应物:Ronald Dworkin, *A Matter of Principle* (Cambridge, MA: Harvard University Press, 1985), 67—8, 368。

⑰ Hart, *Law*, *Liberty and Morality*, preface.

⑱ Hart, *Law*, *Liberty and Morality*, 73.

但是——我们且就哈特关注的那个问题来谈——那些确实判定同性恋行为像其他非婚性行为一样不道德的人虽然可能承认，两个私底下已然是道德败坏的成年人私下的同性恋性行为并没有危害（伤害他人），但他们可以有力地争辩说，使小孩倾向于赞同成年人的同性恋性行为，使其有意在成年后参与这种行为，这种做法对于小孩和社会来说有着严重且不正义的危害；它之所以有危害，是因为它使小孩——并且最终可能是整个社会——在性行为必须为婚姻作出何种贡献（以及如果要作出这种贡献，性行为必须如何进行）等问题上陷入重大误解，而婚姻无疑是生养孩子和已婚人士自己实现完满人生的最有利且最恰当的环境（milieu）。㊾

哈特与怀疑主义

如果说那场遭受误解且乏善可陈的"哈特—德富林之争"以及哈特在这场争论中取得的似是而非的成功拥有巨大且持久的社会影响的话，那这大概暗示了正在衰败的不仅仅是政治哲学这一实践。㊿

㊾　See John Finnis, *Philosophy of Law* (Oxford: Oxford University Press, 2011), 135—8; John Finnis, *Human Rights and Common Good* (Oxford: Oxford University Press, 2011), 317—33.

㊿　哈特的导师和朋友 H. W. B. 约瑟夫在哈特学生岁月的最初几年讲授了柏拉图的《理想国》对知识和善好的论述，哈特在 1948 年未加评注出版了这些讲稿。约瑟夫对洞穴寓言（*Rep.* 514a—517a）的要点所作的总结是他讲授这些内容的高潮；我们需要的不只是从不可避免的无知起步获得智识成长，还要"从一种我们本不应陷入但却因社会制度的邪恶培育而陷入的困境中"转变（conversion）；因为虽然让人们在没有这类制度的情况下"自由地"发展将只会放任其他压力来扭曲、阻碍可靠的判断，但事实上（扭曲、阻碍可靠的判断的）是"谎言的压力，这种压力的对象是身在国家之中的我们，正如他们现在的情形……；只有通过艰苦奋斗人们才能达致真理，只有直面那些被它扰乱心思的人的指责和反对，他才能教诲真理"。（H. W. B. Joseph, *Knowledge and the Good in Plato's "Republic,"* [ed. H. L. A. Hart][OUP, 1948], pp. 43—44.）在教诲批判性道德在政治、法律中所要排除之事和所作之要求时面临指责，这并不是哈特的命运；事实上，20 世纪 60 年代中期的工党政府迅速赞同和认可了哈特的教诲，该政府在色情文学、堕胎、同性恋和离婚等领域推行法律自由化。

【183】在 21 世纪初,欧洲国家愈发明显地脱离了 20 世纪 60 年代
的社会政治状况,滑入了人口和文化衰败的轨道,陷入对政治、宗
教和教育言说以及与之关联的诸种自由的限制,无处不在的虚假
的平等和多元性,由一种逆向殖民造成的人口迁徙与更替,以及随
之而来的内部分裂——这似乎预示着不同族裔、宗教群体会因仇
恨、杀戮陷入悲惨境遇,预示着政治瘫痪,不由让人想起南斯拉夫
或黎凡特地区在 20 世纪末的类似状况。看来时机已到,我们应该
对 20 世纪晚期的政治哲学作更广泛的反思了,如哈特的政治哲学
所表现的,这些政治哲学是如此独特,如此有说服力,如此战无
不胜。

　　哈特终究还是有一种政治哲学的,这是对怀疑主义的有意识
抵抗。这一抵抗超越了方法论怀疑主义的背景,昆顿的表述可以
作为后者的代表。这一点在哈特对 20 世纪行为主义式化约主义
的拒斥中表现得特别明显,后者无论采取斯堪的纳维亚学派的形
式还是美国法律"现实主义"的形式,都将规范性事物化约为预测
性、魔幻性或诊断性(diagnostic)之物;在哈特对霍布斯式或奥斯
丁⑤式说明的拒斥中也可看出这一点,这种说明将选择和行动仅
仅解释为主导性欲望和肌肉收缩(muscular contraction);哈特对 20
世纪中期的犯罪学/刑罚学理论的拒斥同样如此,后者将人的行为
仅仅看作是可阻止的危害的多多少少可预测的原因,从而拒绝了
责任这一概念。⑤

　　然而,哈特自己在更为根本的事情上持怀疑主义立场,这种立
场塑造和限制了这一抵抗本身的范围和内容。所谓更为根本之
事,即道德判断——因其声称自己是真的、可靠的、真正得到证成

---

⑤　本书遵从中文学界的习惯,将语言哲学家 J. L. Austin 译为"奥斯汀",法哲学家
　　John Austin 译为"奥斯丁"。——译者
⑤　因此"怀疑主义"或类似概念在《惩罚与责任》的九篇文章中几乎都以对手的形象
　　出现。

的而具有批判性的道德判断——的真值、真理性。一直要到职业生涯晚期,哈特才允许自己在公开出版的作品中承认这一深刻怀疑。[53] 不过,贯穿《法律的概念》全书的决定性考虑是这样的:在政治哲学或法哲学问题上表明立场时,作者和读者都不需要作出这种判断,即是否存在任何"可被理性发现的正确行为的真正原则",[54]或者说道德判断是否只"表达了不断变化的人的态度、选择、要求或感受"。[55] 在那本书中,"避开这些哲学难点"[56]的明白尝试【184】使法律的原理被化约成了存活(这一目的),道德判断被等同于实在("习惯的一致")道德的表达(这种做法后来为哈特所拒斥),也导致哈特一直拒绝给出内在观点的中心情形。

在讨论刑法的恰当限度时,道德怀疑主义自然是促使哈特离开柏拉图、亚里士多德和穆勒的思考层面,而堕落到与德富林进行本质上没什么哲学色彩且不切题的辩论的首要诱因。这一辩论在大众层面取得的成功显示了从《论自由》到《法律、自由与道德》这 104 年间哲学文化的普遍衰败。因为穆勒著作的第一章就把真正的根本性问题表达得一清二楚了。它通过这两个联系在一起的论点来澄清这一问题:(a)提升尚未成熟的个体或社会,或保护一个其任何公民在"心智训练"上的松懈可能导致国家被"外来攻击或内部暴乱"推翻的国家,这些好处可以证成国家强制;(b)对在现代社会中获得必要的最小限度提升或现代社会本身的必要最小限度提升而言,自由有着"有益……影响",并且是一种"持久的"影响,因此,前一个论点中对"自由原则"所作的限制如今就可以直接不去理会了。哈特批判了《论自由》,他认为《论自由》依靠对

---

[53] 参见注释 3,以及 H. L. A. Hart, "Who Can Tell Right from Wrong?" *New York Review of Books*, July 17, 1986, pp. 50—2。

[54] Hart, *Concept of Law*, 186.

[55] Hart, *Concept of Law*, 168.

[56] Hart, *Concept of Law*, 168.

"中年人的"谨慎心理和稳定心理所作的预设来证成为什么要拒绝家长主义,哪怕这种家长主义只针对无可争议的伤害。[57] 然而,他和由他激发的所有那些学术层面和大众层面的大量论述,都没有检讨穆勒的任何一个论点所提出的远为深刻且影响广泛的问题。[58]

---

[57]　Hart, *Law, Liberty and Morality*, 73. 因此哈特接受有限的家长主义措施,即或多或少与物理或精神伤害有关的家长主义。

[58]　参考 John Finnis, "Hart as a Political Philosopher," in *Philosophy of Law*, 276—9。

12

约翰·罗尔斯与政治哲学的任务

保罗·魏特曼*

【185】约翰·罗尔斯生于 1921 年 2 月 21 日,因此和本书中讨论的大多数思想家比,他要远为年轻,那些思想家多生于 19 世纪末、20 世纪初乃至更早的年代。罗尔斯差不多比卡尔·施米特(生于 1888 年)小 40 岁,跟约翰·杜威(生于 1859)比则晚出生 60 多年。在罗尔斯出生那年,以赛亚·伯林已经 12 岁了,他和家人一起逃离俄国,来到英格兰定居。在本书评论的 18 位思想家中,只有 5 位——米歇尔·福柯(1926)、阿拉斯代尔·麦金太尔(1929)、尤尔根·哈贝马斯(1929)、查尔斯·泰勒(1931)以及理查德·罗蒂(1931 年)——大致能算罗尔斯的同辈人。

罗尔斯在本书中是少数派,但这并不完全是因为代际区分。要不是还有杜威和罗蒂,他就是唯一土生土长的美国人了。除了杜威①

* 我要感谢凯瑟琳·扎克特(Catherine Zuckert)和罗伯特·亚当斯(Robert Adams)对本文初稿的有益评论。

① 对杜威的限定在于,虽然杜威成长于一个自由派新教家庭,但他看上去并没有像罗尔斯那样研究新教神学,他的作品也没有显现出接触神学理论的后果。关于杜威的宗教教养,参见 Robert Westbrook, *John Dewey and American Democracy* (Ithaca, NY: Cornell University Press, 1991), 6, 22。关于罗尔斯的新教神学研究,参见 Robert Adams, "The Theological Ethics of the Young Rawls and Its Background," in *A Brief Inquiry into the Meaning of Sin and Faith*, by John Rawls, ed. Joshua Cohen and Thomas Nagel (Cambridge, MA: Harvard University Press, 2009), 24—101。

和罗蒂②这两个需要作出限定的例外,他是仅有的一个思想背景
为自由主义式新教的学者。虽然杜威写过关于康德的论文,哈贝
马斯的作品中也有明确的康德式主题,但罗尔斯是本书处理的思
想家中康德色彩最重的。与泰勒和麦金太尔——而不像其余大部
分思想家——类似,罗尔斯的思想根基也在 20 世纪中叶的牛津
(罗尔斯在那里与伯林和哈特度过了关键性的一年)。【186】罗尔
斯比此书中讨论的其他任何人都更喜欢分析哲学的技术性、严密
性以及这一哲学传统中的问题域。他也远比其他人更同情乌托邦
政治思想,他会探问理想的正义自由民主政体是什么样的。他发
展出一套系统的哲学理论来回答这一问题。

　　在这一章,我对罗尔斯的自由主义式新教背景不置一语,虽然
我确实相信这一背景与他在《正义论》中所依赖的观点之间存在
有趣的联系。我刚才列举的其他那些特征之间显然彼此相关。罗
尔斯对分析哲学的好感无疑是促使他在 20 世纪 50 年代奔向伯
林、哈特和牛津的部分原因——伯林后来宣称,牛津风格的分析哲
学就是在他的房间里开端的。③ 不那么明显的是,罗尔斯的康德
主义是与他温和的乌托邦主义或者说理想化的理论研究相关的,
具体如何相关我后面会解释。

　　罗尔斯与被记入本书的大部分人物之间最不重要的差异也许
在代际和地理层面。施特劳斯、沃格林、哈耶克、西蒙和阿伦特都
是避难者——伯林亦然,虽然他逃难时间更早,躲避的敌人也不
同。哈贝马斯在战后早期的德国进入成年阶段。然而罗尔斯也受
到了纳粹主义兴起和二战的深刻影响。理解这些事件如何影响
他,对于理解他如何看待自己作为一个哲学家的任务是很重要的。

---

② 罗蒂是新教伦理学家沃尔特·饶申布士(Walter Rauschenbusch)的外孙。我将罗
　蒂归为要加以限定的例外是因为他并没有在他外祖父的神学传统中成长。

③ Isaiah Berlin, *The First and the Last* (New York: New York Review of Books, 1999),
　28.

　　这也许是一个惊人的主张。罗尔斯耗费他的职业生涯,发展一种适合用来调整现代条件下的自由民主政体的基本制度的正义观。他的一些评论表明,他的写作源于对功利主义④的严重不满,以及一种克服民主传统内部深刻张力的关切。⑤ 我的观点是,这幅描绘罗尔斯动机的画面忽略了他长期以来对直觉主义的关切。虽然常有人认为罗尔斯在《正义论》开头就已提到直觉主义,只是弃之一边,而我的解读是,在整本书中,他都在与功利主义和直觉主义两面交战。然而这一限定并没有从根本上改变从罗尔斯的评论中读到的、关于他的动机的观点。这一观点也许依旧能够被概述为:罗尔斯试图构造一种正义观,它适用于现代自由民主政体,与此同时能处理【187】民主思想的内在问题,并避免分析式道德哲学中那些与之相竞争的理论的缺陷。

　　我并不是说这一总结是错的,但我确实相信,它遗漏了某些要点,补上这些要点将从根本上改变这一画面。它所遗漏的要点在《重叠共识理念》(Idea of an Overlapping Consensus)一文的结尾有所暗示,罗尔斯在那里写道:"政治哲学承担起了康德赋予哲学的一般使命:捍卫合理信仰。在我们这里,就是捍卫正义立宪政体的现实可能性这一合理信仰。"⑥这篇文章并未解释为何正义立宪政体的可能性会遭受质疑,为什么证明这样一种政体是可能的很重要,或者——在证明它确实是可能的之后——为什么罗尔斯认为我们对这种政体的可能性的看法应该被描述为"合理信仰"而不是"得到证成的信念"之类的。《政治自由主义》平装本导论的最

---

④　John Rawls, *A Theory of Justice*, rev. ed. (Cambridge, MA: Harvard University Press, 1999), xvii—viii.

⑤　John Rawls, *Collected Papers*, ed. Samuel Freeman (Cambridge, MA: Harvard University Press, 1999), 305.

⑥　John Rawls, *Collected Papers*, ed. Samuel Freeman (Cambridge, MA: Harvard University Press, 1999), 448. 参见 John Rawls, *Political Liberalism* (New York: Columbia University Press, 1996), 172。

后几页给出了一些答案。在这一章,我要追随这些明示暗示,利用
《正义论》——偶尔也依靠他的《道德哲学史讲义》——勾勒一个
更为完整和准确的画面来描绘罗尔斯的动机。

可能存在一个稳定、正义的社会吗?

在《正义论》中,罗尔斯评论道:"从历史上看,立宪政府的其
中一个主要缺陷是一直没能保障政治自由的恰当价值,一直没有
采取必要的修正措施,事实上,这种措施似乎从没有被认真考虑
过……这一缺点根本上源于这一事实:民主政治过程充其量只是
一种受管控的竞争。"⑦因此罗尔斯认为,即便在宣称是自由民主
的社会中,日常政治行为也会引出这样一个问题,即政治结果是否
真的取决于达不到正义标准的约束措施管控下的权力运作。是否
有什么补救办法? 正义的立宪政府是否可存续? 要回答这些问
题,得先回答为什么修正措施"似乎从没有被认真考虑过",以及
为什么实际的"民主过程充其量只是一种受管控的竞争"。⑧

罗尔斯在《政治自由主义》中暗示,从 20 世纪发生的事情中
可以看到,这些问题的答案令人忧虑。他写道:"发生于本世纪的
战争极端暴力,破坏性持续增长,【188】在犹太人大屠杀中达到了
其疯狂罪恶的顶峰,这些战争以一种尖锐的方式提出了这样一个
问题:支配政治关系的必定只是权力和强制。"⑨我认为罗尔斯心
中想的是,鉴于 20 世纪的"极端暴力和持续增长的破坏性",以及
"犹太人大屠杀的疯狂罪恶",我们必须认真对待这样一种可能
性,即人类不是一种能够创造和维续正义的立宪政体的物种。我
们必须认真对待这样一种可能性,即"支配政治关系的必定只是

---

⑦　Rawls, *A Theory of Justice*, 198—9.

⑧　原文漏了"民主政治过程"中的"政治"一词。——译者注

⑨　John Rawls, *Political Liberalism*, lxii;强调为本书作者所加。

权力和强制","民主过程充其量(只能是)一种受管控的竞争",因为——鉴于驱使着我们的内在动力——芸芸众生无法做得更好了。这样,通过质疑我们的本性,20世纪发生的事情对正义的自由民主政体的可能性提出了质疑,而这种可能性正是罗尔斯写作《重叠共识理念》时所说的政治哲学必须去处理的问题。

为什么政治哲学要处理这些问题?为什么政治哲学要尝试证明正义的立宪政体是一种"现实的可能性"?罗尔斯认为,希特勒在魏玛得势这一往事展现了当一个社会"不再相信一个像样的自由议会政体的可能性"⑩时会发生什么。这证明了为什么对这一政体的现实可能性的信仰本身就是重要的。进言之,如果我们因为不再相信别人能够持续地投身于正义而不再相信这种政体是可能的,那么我们就会成为自私的犬儒主义者,在预料到别人的不正义行动时会行不义之事来先发制人。⑪ 我相信,罗尔斯认为这是关于我们动机结构的一个基本事实,即如果我们认为自己的努力无济于事或其他人会以怨报德,那么正义考量就不太可能驱动我们。因此如果我们不相信正义政体的可能性——且它可能是因为我们的本性使我们能够去维续它——那么我们就不太可能使个人和集体投身于正义。

我相信罗尔斯在康德那里发现了一条类似的思路。当他在《道德哲学史讲义》里提到康德时,罗尔斯说:"他相信,除非我们坚定地相信道德律的目标是可能的,否则我们无法保持对道德律的忠诚,或根据具体情况投身于实现它的先验目标,也就是目的王国或者说至善。"【189】这样一种坚定的信念依赖于"实践信仰",即相信有可能在这个世界实现这些目标。

---

⑩　John Rawls, *Political Liberalism*, lxi.

⑪　这里我依据 *Political Liberalism*, lxii。我还依据罗尔斯在《正义论》中具有启发性但被忽视了的评语,即公民间相互知道他们拥有一种正义感是避免一般情形的囚徒困境之风险的首选方式。参见 *A Theory of Justice*, 238 n. 8。

　　罗尔斯问,将目的王国作为自己目标的实践信仰的内容是什么? 他回答道:"只有在自然秩序和社会必然性可以支持目的王国这一理想时,我们才能相信目的王国是可能的。"[12]"自然秩序"包括人之本性,这一点在罗尔斯的下述评语中可以看得很清楚,即实践信仰"有赖于对我们的本性和社会世界的某些信念"。[13] 因此根据罗尔斯的看法,康德认为只有当我们相信人之本性能够支持目的王国在这个世界上实现时,我们才能坚定恪守道德律。类似地,我相信罗尔斯认为只有当我们——我用"我们"这个词同时指良序社会的成员和罗尔斯的读者——认为人性能够支持正义社会在这个世界上实现时,我们才能坚定恪守正义原则、投身于正义社会的实现。[14]

　　为了证明正义社会是可能的,罗尔斯需要论述正义社会将会是什么样的。他需要用一种正义理论来表达正义社会观念,该理论的核心是正义原则。不过,说明什么正义原则将会规制正义社会以及它的制度将是什么样的,这仅仅是证明正义社会可能性的必要而非充分条件。

　　也许可以认为,在这个问题上,罗尔斯需要证明我们能够从我们生活其中的不正义社会转向正义的社会,但罗尔斯从未详细处理过这一点。[15] 我认为,之所以如此,其中一个原因是,这样一种转变在不同社会有不同表现。要具体论说这种转变将会如何发生或能够如何发生,就要大量了解并说明罗尔斯所研究的社会的政治状况。罗尔斯可能认为,哲学家没法详细论述这些状况。

　　我在这里勾勒的对罗尔斯的理解提示了两个进一步的理由来

[12]　John Rawls, *Lectures on the History of Moral Philosophy*, ed. Barbara Herman (Cambridge, MA: Harvard University Press, 2000), 319.

[13]　John Rawls, *Lectures on the History of Moral Philosophy*, ed. Barbara Herman (Cambridge, MA: Harvard University Press, 2000), 319. 强调为本书作者所加。

[14]　参见 Robert M. Adams, "Moral Faith," *Journal of Philosophy* 92, no. 2 (1995): 80.

[15]　参见《政治自由主义》中一个纲要性的评论, *Political Liberalism*, 164—8.

解释罗尔斯为何不讨论转型问题。首先，按我的理解，罗尔斯不只想证明正义社会是可能的。他还想证明，它之所以可能是因为人有一种【190】"道德本性"。他所说的道德本性"不是……完美无缺的本性，而是一种可以理解关于正当和正义的合理政治观念，并据此行动、被其充分驱动的本性"。⑯ 我认为他这里的意思是一种"可以理解关于正当和正义的合理政治观念，并据此行动、被其充分驱动"的可靠能力。罗尔斯可能认为，某些与英雄主义、与偶然激发出来的要让我们的世界变得更正义的政治意志联系在一起的，或者与为那些讨厌我们的人做好事的意愿相联系的道德动机形式，是一种在非理想状况下还能被道德考虑驱动的能力，或者说这类动机形式需要这样一种能力。但会正义行事对稳定倾向（disposition）是一种讲究对等性（reciprocity）的能力。要证明我们拥有这一能力，就要证明当我们相信其他人也能像我们一样被正义考量驱动时，我们能稳定地被正义考量驱动。所以这就不需要证明，在一个处于转型过程中的非正义社会的不完美状况下，我们会"被一个关于正当和正义的合理政治观念所驱动"，需要证明的仅仅是，在良序社会状况下，我们会被这样驱动。进而，如果证明即便在别人都守规矩的正义制度下，我们可能也无法发展出一种会正义行事的稳定倾向，那自然可以怀疑我们是否真的拥有一种道德本性。但如果我们能够在良序社会中发展出这种倾向，那么对于转型的疑问就可以留到后面处理了。因此良序社会是人性所必须通过的最低限度的检测，因而也是首先要通过的检测。

如果前面几段的推测正确，那么我所说的罗尔斯为自己设定的康德式问题就解释了将罗尔斯与本书讨论的其他人区别开来的两个特征：他发展出了一种哲学理论，他愿意进行乌托邦式思考。

罗尔斯确实需要证明正义社会的成员可以维续这个社会，或者

---

⑯ Rawls, *Political Liberalism*, lxii.

用罗尔斯的话说,他需要证明这样一个正义社会将会是稳定的。在
《正义论》中,对稳定性的论证分两步进行。首先在第8章,罗尔斯
证明了正义社会的成员会习得一种正义感,这是他们道德和心理发
展的正常环节。正义感其实就是一种合作倾向。为了证明这种社
会将会是稳定的,并且是因为罗尔斯后来所说的"正当的理由"[17]而
稳定,他需要证明每个成员都会自愿地保持他们的合作倾向并据此
行动,同时也会知道别人也会这么做。【191】如果没有正义感,那结
果只能是社会崩溃或严重依赖于刑罚手段。在第9章,通过说明正
义社会的成员将会确认他们的合作倾向对自己有好处,罗尔斯完成
了第二步论证。由此得出,稳定的正义社会是可能的,政治哲学已
经证明"对正义立宪政体的现实可能性的合理信仰"是有道理的。

　　为什么稳定性论证证明了正义社会是"现实可能的",而非仅仅
是逻辑上可能,即融贯的但又是遥远的、不太可能实现的? 这一论
证并未诉诸关于人之动机的很不现实的主张,也没有说稳定性依赖
于英雄式的或者说超出本分的行动。相反,对稳定性的两步论证用
的都是罗尔斯认为有根有据、合情合理的心理学主张,以及正义制
度的教化影响。因此可以合理地推测,拥有我们这种本性,且在一
个正义社会中成长起来的人能够维续这个社会。由于这一论证用
的是比较弱的心理学假设,所以它证明了这样的社会对我们来说是
一种"现实可能性",证明了我们拥有一种"道德本性"而非对正义
"不友好"的本性。这一论证因此证明了对人性善的合理信仰确有
根据,或者说证明了它完全可以满足我们对"实践信仰"的需求。

罗尔斯、稳定性和道德哲学中的分析传统

　　我已设法阐明罗尔斯为政治哲学设定的任务,尝试证明那一

---

[17]　例如可参见 Rawls, *Collected Papers*, 589。

任务如何既反映了 20 世纪历史的冲击,也体现出康德的影响,并将该任务的实施与罗尔斯的理论雄心以及他对现实乌托邦的好感联系了起来。还有一点我也已在本章开头提到了,即罗尔斯是在道德哲学的分析传统中进行研究的,这一特点也使他与本书中的其他思想家区别了开来。

什么是分析哲学?这一问题的答案如今已变得模糊,因此我们很容易忘记在罗尔斯写作《正义论》的年代,分析的道德哲学是什么样的,进而很容易忽视罗尔斯是多么迅速地背离了这一传统。在《正义论》开头,罗尔斯断然说道,在这一理论中,"定义与意义分析并没有特殊地位"。⑱ 这一方法论评论,他在正义概念和正义观念之间作出的区分,⑲他后来对【192】概念和意义的等同视之,⑳以及他强调真正有趣的是实质性观念,这些使罗尔斯的工作与经典分析哲学的定义技术迅速拉开了距离。

当然,根据"分析哲学"及类似名称的更宽泛的含义,可能罗尔斯就是分析哲学家,而且这一点非常明显根本不需要多作解释。鉴于本书的内容,需要解释的是为什么罗尔斯竟会认为分析哲学有助于理解政治。

在这里我没法给出一个完整的答案。为了领会这个答案的部分内容,以及当代分析哲学家可能会忽略的一个部分,我们需要回到我前面说的罗尔斯为自己设定的任务。为了证明正义社会是可能的,罗尔斯需要证明正义社会因正当理由而稳定。为了证明这点,他需要证明正义社会的成员会发展出一种正义感。而为了证明这点,罗尔斯需要论述一下什么是正义感。

道德动机的本性是 20 世纪中叶分析的道德哲学的中心问题之一。道德行动是否由欲望驱动,如果是,那么这是一种欲求什么

---

⑱ Rawls, *A Theory of Justice*, 44.

⑲ Rawls, *A Theory of Justice*, 5.

⑳ Rawls, *Political Liberalism*, 14 n. 15.

的欲望？这种欲望与道德知识如何联系起来？它如何联系于对道德上好的或正当的行为的赞同或不赞同的感受？使一个行为好或正当的是它得到了赞同这一事实吗？如果是，那么谁的赞同才算数？可以赞同任何事吗，还是说，道德的本性多少对道德上的赞同和不赞同作了限制？道德是否因此对我们可以想要（can desire）做什么以及我们事实上能做什么施加了限制？

　　罗尔斯要完成其任务，就得考虑同时代的道德哲学理论中最杰出的学者在这些问题上给出的诸多答案。他声称，功利主义和直觉主义给出的答案都大错特错。罗尔斯对功利主义的批判早已广为人知，因此无须在此赘言。他对直觉主义的批评则较少有人关注。这一批评中最有力的部分可见于他对"纯粹良心行动"这一直觉主义理论的明晰讨论。根据这一理论，"最高的道德动机就是仅因正当正义之事正当正义而想要去做，其他描述都是不恰当的"。[21]罗尔斯确实认为良序社会的成员通常会有因正义之事正义而想要去做的欲望。然而他也主张，【193】如果纯粹良心行动理论是对的，那么做正当之事的欲望就会成为一种我们所谓的——遵从他在别处的一个说法——"纯粹的偏好"，罗尔斯认为这种偏好和"偏爱茶胜过咖啡"差不多。

　　罗尔斯没有说纯粹的偏好是非理性的。然而，有纯粹偏好的人没法向别人举出理由，来充分证成自己的行动。如果纯粹良心行动理论是正确的，那么这正是拥有行正义之事这样一种偏好的人面临的困境。她没法为自己的偏好列出充分的理由，因为对于她所欲望之事，"没有其他描述"是恰当的；她欲求的是"一个独特的（并且是不可分析的）对象"。如果问她为什么想做正当之事，那么除了它是正当的，她也没有其他话可说了。她的欲望也许并

[21]　Rawls, *A Theory of Justice*, 418.

非没有任何理由,但却"没有任何明白易懂的理由"(强调为本书作者所加)。② 如果她的正义感"没有明白易懂的理由"——如果她没有在别人看来明白易懂的理由来说明为何要行事正义——那么其他人就完全没法确信她会自愿坚守正义并据此行事。如果正义社会是因正当理由而稳定的,那么相互确信对方会自愿服从就是必要的。如果罗尔斯想要证明良序社会成员有这种确信,那他就必须找到某种不同于直觉主义的道德动机说明。

他在社会契约理论中找到了这种说明。像罗斯(Ross)和普里查德(Prichard)那类直觉主义者主张,"最高的道德动机就是仅因正当正义之事正当正义而想要去做,其他描述都是不恰当的"(强调为本书作者所加)。③ 他们之所以认为其他描述都不恰当,是因为他们认为行正当之事这样一种欲望的对象是"独特且不可分析的"。罗尔斯声称,这一对象并非简单且不可分析,因此可以通过多种方式来描述,比如"[基于社会契约的]正义理论为正义感是对何物之欲求提供了[多种]描述"。④ 在《正义论》中,正义感并不只是一种因正当之事正当而想要去做的欲望。它也是一种根据正义社会中公认的道德信念行事,根据社会联合的最高调整性原则行事,以及根据在原初状态中选择的原则行事的欲望。罗尔斯声称,正义社会的成员都会有——并且都知道其他所有人都有——只有获得这些【194】对象才会满足的欲望,所以都有——并且都知道其他所有人都有——只有当行事正义才会满足的欲望。因此,罗尔斯利用这些多种多样的描述来证明他那种版本的社会契约论可以解决确信问题,而直觉主义在这一问题上失败了。⑤

---

② Rawls, *A Theory of Justice*, 418.

③ Rawls, *A Theory of Justice*, 418.

④ Rawls, *A Theory of Justice*, 499.

⑤ 我这里提到的论证见 section 86 of *A Theory of Justice*。我在我的《为什么是政治自由主义?》(*Why Political Liberalism ?* New York: Oxford University Press, 2010)中给出了这些论证。

不时有人说,20世纪的政治哲学起始于1971年《正义论》的出版。这种说法对包括其作品在本书中被讨论的20世纪其他那些伟大的政治思想家当然并不公平。由于罗尔斯写了一本能量和眼界都在分析传统内部的书,由于他确立并处理了许许多多政治哲学的中心问题,那些从事现在这种形态的分析哲学工作的人认为他的作品有着持久的哲学重要性。但当代道德哲学家和政治哲学家很容易忘记,罗尔斯如此深刻地改变了他们的领域,以至于其他问题原本显得十分重要,如今却湮没无闻了。如果这些问题从集体记忆中消失的话,那么关于罗尔斯的贡献以及他想做的事,我们就会错失一些重要信息。而重新了解他对一种在他开始写作时鼎鼎有名的观点的批评,将有助于证明本文对罗尔斯的筹划的勾勒是正确的。

自尊、稳定性和政治语境

我已说明,罗尔斯之所以想要证明正义社会的可能性,一定程度上是因为20世纪的历史对他产生了影响。我尚未主张他在20世纪的历史事件中寻找解决之道,或他认为20世纪的失败提示了正义社会如果是可能的话必须是什么样的。现在,让我给出一个尝试性的且带有高度推测性的观点。

只有当败坏其根基的力量不存在或无足轻重时,正义的自由社会才会稳定。罗尔斯注意到,魏玛德国的精英"不再相信一个像样的自由议会政体是可能的"[26],也许,通过追问为什么他们不再认为这样一种政体是可能的,他至少已经发现了某些力量。他也许已经认为,他们责怪民主力量是因为德国在凡尔赛和20世纪20年代遭受了政治经济羞辱。[27]【195】罗尔斯也许已经得出这样

---

[26] John Rawls, *Political Liberalism*, lxi.

[27] 对非羞辱性的和平协议的需要的论证参见 Rawls, *Collected Papers*, 569;亦参见第567页中的原则5。

的结论：由于包括这点在内的原因，当——但也仅当——正义的立宪政体为个人和集体自尊提供了政治经济基础时，它才是一种"现实的可能性"。

罗尔斯将自尊的社会基础描述为最重要的基本善。[28] 这一重要性在罗尔斯非常依赖也特别有趣的——我会说是特别有争议的——一组主张中有清晰展现。他对这组主张的其中一项要素最清晰的论述可见于《对于善的公平》(Fairness to Goodness)这篇文章。罗尔斯在文章里说："个人或团体对于基本善的强烈或过度的欲望，尤其是对更多收入和财富，以及职位特权的欲望，源于不安全感和焦虑。"[29]罗尔斯所说的焦虑是地位焦虑。显然，这类焦虑如果广泛传播，就会驱使人们追求比他们在正义原则下所享的公平份额更大的份额，从而破坏正义社会的稳定性。他们也许不会因此而不去老实纳税，或做其他违法之事，但这可能会驱使他们尝试改变法律，从而允许更大的经济不平等，使政治权力事实上变得可以买卖。

然而罗尔斯在《正义论》中主张，对地位的需求可以通过被公共地承认为自由平等公民而得到满足。在正义宪法中，在对涉及宪法要点的法律和政策的证成中，以及在公共论坛上公民间彼此表示尊重时，这样一种公共承认都有所展现。这一承认消除了地位焦虑的源头。保障了自由平等的地位，公民就不会去破坏所在社会的财富或权力的正义分配："没有人，"罗尔斯相当乐观地说道，"会想超越宪法对平等的认肯，寻找更进一步的政治途径来保障自己的地位。"[30]在《万民法》中，他借用雷蒙·阿隆的说法，主张一个由满意的公民组成的自由民族——部分是因为他们满意自己平等自由的地位——不会有从事侵略战争

---

[28] Rawls, *A Theory of Justice*, 486.

[29] Rawls, *Collected Papers*, 277.

[30] Rawls, *Collected Papers*, 477.

的理由。㉛ 发动侵略战争一般是因为有民族野心、渴求民族荣耀、想要确保能获取资源或想要扩大领域或市场等,但对自由民族来说,这些都没足够的吸引力。

【196】因此,在论证国内稳定及国际稳定时,进而在证明正义社会的可能性时,自尊的基础发挥了重要作用。我对这一论证中的一个决定性环节抱有怀疑,这就是我前面说的在《对于善的公平》中表述的那个前提,因为我倾向于认为,有许多原因可以引发"对于基本善的强烈或过度的欲望"。要将这些疑问发展成一个反驳,就得证明存在这些原因,它们会引发各种会使良序社会之正义丧失稳定性的、对于收入和财富的欲望。因为罗尔斯可能有办法证明它们不会引发这类欲望,并且正义社会也能约束这些原因,所以这里我也就是提一下自己的疑问。眼下关键是要注意到下面这点。如果促使罗尔斯认识到这一基本善的重要性的部分原因是对魏玛崩溃的反思,那么 20 世纪的历史——这一历史对本书中的其他思想家有非常深刻的影响——对于罗尔斯就有一种甚至比我一开始所说的要更为深远的影响:它不仅设定了罗尔斯的理论所回应的问题,而且对理论内容也有一些影响。

罗尔斯的政治转向

罗尔斯的理论对当代道德哲学和政治哲学的影响怎么评价也不为过。然而尽管《正义论》获得了巨大的成功,罗尔斯还是在 20世纪 80 年代中期引人注目地开始将他的观点重新表述为他所说的"政治自由主义"。罗尔斯将自己的观点描述为"政治自由主义"是想把它区别于其他自由主义政治哲学,比如康德和穆勒的。

㉛ John Rawls, *The Law of Peoples* (Cambridge, MA: Harvard University Press, 2001), 47. 罗尔斯在第 89—91 页讨论了防卫战争的条件。

他认为,这两位哲学家就像他们之前的许多学者一样,试图从关于人之本性或良善人类生活的主张中推导出政治原则。尽管罗尔斯从未否认自己的理论在某种意义上是"康德式的",但他强调自己的观点并非建立在一种号称对任何地方的人都成立的雄心勃勃的哲学主张之上,相反,它仅建立在一些自由民主社会中十分常见的关于公民身份本性的理念上,他的作品也正是为自由民主社会而写的。他坚持认为,如果想要使自己的结论在多种多样的自由社会中被接受,政治哲学的起点就必须谦逊平易。

罗尔斯之所以重塑自己的理论,是因为他后来对在作为公平的正义的最初表述中清晰可辨的不少论证都不再满意。要解释罗尔斯在自己的理论中所作的改变,就必须搞清楚他不满意哪些论证,将它们仔细表述出来,必要时补上【197】遗漏的前提,并询问罗尔斯可能认为哪些环节存在错误。我相信,这么做有可能准确指出罗尔斯后来认为站不住脚的关键前提,以及其他那些为了完成政治转向而作的修改。

我没法在此解释罗尔斯的政治自由主义转向。㉜ 眼下只要明确《正义论》中让罗尔斯不满的是他在稳定性问题上的论证就够了。我相信,从《正义论》到《政治自由主义》,他对正义感的刻画以及对如何习得正义感的说明发生了重要但微妙的改变。罗尔斯也渐渐相信,当他主张正义社会的成员会将自己的正义感视作自身善好的一部分时,他已经在诉诸不现实的假定。根据《政治自由主义》对稳定性的处理,知道所有人都会为了维续正义制度而合作这样一种公民间的相互了解依赖于"合理的重叠共识的存在及对它的公共了解"。㉝ 如果说罗尔斯的后期工作证明了我们对人性的实践信仰是正确的,那这就是通过证明这一点完成的:在正

㉜ 这方面的延伸研究可参见我的 *Why Political Liberalism?*

㉝ John Rawls, *Political Liberalism*, 392.

义制度的影响下,我们能够作为自由平等的公民生活。由于稳定性论证对罗尔斯的计划极为重要,这些改变就需要一组他在(对作为公平的正义的)最初表述中没有用过的新概念。这些变化对他的整个理论产生了影响。承认自己的早期作品存在缺漏,并对其作出他认为的必要修正,这是罗尔斯格外伟大的智识诚实的一个标志。

2002 年罗尔斯逝世后,我像他的其他许多学生一样,称颂了他的生平和品格,试图说明为什么他这个人而非仅仅是他的作品对我们有如此深刻的影响。这里我也不再重复那些话了。[34] 最后我只想说,本书完全有理由纪念其他那些伟大的政治思想家,他们同样是伟人。但正如我发现很难相信他们中有谁是比约翰·罗尔斯更伟大的哲学家,我也很难相信他们中有谁是比罗尔斯更好的人。

---

[34] 我发表的颂词即 "John Rawls: A Remembrance," *Review of Politics* 65, no. 1 (2003): 5—10。

13

理查德·罗蒂:自由主义、反讽与社会希望

迈克尔·培根

【198】理查德·罗蒂(1931—2007)生在纽约一个进步知识分子家庭。他出生后不久,父母意识到美国共产党深受莫斯科控制,于是与之决裂。但他们依然是坚定的左派,呼吁经济再分配和社会改革。在一篇1992年面世的自传性文章中,罗蒂写道:"我逐渐形成了这样的认识:所有正派人士如果不是托派,那也至少得是社会主义者。"①

罗蒂写道,他的政治观点在孩童时代就形成了,那时他当着勤杂工,读到了报纸上详细描写的工会长期遭受的不正义对待。不过他也提到他有"隐秘、怪异、自命高雅、不足为外人道的兴趣"。② 这些兴趣最初集中于童年暑假在新泽西乡下收集野兰花,但后来渐渐转向想象性文学,尤其是普鲁斯特的《追忆似水年华》。贯穿其政治作品的一个主题是人们的私人希望和公共责任之间的关系。他写道,15岁那年进入芝加哥大学后:"当时我心中的计划就是调和托洛茨基和兰花。我想发现能使我——套用我从叶芝那里学来的令人震颤的表述——'在同一个视界

---

① Richard Rorty, "Trotsky and the Wild Orchids," in *Philosophy and Social Hope* (Harmondsworth: Penguin Books, 1999), 6.

② Ibid.

中把握现实与正义'。"③

在芝加哥,他一开始在柏拉图的著作中找寻这样一种视界。不过在上本科课程期间,他逐渐认为柏拉图那种"超越假设"的探索注定会失败,因为不存在这样一个可以据之评估不同假设的中立立场。【199】去耶鲁读博士时,在他心里柏拉图已逐渐被黑格尔取代了。黑格尔主张哲学就是"在思想中被把握的时代"。对罗蒂而言,这种哲学理解意味着,我们可以利用所处时代的环境来"编织一个关于更自由、更好且更正义的社会的概念织体"。④

罗蒂 1956 年获得博士学位。他学术职业生涯的第一站是卫斯理学院,他在那里教了三年书,然后去了普林斯顿大学。在他早期的心灵哲学作品中,他支持"取消物理主义"(eliminative material-ism),这种观点认为,认知科学最终可以对心灵作出说明,从而使人不用再诉诸心灵词汇,比如"信念"和"欲望"。在 20 世纪 70 年代,他转而关注元哲学层面的问题。在《哲学和自然之镜》(1979)中,罗蒂批判了这样一种观念:知识就是对外部世界的心灵或语言表象。在发表于 70 年代、收录于《实用主义的后果》(*Consequences of Pragmatism*,1982)的一系列文章中,罗蒂通过将其联系于皮尔士、詹姆斯和杜威的实用主义而发展了这种观点。他越来越认同实用主义,尤其是,他认为自己的立场"完全与杜威一脉相承"。⑤

《哲学和自然之镜》获得了极大的成功,吸引的读者不限于哲学界,而是遍布人文艺术各个学科。不过回过头来看这本书时,罗蒂遗憾地认为,它并未触及最初将他引向哲学的那个问题:在同一个视界中把握现实与正义。1982 年,他到弗吉尼亚大学任人文学教授,这使他有机会获得一个超越分析哲学的视野。他这段时间

---

③ Ibid., 7.

④ Ibid., 11.

⑤ Richard Rorty, *Objectivity*, *Relativism*, *and Truth*: *Philosophical Papers*, *Volume* 1 (Cambridge: Cambridge University Press, 1991), 16.

发表的作品论域囊括分析哲学和大陆哲学，他试图凸显出自己所发现的两者之间的相似性和联系。1989 年他出版了《偶然、反讽与团结》。这本书以《哲学和自然之镜》中对语言和知识的说明为背景，但写作范围要宽广许多，罗蒂无拘无束地利用哲学家和诸如普鲁斯特、纳博科夫和奥威尔等小说家的作品。在这本书里，罗蒂对私人和公共领域之关系的看法也发生了重要转变，因为罗蒂在书中主张，不必将人的私人激情和社会责任联系起来。"本书试图展现，如果我们不【200】再追求用理论将私人和公共之事统一起来，满足于认为创造自我和社会团结这两种诉求都有道理，但两者永远无法通约，则事情会是何种模样。"⑥

《偶然、反讽与团结》勾勒出了罗蒂所说的"理想的自由主义社会"。在这样一个社会，自由主义体制被认为是历史偶然的产物，没有也不需要哲学证成。许多人认为这本书在谈论政治问题时语气轻挑，它也因此广受批判。罗蒂在后续文章和他的著作《筑就我们的国家：20 世纪美国左派思想》中回应了这种顾虑。《筑就我们的国家》出版于 1998 年，那时罗蒂刚转到斯坦福大学担任比较文学教授。除了提出政治行动和社会改革建议，这本书还对罗蒂眼中美国左派的功与过作了说明。

作为哲学筹划和政治筹划的自由主义

人们经常把罗蒂和后现代主义联系到一起。虽然他曾接受过这个标签，但他对这一描述渐生不悦，在后来的作品中，他和后现代主义拉开了距离。之所以要拉开距离，部分是因为这个词的用法太过杂乱，已经派不上用场了。但更重要的原因是，在很多人眼

---

⑥ Richard Rorty, *Contingency*, *Irony*, *and Solidarity* (Cambridge: Cambridge University Press, 1989), xv.

里,后现代主义意味着拒斥欧洲启蒙运动的抱负和遗产。对罗蒂来说,启蒙运动是哲学家对西方文化最重要的贡献。它的重要性在于挑战了这样一种信念:应该尊敬和服从传统形式的权威,比如启示宗教权威。在启蒙哲人看来,权威本身需要运用理性来证明其确有道理。

虽然认同启蒙运动,但罗蒂认为需要区分他所理解的启蒙的两种遗产:哲学遗产和政治遗产。由此产生了两组不同的问题。哲学问题关心的是自由主义的基础,尤其是自由主义体制是否通过追溯自然权利或人之本性之类的源头而得到了证成。相反,政治问题关心的是自由主义体制相比其他体制的可欲性和优势。罗蒂的论点是,【201】自由主义者可以放弃启蒙哲学,这么做不会危及自由主义体制。他写道:"抛弃西方理性主义不会造成什么令人沮丧的政治影响。启蒙政治筹划看上去依然会像之前那样美好。"⑦

通过区分启蒙运动的哲学成分和政治成分,罗蒂脱离了经典自由主义。17、18 世纪的自由主义者试图通过对自然权利作出说明来为自由奠基。自然权利本身还有别的来源。洛克主张自然权利由上帝保证;康德认为它源于理性的先天原则。然而他们都认为自由主义体制依赖于哲学基础,政府只有保障了先于政治秩序存在的权利(特别是私人财产权)才能得到证成。

罗蒂通过论述晚近对自由主义的批判而非检讨经典作家来表达自己的自由主义思想。在马克斯·霍克海默与西奥多·阿多诺合写的《启蒙辩证法》中,这两位批判理论家宣称,启蒙运动对传统形式的权威提出的挑战开始侵蚀启蒙运动自身的信念。由于启蒙运动使用批判理性来寻求解放,它最终也因为根除了理性和人之本性等观念而开始暴露出自身缺乏基础。霍克海默和阿多诺得

---

⑦　Richard Rorty, *Truth*, *Politics and "Post-Modernism"*: *The Spinoza Lectures* (Amsterdam: Van Gorcum, 1997), 36.

出结论说，自由主义因此剥离了自身的哲学基础和社会凝聚力之源，在思想和道德上都陷入了破产境地。

罗蒂也这样理解启蒙哲学。不过，他认为不能据此得出结论说，启蒙自由主义体制因此受到了威胁。"霍克海默和阿多诺假定，那些开启某一历史发展过程的人用以描述自身事业的词汇依然可以准确描述这一事业，然后得出结论说，词汇的消散使得这一发展过程的成果无权存在下去，或者说丧失了存在下去的可能性。不太可能出现这种情况。"⑧罗蒂承认启蒙形而上学所宣告的进步，但认为那种形而上学半途而废了。洛克、康德等人的言辞依然留有【202】"人类筹划得到非人的权威认可"这样一种宗教需求。在他看来，超越他们不仅可能而且重要："民主政制如今可以扔掉它曾用来构建自身的梯子了。"⑨

罗蒂宣称，诸如霍克海默和阿多诺等学者眼中的启蒙的哲学与政治筹划之间的关系可能"仅仅反映了一个历史巧合"。⑩ 他还主张，不应认为自由主义体制需要确认自身的哲学基础，因为找寻基础可能会变成保障正义与自由的阻碍。和杜威一样，他主张，虽然经典自由主义者为自由和宽容作出了重要证成，但他们这一进路后来阻碍了必要的社会改革。杜威论证说，由经济权利导致的新的社会状况使一些人获利了，但也使其他人陷入了依附关系。罗蒂也认为，强调权利是一种保守主义做派，它将特定时期特定地区的问题和信念当成神圣之物。比如他注意到，托马斯·杰斐逊确实是个自由主义者，他确认了这一绝对真理，即所有人都被造物主赋予了不可让渡的权利，但与此同时，他却是个奴隶主。⑪

---

⑧　Rorty, *Contingency, Irony, and Solidarity*, 56.

⑨　Ibid. , 194.

⑩　Rorty, *Truth, Politics and "Post-Modernism,"* 36.

⑪　Richard Rorty, *Truth and Progress: Philosophical Papers*, *Volume* 3 (Cambridge: Cambridge University Press, 1998), 167.

罗蒂主张即便把启蒙哲学抛到一旁,自由主义体制也可以得到辩护,为了维护这一主张,他讨论了一些他认为已经成功作了这样一种辩护的学者。他认为,和迈克尔·奥克肖特、以赛亚·伯林和约翰·罗尔斯一道,杜威作为一个抛却了启蒙理性主义的理论家可以为自由主义体制提供一种比之前的学者所提出的更强的辩护。可以认为这些理论家是实用主义者,他们试图用现代多元社会的信念和实践来证成自由主义体制。罗蒂建议"我们把这些学者看作是启蒙运动消除自我和创造自我的胜利。他们的实用主义是启蒙理性主义的对立面,虽然这种实用主义只有借助那种理性主义才有可能出现(以良性的辩证形式)。它可以作为成熟的(去科学化、去哲学化的)启蒙自由主义的词汇表发挥作用"。⑫

【203】罗蒂是自由主义者,但他所说的自由主义到底是什么意思呢? 要回答这一问题,我们最好把他的作品放到他参与的讨论的语境中来把握。在 20 世纪 70 年代晚期和 80 年代,英语世界政治理论的中心问题是所谓的自由主义—社群主义之争。部分是受 1971 年罗尔斯《正义论》出版的刺激,迈克尔·桑德尔、迈克尔·沃尔泽以及阿拉斯代尔·麦金太尔等学者批判自由主义忽视人生活其中的具体情境。他们以不同的方式抨击他们眼中自由主义者对个人权利的过分强调,以及相应的对正义的具体环境的忽视。

罗蒂在其最早写的政治理论作品中对社群主义抱有同情。尤其是,他挺欣赏桑德尔对罗尔斯那种超越文化和历史的康德式自我观念的批判。罗蒂自己试图对自由主义体制和实践作黑格尔式的辩护,不诉诸康德式的非历史的理性和道德观念,这种尝试最早在一篇题为"后现代的布尔乔亚自由主义"(1983)⑬的文章中初具

---

⑫ Rorty, *Contingency, Irony, and Solidarity*, 57.

⑬ Rorty, "Postmodernist Bourgeois Liberalism," in *Objectivity, Relativism, and Truth*, 197—202.

轮廓。他所谓的"布尔乔亚"意指在自由主义民主政制中(理想地)得到保证的权利和自由。"后现代"指的则是把这样一种意愿抛到一边:想要为这些权利和自由提供某种如罗纳德·德沃金和(他当时认为的)罗尔斯那样的康德式自由主义者试图找寻的证成。后现代的布尔乔亚自由主义完完全全是一种历史偶然,它认为自由主义体制和实践是特定环境的产物,我们对这种体制和实践的忠诚仅仅源于那些偶然因素。

　　虽然罗蒂开始后悔把自己与后现代主义联系在一起,但他从未背离他对自由主义的这种理解:自由主义就是一种历史偶然。不过,他确实开始改进自己对社群主义和罗尔斯的理解。在一篇写于 1984 年的名为"民主优先于哲学"的文章中,他将桑德尔那种社群主义者描绘为是在坚持这样一种观点:"自由主义体制和文化既不应也不能在启蒙运动为其提供的哲学证成瓦解之后存活下来。"⑭就像他在回应霍克海默和阿多诺时所说的,他反对这样一种主张:【204】自由主义的成败取决于为它所作的哲学证成;他辩称,说"自由主义民主政制'需要'哲学证成完全"没有意义。虽然自由主义可能"需要哲学上的澄清,但它不需要哲学后盾"。⑮

　　"自由主义民主政制不需要哲学后盾"这一主张让一些人惊恐,他们认为如果我们追随罗蒂,那对自由主义就提不出任何批判了。⑯ 但这种说法混淆了两个不同的主张。不会有哪种对自由主义的证成必然能说服每一个理性的人,但这并不意味着完全没什么话可说。罗蒂写道:"我不知道如何以一种宏大的哲学方

---

⑭　Rorty, "The Priority of Democracy to Philosophy," in *Objectivity*, *Relativism*, *and Truth*, 177.

⑮　Ibid., 178.

⑯　可参见, Stephen Mulhall and Adam Swift, *Liberals and Communitarians* (Oxford: Blackwell, 1992), chap. 8。

式……为社会民主作出'证成'或者说'辩护'(这种方式截然不同于仔细检查[自由主义的批判者]提议的替代选项的实际优劣)。"[17]虽然不可能给出哲学证成,但我们可以尝试通过为自由主义的具体优点辩护来证成自由主义。他指出,作这种辩护的最佳方式是进行招人烦的比较:"对自由主义社会的证成就是……把它与组织社会的其他尝试——包括过去的和被乌托邦思想家想象的尝试——作历史比较。"[18]

罗蒂对桑德尔之类的社群主义者越来越持批判态度,与此同时,他对罗尔斯的同情越来越深。他开始主张,罗尔斯对自由主义作出了当代最优秀的哲学澄清。在《正义论》中,罗尔斯把他的任务设定为为现代社会勾勒一种正义理论。在晚期著作特别是《政治自由主义》中,他更为清晰地提出需要这样一种理论,以在道德和宗教的多元语境中保障政治稳定。在罗尔斯那里,他所说的"合理的整全性理论"(具体说来有道德理论、宗教理论和哲学理论)的多元主义意味着,公共政策和制度如果依据某一特定理论构造便无法获得正当性。"多元主义事实"亦即这类理论合理多元地存在这一事实意味着,使其中任何一种理论在与公共关切相关的事务中占据优先地位都是不合理的。相反,他推荐他所说的政治的正义观念,据此,现代社会的制度和法律是根据借由通情达理的公民的信念和价值观发展出来的宽泛的自由主义理解来构造的。罗尔斯明确【205】将这一立场区别于经典自由主义:"政治自由主义不是启蒙时代的自由主义,后者是以理性为基础的整全的且往往是世俗的自由主义。"[19]政治的正义观念并不调用充满争议的道德、神学或哲学前提,相反,它通过诉诸那些内嵌于当代自由

---

[17] Richard Rorty, "Thugs and Theorists: A Reply to Bernstein," *Political Theory* 15, no. 4 (1987): 577—8 n. 20.

[18] Rorty, *Contingency, Irony, and Solidarity*, 53.

[19] John Rawls, *Political Liberalism* (New York: Columbia University Press, 1996), xl.

主义民主国家文化中的观念而得到证成。

在《民主优先于哲学》一文中，罗蒂肯定了对自由主义的这种政治性理解。那篇文章提出了他所说的历史解读，按这种解读，罗尔斯康德化的那一面被认为是一种言过其实的修辞，真正重要的是黑格尔的、历史的那一面。罗尔斯被认为是在应对具体的处境，特别是处理因宗教改革而起的宗教战争的遗留问题。正如罗尔斯所言，在一个已经慢慢变得可接受的、正义被认为是其首要美德的社会中，人们不需要任何经典自由主义者追寻的那种哲学证成。罗蒂写道："这样一个社会将会习惯这一思想：社会政策只要能让这些认为自己是同种历史传统的继承者、面对着同样问题的个体达成相互体让即可，它不需要有更多权威了。"[20]

如果我们接受罗蒂的解读，那么我们可以认为他回答了罗尔斯本人未作回答的问题。在平装版《政治自由主义》中，罗尔斯评论道："我很困惑为什么政治自由主义没有早早被构想出来：鉴于政治生活中存在理性多元主义这一事实，这似乎是表达自由主义观念的自然而然的方式。是不是它有深层次的错误，之前的学者已经发现了，而我没有发现，这才导致那些学者没去理会它？"[21]我们可以想象罗蒂代他回答说，之前的自由主义者使用的词汇表假定，自由主义需要通过诉诸启蒙理性来证成，我们现在唯有学着抛开这个假定来生活。

在罗蒂看来，罗尔斯作品的优点在于，它们应对了现代多元社会的独特处境，同时避免了相对主义和超越文化与历史的阿基米德点这两种让人反感的极端做法。他认为，当罗尔斯提议说正义原则也许可以作为他所说的"重叠共识"的对象时，他提出了一种介于这两个替代选项之间的中道立场。有些评论者认

[20]　Rorty, *Objectivity, Relativism, and Truth*, 184.

[21]　Rawls, *Political Liberalism*, 374 n.1.

为,重叠共识无非就是【206】各种整全性理论碰巧同意某些原则而已。罗蒂不同意这种看法,他坚持认为取得重叠共识的公民不是因为他们的整全性理论已经认同这些原则而赞同的,相反,这是他们积极寻求与持有这类理论的人一起生活而得到的结果:"重叠共识不是因为发现许多整全性观点已经享有共同的信条而产生的,相反,如果持这些观点的人从未开始尝试合作,那么这种共识永远不会出现。"㉒没法确保能够获得重叠共识,也许我们至多只能得到罗尔斯所说的"单纯的权宜之计"。不过理想状态下是有可能超出这种层次,就公平的宪制安排取得重叠共识的。

创造自我和反讽

罗蒂在他的著作《偶然、反讽与团结》中对自己的政治理论思想作了最可靠的表述。在此书中,他总结说,他年轻时试图把正义和美置入同一视界是错误的,它们应该分开安顿。这样一种安顿在"理想的自由主义社会"得到了实现,这种社会不再坚持认为人只有一种活法。它赋予人一系列权利,凭此,个人在某些方面被平等对待,能自由地在那些权利提供的框架内追求自己的目标,同时持不同善好观念的其他社会成员也能享用那些自由。如罗蒂所说:"J. S. 穆勒建议政府把心思都放在如何在给人民的私人生活留出空间和阻止痛苦发生之间求得最佳平衡上面,在我看来,这话基本把道理讲透了。"㉓

罗蒂笔下的自由就是伯林所说的消极自由,它指的是人的行动不受阻碍。在对自由的理解上,他背离了杜威。杜威赞成民主

㉒　Richard Rorty, *Philosophy as Cultural Politics*: *Philosophical Papers*, *Volume 4* (Cambridge: Cambridge University Press, 2007), 52 n. 17.

㉓　Rorty, *Contingency*, *Irony*, *and Solidarity*, 63.

国家的公民更多参与到政治生活中来，主张积极的社群生活是个人自由的先决条件。与之相反，罗蒂对参与性公民生活没什么兴趣，也不接受【207】杜威为参与式民主政制所作的辩护。㉔ 虽然他说自己是杜威主义者，但他从不关注杜威政治论著的具体说法，而是指望别的哲学家能把他心目中的那种自由说明白。在《偶然、反讽与团结》中，尼采就是这类哲学家里最重要的一个。尼采是个创造自我型哲学家，他认为重要的是占有和重新描述经验，而非接受既有的描述。如罗蒂所言："创造自己的心灵就是创造自己的语言，不要让自己心灵的尺度被别人留下的语言束缚。"㉕

罗蒂认为，在理想的自由主义社会中，公民可以自由地创造自己的自主生活。不过他很小心地将自己青睐的这种自主与康德提出的那种自主㉖作了区分。在康德那里，自主是一种自我立法，在这一过程中，人们的选择是由理性作出的，不受经验影响。与之相对，罗蒂青睐的自主是拥抱偶然性——尤其是将自己与那些对自我认同至关重要的东西视为这种偶然的结果，并通过持续不断的重新描述来重新创造它们。

在检讨这些对自主的不同理解时，罗蒂求助于弗洛伊德。弗洛伊德对苦行生活与审美生活作了区分。苦行生活关注的是纯洁性，它的独特之处在于它尝试把一切或然、偶然之物从自己身上清除出去，以更敏锐地意识到真实自我。相反，审美生活的标志不是纯洁性，而是通过"发展出更丰富、更全面的表达自我欲

㉔ Richard Rorty, *Achieving Our Country*: *Leftist Thought in Twentieth-Century America* (London: Harvard University Press, 1998), 104. 他也拒绝罗伯特·威斯布鲁克 (Robert Westbrook) 和谢丽尔·米萨克 (Cheryl Misak) 的说法：杜威的认识论可以发展为对审议民主的一种说明。(Richard Rorty, "Dewey and Posner on Pragmatism and Moral Progress," *University of Chicago Law Review* 74, no. 3 [2007]: 918.)

㉕ Rorty, *Contingency*, *Irony*, *and Solidarity*, 27.

㉖ 在康德的语境中，autonomy 一般翻译为"自律"。——译者注

望和期望的方式,进而使那些欲望和期望本身变得更丰富更全面——也因此使自己变得更丰富更全面"实现的自我扩展。㉗ 审美者不会以苦行追求真我,她拥抱讲述自己生活故事的叙事创造的一切。罗蒂将创造自我与审美生活等同起来,强调这种生活依赖于所继承的东西。自主的人并不被视为一个为自己创造全新世界的人,相反,她应被视作利用【208】和重新描述之前经历的人。在这一点上,罗蒂离开了尼采。在此"不可能有完全尼采式的生活,这种生活单纯只有行动而没有回应;生活中大部分内容都必然寄生于不可重新描述的过去,依赖于尚未出生的后代的宽容"。㉘

在罗蒂看来,通过重新描述创造自我对他的主张——理想自由主义社会的公民将会是"反讽者"——来说至关重要。反讽者与他们的"终极词汇表"保持一种独特的关系,由此他们将创造自我视为自我认同的核心。这种词汇表之所以是终极的,是因为其中的词汇——"好""对""善"等——无法以循环论证以外的方式得到说明。如果这些词汇的用法受到质疑,那么唯一的回应就是诉诸别的信念,这种信念的证成至少部分依赖于被质疑的信念。

> 我会把满足下面三个条件的人定义为"反讽者":(1)她对自己现在使用的词汇表抱有持续不断的根本性怀疑,因为她对别的词汇表印象深刻,这些词汇表被她见过的人、看过的书视作终极词汇表;(2)她明白用她现在使用的词汇表构造出来的论证既无法确证也无法打消这些怀疑;(3)当她对自己的处境采取哲学化态度时,她不会认为自己的终极词汇表

㉗　Richard Rorty, *Essays on Heidegger and Others*: *Philosophical Papers*, Volume 2 (Cambridge: Cambridge University Press, 1991), 154.

㉘　Rorty, *Contingency, Irony, and Solidarity*, 42.

比别的终极词汇表更接近真实,不会认为它与自己之外的力量有关联。㉙

反讽者并不试图使自己逃离怀疑,相反,反讽者紧紧握住不可避免的偶然性。她通过重新描述创造自我,但也承认没法超越一切描述,触及罗蒂所说的"如其所是的现实"。㉚

这样一种反讽者形象已经招来许多批评,其中最重要的两个批评分别认为反讽是高度精英主义的,㉛以及反讽与坚定的信念不相容,会导致共有价值观和生活方式受到诋毁。㉜

如果我们认识到罗蒂试图让每一位公民过上自我创造的生活,那么关于精英主义的担忧可以部分得到减轻。论及这如何能够实现时,他再次援引弗洛伊德(据说他是民主化的尼采)来证明,日常生活中的细节【209】提供了人们可以用来铸就自己生活的素材:"因为弗洛伊德对无意识幻想的解释向我们说明了如何将每个人的生活看作一首诗——或者更准确地说,每个人的生活不会因为痛苦的折磨而无法学会一种语言,也不会因为辛苦操劳而没空进行自我描述。"㉝

还有人说反讽妨碍人们投入到任何社会问题中去,因为它鼓励人们对这些问题抱一种疏离乃至轻蔑的态度。不过按罗蒂的看法,认可偶然并不会动摇坚定的信念。因为如果本就不存在可以逃离偶然性的信念或者说确信,那么承认它不存在就不会改变我们的确信程度。在《偶然、反讽与团结》中他写道:"这本书的根本

㉙　Ibid. , 73.

㉚　Rorty, *Truth and Progress*, 72.

㉛　可参见, Roy Bhaskar, *Philosophy and the Idea of Freedom* (Oxford: Blackwell, 1991)。

㉜　可参见, Susan Haack, "Vulgar Pragmatism: An Unedifying Prospect," in *Rorty and Pragmatism: The Philosopher Responds to His Critics*, ed. Herman J. Saatkemp Jr. (London: Vanderbilt University Press, 1995)。

㉝　Rorty, *Contingency, Irony, and Solidarity*, 35—36.

前提就是,对于那些清楚知道某种信念就是偶然的社会环境塑造出来的人,这种信念依然可以控制行动,他依然认为值得为它付出生命。"㉞他在其他地方更强烈地表达过这一观点,认为反讽不仅不会与道德和政治确信相冲突,还会积极提升某种自由主义宽容。他宣称,意识到自己的信念是偶然的可以使公民变得不那么教条主义,会更愿意思考其他可能的描述:"它有助于使栖居于这个世界的人变得更实用主义、更宽容、更开明、更容易感受到工具理性的吸引力。"㉟

私下反讽与公共希望

　　创造自我是理想自由主义社会的目标之一。第二个目标涉及个人对公民同胞的责任。罗蒂根据朱迪丝·施克莱(Judith Shklar)——她将自由主义者定义为认为"残忍是我们所做的最糟之事"的人——的提示来描述这种责任关系。㊱施克莱将残忍与罪作了对比:罪意味着违逆上帝,残忍则是对另一个人施加痛苦。罪与残忍之间没有内在冲突,但将残忍视为我们所做的最糟之事的人必然会将罪降格为至多是次要的关切。㊲罗蒂接受施克莱对罪与残忍的区分,【210】将自由主义者描述为只对其他人㊳负有责任的人。

　　避免残忍这一禁令本身并未告诉我们残忍可能是什么样的,或者如何才能避免残忍。有些评论家因此要求罗蒂给出残忍的定义。㊴

㉞　Ibid. , 189.

㉟　Rorty, *Objectivity*, *Relativism*, *and Truth*, 193.

㊱　Rorty, *Contingency*, *Irony*, *and Solidarity*, 35—36.

㊲　Judith N. Shklar, "Putting Cruelty First," in *Ordinary Vices* (London: Belknap Press of Harvard University Press, 1984), chap. 1.

㊳　意思是不对上帝等负有义务。——译者注

㊴　可参见, John Horton, "Ironism and Commitment: An Irreconcilable Dualism of Modernity," in *Richard Rorty: Critical Dialogues*, ed. Matthew Festenstein and Simon Thompson (Cambridge: Polity, 2001)。

不过这个要求没提到点上。具体说明残忍的必要和充分条件意味着我们处在一个能对什么是、什么不是残忍作出确定说明的位置上,但罗蒂宣称我们永远不会处于这样一个位置。他在作出这个论证时再次让人想起杜威的论证——杜威担心自由主义的权利可能会把新的不正义形式视作神圣不可侵犯之物。和杜威一样,罗蒂也主张要不断提醒自由主义社会去注意当前规定的权利与自由对某些人造成负面影响的各种方式。

这种提醒的必要性在罗蒂对穆勒的解读中已可见端倪。虽然罗蒂认为尝试在私人利益与激情和社会责任之间达成平衡是政治理论的终极道理,但他还认为这一平衡的本性会随环境变化。因此——举例来说——他在穆勒的基础上加了罗尔斯的主张:要行使自由就得进行经济再分配。

像穆勒和罗尔斯那样的哲学家有助于我们注意到残忍,但罗蒂认为更有用的是那些能让我们对具体的苦难细节变得敏感的人。他把这些人称为“把握细节的专家——历史学家、小说家、民族志作者、揭发丑闻的记者”。[40] 这些人将人们的目光焦点吸引到具体生活的细节上来。小说家在这方面发挥的作用尤其大。纳博科夫和狄更斯这样的作家提供了我们之前没能考虑到的、施加到我们可能没有关心过的人身上的各种形式的残忍的细节(既有个人犯下的残忍行径,也有制度造成的残忍)。

罗蒂因为坚持对私人和公共事务作出严格区分而广受质疑,人们认为这一区分忽视了女权主义的说法:“个人的就是政治的。”[41]不过我们得注意,罗蒂并不坚持在私人与公共之间存在绝对区分,【211】他强调的仅仅是,两者经常互不相干。但罗蒂承认

---

[40]　Rorty, *Objectivity, Relativism, and Truth*, 207.

[41]　可参见, Nancy Fraser, “Solidarity or Singularity? Richard Rorty between Romanticism and Technocracy,” in *Reading Rorty: Critical Responses to Philosophy and the Mirror of Nature (and Beyond)*, ed. Alan R. Malachowski (Oxford: Basil Blackwell, 1991)。

情况并非总是如此。反讽性的重新描述在公共生活中也占有一席
之地：

> 作为一个自由派，我的终极词汇表中与[公共]行动相关
> 的那部分要求我警惕我的行为可能羞辱他人的形形色色的方
> 式。因此，自由主义的反讽主义者需要尽可能发挥想象，以了
> 解其他可能存在的终极词汇表，这不只是为了启迪自身，也是
> 为了理解那些使用其他终极词汇表的人遭受的现实的及可能
> 的羞辱。㊷

罗蒂举例说，在给予了女性投票权后，美国左派忘了女性依然
遭受着各种各样的偏见。要消除这种偏见，必须重新描述社会，让
"男女之分不再那么重要"。㊸他赞同女权主义者曝光迄今为止尚
未被认识到的残忍的例子，进而拓展我们的想象力和道德世界的
边界。

罗蒂的政治论著并不局限于政治理论及其与想象性文学的关
联。在为诸如《民族杂志》(The Nation)、《新共和》(The New Re-
public)写的几篇文章中，他提出了具体的社会改革与体制改革建
议。在他1998年出版的著作《筑就我们的国家》中，他提议他所
说的"人民宪章"。而他提的最重要的建议是要改革选举资金筹
集方式。㊹他还提议实行全民医疗保障、公费保障中小学教育以
及大力增税来为这些计划提供支持。㊺

罗蒂在公共讨论中直接关注的对象是当代美国。但他不止对
美国，还对美洲和欧洲的民主国家抱有希望。正如他评论的，他对

㊷　Rorty, *Contingency, Irony, and Solidarity*, 91—92.

㊸　Richard Rorty, *Truth and Progress*, 227.

㊹　Richard Rorty, *Achieving Our Country*, 99.

㊺　Richard Rorty, "First Projects, Then Principles," *The Nation*, December 22, 1997.

自由主义的历史说明绝不意味着要放弃"铸造一个全球性的世界—社会(它实现了作为基督教、启蒙运动和马克思主义的解放叙事终点的那种乌托邦)的努力"。[46] 罗蒂本人成了自由主义反讽者的缩影,他随时准备对他遭遇的思想家作重新解读和修正,从而对政治理论和政治生活中的议题作重新描述。

推荐阅读

Rorty, Richard. *Achieving Our Country: Leftist Thought in Twentieth-Century A-merica*. London: Harvard University Press, 1998.

——. *Contingency, Irony, and Solidarity*. Cambridge: Cambridge University Press, 1989.

——. "Postmodernist Bourgeois Liberalism." In *Objectivity, Relativism, and Truth: Philosophical Papers, Volume 1*, 197—202. Cambridge: Cambridge University Press, 1991.

——. "The Priority of Democracy to Philosophy." In *Objectivity, Relativism, and Truth: Philosophical Papers, Volume 1*, 175—96. Cambridge: Cambridge University Press, 1991.

——. *Truth, Politics and "Post-Modernism": The Spinoza Lectures*. Amsterdam: Van Gorcum, 1997.

---

[46]　Richard Rorty, *Objectivity, Relativism, and Truth*, 213.

第四部分
对自由主义的批判

14

让-保罗·萨特:"杂事缠身"

威廉·莱昂·迈克布莱德

【215】和本书论述的其他学者一样,让-保罗·萨特(1905—1980)也生活在 20 世纪,而我们已经走入新世纪。此间的区别远不只是世纪前面的数字从"20"变成了"21"这么简单——这只是对时间的任意划分。虽然我们都知道这种以十年、百年为单位所作的划分是任意的,因此毫不奇怪,在萨特生活的世界和我们的世界之间还有许多事情没怎么变化,比如和本书讨论的其他学者一样,依然有很多和他接触过的人还活在我们身边;但同样重要的是这一事实:他大展拳脚那会儿的环境已被封入了久远的记忆之中。正如他接受约翰·杰拉西(John Gerassi)的采访(35 年前的采访,但直到 2009 年才面世)时说的,依然有许多人"记得法国 20 年前是何等模样。(甚至直到 1968 年)它还是世界的中心……巴黎是世上最激动人心的城市……现在这一切都过去了。不会还有谁误以为我们是世界的中心"。① 虽然不无感伤,但我也必须和杰拉西一样,同意萨特的判断,这一判断 1974 年作出,现在依然成立。由于某些原因,萨特在这系列采访中不断使用一个陈旧且不常用的比喻:"在汤里"(in the soup,杂事缠身)——他的意思是"陷入一

---

① John Gerassi, ed. , *Talking with Sartre*: *Conversations and Debates* (New Haven: Yale University Press, 2009), 267.

大堆事情中"，被深度卷入。这确实是他自己在上世纪中叶的处境，杰拉西在一部简短的传记性作品中称萨特为那个世纪的"被人憎恨的良心"，[2]伯纳德-昂利·莱维（Bernard-Henri Lévy）虽然批判萨特，但也同样认为 20 世纪是萨特的世纪。[3] 这些说法可能有点夸张，但它们确实指向了重大政治事件及观念的汇聚点，而萨特正处在这一切的中心。

【216】正如萨特自己明确承认的，在其思想生涯开始阶段，他并不是一个政治理论家。他确实在 22 岁那年在一本国际性的法哲学杂志上发表了一篇简短的论文，但接下来 15 年他的作品集中在以下两个方面：主要受胡塞尔现象学运动激发的哲学心理学（情感、想象）研究，以及哲学指引下的文学创作。当他被要求在法德之间所谓的假战（phony war）爆发之际作为气象兵服役时（1939 年晚期）或就在此之前，他的短篇小说《恶心》（Nausea，这篇小说他改了好几年）和短篇小说集《墙》（Le Mur）带给了他　些恶名。尽管希特勒正在巩固他对捷克斯洛伐克的控制并向东进军波兰，但"假战"由一些小冲突构成，并没有大的战斗发生，而当维希政府投降、纳粹开始占领法国时，"假战"也就结束了。和其他许多法国军人一样，萨特也被关在战俘营里，他和其他被俘同胞一起生活在狭小的营房中，正如他后来常常强调的，这一经历对他产生了深刻影响。这段囚禁经历不算长，差不多 9 个月，和许多人一样，萨特后来逃回了巴黎——对德国当局来说，法国的俘虏并不那么要紧。他帮助组织了一个本质上是非暴力的秘密抵抗团体，显然是听了他的建议，该组织取名为"社会主义与自由"（Socialisme et Liberté）；其成员起草并散发了一些小册子，但不久该组织便解散了。与此同时，他完成了自己的哲学巨著《存

② John Gerassi, *Jean-Paul Sartre: Hated Conscience of His Century* (Chicago: University of Chicago Press, 1989).

③ Bernard-Henri Lévy, *Le Siècle de Sartre* (Paris: Bernard Grasset, 2000).

在与虚无》,这本书他战前就开始写了,出版时间则是在德据时期中期,1943 年 6 月。在同一月份,他的戏剧《苍蝇》(*The Flies*)首次公演并大获成功,该剧的主题源自古希腊,隐晦地表达了反侵占立场。

萨特曾拿奖学金在柏林的法语学院待过一年,在此期间(1933—1934),希特勒逐步取得了独裁权力,对德国犹太人的系统迫害也开始了;萨特还在 1936 年和他的一位好朋友、正要离开巴黎去西班牙参加战斗的费尔南多·杰拉西(约翰·杰拉西的父亲)告别,那时费尔南多听到弗朗西斯科·佛朗哥发动内战——这会导致西班牙长枪党(Falangists)上台——的消息还没两天。尽管如此,萨特早年却没怎么涉足政治运动。"没怎么"这个词挺合适。《墙》的书名来自书中一个同名短篇,【217】这个短篇关注的是一起想象中发生在西班牙内战期间的事件,一个士兵被俘,并遭生命威胁,被逼迫说出他一个战友的下落;这本书里最后一个短篇《一个领袖的童年》(*L'Enfance d'un chef*)描述了一个出身法国富裕家庭的青年成长发展为邪恶的反犹右翼政党法国行动(Action Française)拥趸的过程。④ 甚至在《存在与虚无》中,我们也可以发现不时闪现出的政治洞见;一个很好(但绝非独一无二)的例子是萨特对重新创造过去的简要分析,尤其是对重新创造与拉法耶特侯爵(Marquis de Lafayette)的联系(这发生在刚刚参加第一次世界大战时的美国)的分析,以及对另一个选择即支持德国会导致与过去的其他联系被重新创造为何种不同模样的分析。⑤ 然而这是战时、占领时期,和欧洲其他国家都多少有点不一样,法国当时一方面某些"生意一如往常"(学术出版、戏院等),另一方面人们对

---

④ 作者用这些小说的政治性来解释为什么萨特只是"不怎么"而非"完全不"参与政治。——译者注

⑤ Jean-Paul Sartre, *Being and Nothingness*, trans. Hazel Barnes (New York: Philosophical Library, 1956), 500.

未来抱有持续不断的恐惧与失望,萨特的文章《德据时期的巴黎》⑥对此有很好的描述,这种状态改变了一切。

1944 年 8 月末,盟军解放了巴黎。没过多久——事实上还不到一年——一种时髦思潮以"存在主义"之名流行开来,萨特处在这股潮流的中心。起初他并不拿存在主义这个词——它的若干源头可以追溯到战前——来标榜自己和自己的朋友与同事西蒙娜·德·波伏娃的思想,但这个词的流行用法可以说很快就把他们席卷了进去,而他们也接受了这种用法。与任何诸如此类能够抓住大众想象(包括大众媒体)的标签类似,它的应用很快远远地扩散到了《存在与虚无》(哪怕是对该书更为大众化的解读)的哲学范围之外。"存在主义"开始变成某类文学的名称,最终还变成了一种含义模糊且绝对非传统的生活方式的名称。这种意义上的存在主义不只风行于法国,在西欧其他地方和美国也非常流行。大众文化层面就是这种情形,哪怕与此同时——和某些人的轻蔑主张相反——早在 1944 年,《存在与虚无》中严肃且相当复杂的系统化哲学,以及它对人类自由这一事实的突出强调【218】就被职业评议者认真对待了(总体而言是积极评价多过消极评价)。⑦

萨特和他的许多亲密同事虽然并不拒斥他们开始获得的公众名声和奉承,但他们越来越多地投入到了广义的"政治"之中。就狭义的政治而言,法国新近获得解放的政治生活具有相当程度的复杂性,在此无法作出总结,这和我们的话题也没太大关联。不过

---

⑥ Jean-Paul Sartre, "Paris sous l'occupation," in *Situations*, vol. 3 (Paris: Gallimard, 1949), 15—42. 排在这篇文章前面的是一篇非常短的文章《沉默的共和国》(La République du silence),文章开头是萨特著名的讽刺话语:"我们"(法国)从来没有比在德国占领期间更感自由过。

⑦ 关于这一说法的根据,参见我的论文 "Les premiers comptes rendus de L'*Être et le néant*," in *La Naissance du "Phénomène Sartre": Raisons d'un succès 1938—1945*, ed. Ingrid Galster (Paris: Éditions du Seuil, 2001), 185—99. 举例来说,大名鼎鼎的英国哲学家 A. J. 艾耶尔发表过一篇对萨特著作相当反对但又很礼貌的评论,发表在1945 年 7 月那一期《视野》(*Horizon*)上。

其中一个确定无疑的特征是法国共产党(CP)大受欢迎。不过甚至早在战前,法共就很活跃了,在斯大林和希特勒签署那份声名狼藉却也立即被撕毁的协议(这导致萨特的一个亲密私交保罗·尼赞[Paul Nizan]退出了法共,他在"假战"中被杀害了)后,法共严重受挫,但因为后来其大部分战斗成员都无可非议地坚决投身于抵抗运动,法共又深受爱戴了,在战后某些选举中,法共能得到多达25%的选票——在多党制下,这个比例已相当可观。因此一些法国知识界的领军人物决定创办一份在经验和理论层面研究战后状况之新现实的刊物就——正如具有强烈决定论信念的正统马克思主义者爱说和写的——"绝非偶然";这首先意味着(虽然绝不是唯一的研究对象)在经验层面研究国内国际的政治现实,在理论层面回应共产党人声称拥护的思想体系亦即马克思主义变得越来越重要这一现象。该杂志取名为《现代》(*Les Temps Modernes*),这个名字来自卓别林的电影《摩登时代》。萨特是杂志首任主编,他在这个位置上干了很多年,最初的编辑部里有持多样观点的各色杰出人物,比如自由民主派的雷蒙·阿隆。正如它最初的"介绍"和后面几年发表的社论(大部分出自萨特的老搭档莫里斯·梅洛-庞蒂的手笔,但并未署名)中所阐述的,该杂志的目标是宣传强有力的非共产主义(但也不反对共产主义)左翼思想。阿隆和其他一些人没多久便退出了,但在很长一段时间内,该杂志在法国乃至一定程度上在国外都有很大影响力,虽然它的发行量从来不算特别大。

【219】萨特在政治理论领域的第一批严肃文章中有一篇名为"唯物主义与革命"(Materialism and Revolution),最初发表在很早的一期《现代》上。这反映了一种政治写作的出版模式,这一模式几乎从不间断地维持着,直到萨特那些篇幅更长的重要的社会政治著作出版,这其中最重要的是《辩证理性批判》(*Critique of Dialectical Reason*)。确实有一些"纯粹主义者",他们想要将萨特那些

较短的政论(经常是——甚至可以说一般都是——因为正在发生的历史事件而写的)和他的更为系统的社会政治著作(其中首屈一指的是《辩证理性批判》)区分开来;甚至萨特自己有时也表现出这种想法,在接受采访时尤其如此。不过在我看来,作出这样确凿的区分带有误导性,且只会事与愿违,《唯物主义与革命》——这篇文章收进书⑧后有 90 页篇幅,很难再把它称作短文了——能很好地例证我的观点。此文直接处理了法国共产党的那些自封的正统马克思主义者的本体论主张,亦即在人类历史中只有物质和决定论能胜出;该文贬斥这一主张,认为这只是一个神话,是从未得到证明的信仰。我们很难说这是"偶然提出的"主张。在那篇文章里,萨特接下来又写道,共产主义者已经因为坚持唯物主义教条而取得了很多胜利(这是因为强化了工人在统治阶级面前的心理上的平等感而非卑下感;当然除此之外还有其他原因),但萨特抗议道,推翻压迫这一正当合理的目标应该通过一种承认人类自由这一事实的哲学而非哲学唯物主义谬论来提出。

　　在萨特学术生涯的这一阶段(大致是 1945 到 1960 年这 15 年)写作的其他重要政治作品中,至少有四部作品特别值得关注:《反犹分子和犹太人》(Anti-Semite and Jew,法文题目是 Réflexions sur la question juive[《关于犹太人问题的反思》],这个题目更明白些);《文学是什么?》(What Is Literature?);《共产党人与和平》(The Communists and Peace)以及《斯大林的幽灵》(Stalin's Ghost)。(《探寻一种方法》[Search for a Method]最初就是和《斯大林的幽灵》在同一时期也就是从 1956 年秋季一直到 1957 年初创作和出版的,最早出的是波兰译本,但它最终变成了《辩证理性批判》的序言,我也会把它作为该书序言在稍后进行讨论。)萨特的反犹主义研究在巴黎解放后不久便写出来了,它格外有价值的

⑧　Jean-Paul Sartre, "Matérialismee t révolution," in Situations 3: 135—225.

地方在于细致展现了反犹主义者如何创造了他(或她)的犹太人形象,后者于是——用我们今天的话说——被妖魔化了(萨特谈到了摩尼教)。萨特在文中的心理机制分析使这项研究成了【220】开创性文献,打着其他旗号的种族主义者所展现的心理机制和这种心理机制也很类似。⑨ 这篇文章还有其他有价值的观点,比如萨特进一步对他称为"民主派"(他指的是那类肯定每个人的抽象人性并因此完全拒绝承认存在"犹太人问题"的好心的自由派)的那类个体所作的批判。虽然对如今大部分理论家而言,这一立场的缺陷可能是显而易见的,但在当时,萨特对他们的界定具有相当程度的原创性。另一方面,《反犹分子和犹太人》对犹太教传统的重要性的理解有严重缺陷,萨特在晚年和他的犹太秘书本尼·莱维(Benny Lévy,不要把他和 Bernard-Henri Lévy 搞混)以及他收养的犹太裔女儿阿莱特·萨特(Arlette Elkäım Satre)一道,致力于通过努力研究这一传统来克服这一缺陷。

《文学是什么?》(1947)是萨特对已经在发表于《现代》的作品中宣告过的、已经被人特别是被那些反对其政治议程的人抨击的概念——介入文学(littérature engagée)、参与或者说"介入"的文学——作的辩护,这一辩护热情洋溢,历史材料丰富。在文中,萨特讨论了在过去的历史阶段作家所扮演的各种角色,并以高度的批判性特别强调了 19 世纪晚期"为艺术而艺术"的狂热信仰,这一信仰已经产生了间接的政治影响,亦即巩固了现状;他将会在晚年对一位最能代表这一信仰的人物古斯塔夫·福楼拜的研究中返回这一主题,那项研究被冠以《家庭白痴》(The Family Idiot)之名。在《文学是什么?》中,萨特再次抨击了欧洲共产党官方意识形态家笔下那种衰朽僵化的马克思主义,并直面诸如挑战布尔乔

---

⑨ 例如 Lewis Gordon, *Bad Faith and Antiblack Racism* (Atlantic Highlands, NJ: Humanities Press, 1995),这本书用了很多萨特的哲学。

亚的主宰地位(他的大部分读者不可避免地就是这个阶级的成员)、政治与道德的关系等艰巨问题。显然,如萨特所认为的,介入文学必须从道德视角出发来写作,然而与此同时也要避免那种教条化、没头脑的道德主义,正统共产主义作家是后者的绝佳代表。

　　在此之后就是 20 世纪中叶,冷战的高峰时段;同样是这一时期,往往很痛苦的去殖民化进程开始了,朝鲜和中南半岛的热战进行着,菲德尔·卡斯特罗领导的古巴革命成功了,以及【221】我们现在回过头来可以理解为华约和苏联解体进程开端的一切也初露端倪。在所有这些事件中,萨特的名字——正如我前面指出的,由于战后不久存在主义便流行开来,萨特已经非常有名了——都非常有分量,这就是为什么 B. -H. 莱维将 20 世纪——或者至少是 20 世纪中期——称为萨特的世纪是非常有道理的,在那一时期,萨特确实"在汤里"(杂事缠身)。萨特写了一些重要文章来研究和批判殖民主义与新殖民主义,其中影响力最持久的无疑是他为弗朗兹·法农(Frantz Fanon)的《全世界受苦的人》(*The Wretched of the Earth*)写的充满挑衅的序言,该书出版于 1961 年,当时法国政府依然宣称对法农的移居地阿尔及利亚拥有主权。萨特写了《亨利·马丁案》(*L'Affaire Henri Martin*, 1953)来为一个法国军人、共产党员辩护,后者号召反对政府在中南半岛挑起的战争并因此入狱;几年后,萨特和伯特兰·罗素坚定地联起手来,对所谓的美国在越南的战争罪行发起了非官方"审判"。他去过很多地方,最引人注目的是去了苏联,对于这趟旅程,他一度展现出了一定程度的热情,后来他为此感到后悔;还有是去了古巴,他在那里结识了古巴新领袖卡斯特罗,他对卡斯特罗的态度也发生过类似转变。要理解萨特亲眼见识过共产世界统治阶层的政治伪装后所经历的幻灭(他从没有对西方权势集团着迷过),最简单的办法也许是比较之前提到的两篇文章《共产党人与和平》(1952 和 1954)以及《斯大林的幽灵》(1956/7)中透露出来的信息。

萨特写《共产党人与和平》是受了他在意大利休假时发生在巴黎的一系列事件的刺激。法共组织了多场游行示威活动,抗议将美国将军李奇微任命为北约新任司令。法国政府对示威活动态度非常强硬,逮捕了法共领导人雅克·杜克洛(Jacques Duclos)。萨特因为这一形势变化而出离愤怒,立即写了他的长文的第一部分,以说明从历史角度来看,苏联共产党人及其在其他地方的附属政党支持维护世界和平的努力。在文章第二部分,他检讨了共产党人和工人阶级在这样一种处境中的关系;尽管托派集团和其他人持相反看法,但萨特认为共产党是政治舞台上能支持工人要求的唯一有分量的力量。这一部分是在共产党人后来发起的游行示威活动没能吸引到预期数量的支持者后写的。【222】最后,在一年半后更多基于历史角度写的文章第三部分,萨特讨论了差不多从巴黎公社失败的80年前起法国工人阶级演变的社会政治面向。在他写作这篇文章以及许多其他作品的这一阶段,还有其他的标志性事件:他先是因为在《现代》上写了篇文章评论阿尔贝·加缪的作品《反抗者》(The Rebel)(这篇评论尖锐批判了该书污蔑政治革命理想的尝试,这让加缪极端愤怒)而与后者决裂,后来又因为种种事情渐渐与莫里斯·梅洛-庞蒂分道扬镳,最早的争端源于对朝鲜战争爆发原因的不同解读。

1956年初,苏联共产党新任总书记尼基塔·赫鲁晓夫发表了他的著名演说,这本来只是讲给忠诚党员听的,但很快传遍了世界。在这篇演说中,他指出了斯大林犯了哪些罪行,由此开启解冻时期。在某些属于所谓东欧集团的国家——其中最显著的是匈牙利和波兰——人们开始行使一定程度的思想自由乃至政治自由。我们今天知道,波兰是好不容易才没有招来苏联的入侵。但匈牙利就没这么幸运了,苏联军队闯入匈牙利镇压了人民起义,推翻了为了回应人民要求而组建的新政府。萨特写了一篇文章作为回应,题目是《斯大林的幽灵》,这个题目已经点出了对这些事件的长篇分析的核心论点。虽然这个词儿仅仅意指"阴魂不散"——令人不安、气馁、应予谴责,但不是苏联体制本身的死亡——但从总体上看,这篇文章表现出一种不断增强的幻灭感,12年后发生在捷克斯洛伐克的类似事件使萨特的这种幻灭感变得完全且彻底不可逆转。

在声望和影响力的生涯顶点时刻,萨特在更为严格意义上的政治面向(我自始至终预设了这些面向的存在,并且试图通过提及他的一小部分文章来展现这些面向)中的许多表现,都无法与其更为纯粹的理论立场相分离。我们现在可以转向那些理论立场了,萨特在他那本 750 页的巨著《辩证理性批判》第一卷中表述了这些立场,在该书法文版中,第一卷前面还有一篇文章《探寻一种方法》,后面则将会是第二卷;第二卷一直没写完,但它最终在萨特死后出版了,这是一本超过 450 页的书。

《探寻一种方法》——法语是 *Questions de méthode*(《方法问题》),首发此文的波兰语版题为 *Marksizm i Egzystencjalizm*(《马克思主义与存在主义》)——最初是赫鲁晓夫解冻时期的副产品,那时【223】一份波兰杂志的主编被允许筹备一期关于当代法国哲学的专刊,同时向共产党员和非党员征稿。萨特接受了主编的邀请,执笔作了一番直截了当的概览分析,该文最初聚焦于欧洲大陆哲学家有时所说的"哲学人类学":就是说如何才能理解人在社会语境中的行为,萨特把这个问题视作方法论问题。(随后他介绍了他那篇幅浩大的福楼拜研究,以之为例讲述了适用于研究单一个体的好方法。这一例证需要用很长篇幅来写,而且依然处于未完成状态,尚缺计划中的写福楼拜的巨著《包法利夫人》的第四卷,这些缺陷可能一定程度上劝退了许多原本会支持这一方法的人。)萨特将弗洛伊德主义和美国的行为主义社会学作为可欲方法的两个可能选项作了讨论,但因认为其片面、不充分而拒绝了它们。他推荐的是他所说的三步走"前进—回溯方法",后者最初是由社会学家—哲学家(曾是共产党知识分子,之前对萨特的存在主义作过辛辣抨击)亨利·列斐伏尔提出的。这一方法首先要求对所研究的社会作现象学描述,然后是进行("回溯")分析,也就是回溯背后的历史因素和其他因素,最后是基于"回溯"探究得出的对既有事态的新的、更深刻的理解来重构这些事态。列斐伏尔和当时的萨特都认为这一方法论程序与马克思的理论相一致。

正如最初的波兰语标题暗示的,《探寻一种方法》首先要做的是尝试将一种方法论上精致的、非教条的马克思主义与存在主义结合起来。萨特在开头宣称,马克思主义是当前时代占支配地位的哲学,甚至其最严厉的批评者也必须聚焦这一哲学,萨特建议让存在主义附属于马克思主义哲学,不过虽然是附属,它也是对后者的必要补充。存在主义成分是必要的,因为正如萨特一再强调的,教条化的马克思主义已经僵化、停滞不前,无法严肃对待自由且复杂的人类个体问题了。举例言之,他说当代教条化马克思主义者笔下的个人好像是没有童年的,他们就是在赚自己的第一份薪水时出生的。[10] 他表示自己原则上同意马克思主义的核心观点,即人是由物质条件塑造的——塑造,但并非完全决定——但嘲笑那种【224】以俄国早期的马克思主义者普列汉诺夫为代表的思考方式,后者主张,如果拿破仑从未出现在世上,那么会有其他某个像拿破仑那样的人扮演这一角色,带来同样的历史后果。与之相反,萨特强调了他那出自《存在与虚无》的重要观念,即作为个体的人类的特点来自他们自己对未来所作的筹划,他开始在这一观念和历史"总体化"(historical "totalization")观念之间建立某种联系——这一点在《辩证理性批判》中会变得更清楚;历史"总体化"

---

[10] Jean-Paul Sartre, *Search for a Method*, trans. H. Barnes (New York: Alfred A. Knopf, 1963), 62.

是他为从社会历史发展的内部出发,根据这一发展来理解社会所提的一项主要建议。(在他那里,与之相对的术语是"总体性"[totality],这是一种看待社会和历史的具体化的外部视角。)他引入了匮乏(scarcity)作为重要的说明性概念,用以理解人类直到现在的历史。他对《探寻一种方法》第一部分作了总结(估计他对整个文本也会作差不多意思的总结),他主张,人类最终能克服匮乏,到那时,我们将不再需要马克思主义哲学,取而代之的是一种强有力的自由哲学。

正是对《探寻一种方法》这个文本的历史语境的考察(相比任何我提过的与他的某些早期文章有关联的一些具体事件,它可能都更具决定性地)促使我在文章开头作出了这一评价:这样一种时代环境已经尘封于遥远的记忆之中。事实上,他的主张"马克思主义是当前时代占支配地位的哲学"如今听来可能令人诧异,但在写这篇文章的年代,这可以被很实在地视为一个简简单单的事实陈述:马克思主义就是法国和欧洲其他地方以及世界其他地方的支配性哲学,虽然盎格鲁-撒克逊国家是例外。情况已经改变,虽然考虑到——比如说——经济因素一如既往那么重要,全球范围内收入和资源的巨大不平等,以及其他情形的存在,人们应当要有意愿去主张,马克思主义应当占据支配性地位。发生这一转变的其中一个主要历史原因自然是官方马克思主义在理论上和实践中变得僵化,萨特在这篇文章里着重强调了这一点。在《辩证理性批判》中,在他未能写完的第二卷中,他又不时强调这一点;在第二卷中,他以几百页篇幅聚焦斯大林主义在 20 世纪 30 年代所走的"弯路"(曲折道路,或者说偏离正路),他认为这一弯路已经促使世界上每一个人在"同一个世界"(他有些令人惊讶地用了这个英文表述:"One World")的语境中去重新思考根本性的社会政治问题和历史问题。然而我们有理由发现其他更为纯粹的理论的、非历史的或者说超历史的原因,来解释为什么在萨特的《辩证理性批判》本身的深层结构中,马克思主义的支配性地位下降了。

【225】我说这话的意思是,《辩证理性批判》——这本书(的第一卷)想要通过分析各种社会形态,从非常抽象的层面下降到现实、具体的历史中来——以这样一种方式写作,以至于它把萨特的辩证思想最显赫的先驱黑格尔和马克思的思想中的一项根本假定——进步是必然的——放进了历史的垃圾堆(姑且用这个比喻)。萨特在书中一直强调他的首要目标是解释而非证成或谴责,他明确宣称,他所构想的辩证法是可以出现反转的。事实上,这一主张是通过他对其诸渐进阶段的细致分析得出来的。这几个阶段粗略来说是这样的。首先是主要根据"实践"(这个术语最直接的来源是马克思,萨特用它来强调人类行动,这不同于《存在与虚无》中与之相对应的更偏纯理论的术语"自为")来构想的人,这样的人在匮乏的环境中对"惰性物质"(对应于前期著作中的"自在")施加行动。这一初始阶段的基本社会结构被萨特称作"序列性"(seriality)或"序列"(the series):人在这一初始阶段虽然在某种基本的存在意义上是自由的,但他们被迫在萨特所说的"实践惰性"(practico-inert)语境中讨生活,由此也沾染上了惰性物质的许多特征,且起初是没有希望能去控制这些特征的。不过序列性不只是早期人类社会的特征,在许多现代处境中我们也可以发现它:例如萨特对排着队等公交的通勤者,对无数家庭中无能为力地听着政府控制的广播台的公民,对股票市场的运作等作了令人难忘的刻画。

与序列性形成戏剧性对照的是这样一种处境:人们——往往是因为感受到了某种严重威胁——联合起来,试图借助萨特所说的"团体"(group)克服他们被动的社会存在。他对这一概念所作的最重要的例证是巴黎圣安托尼区居民采取的行动:由于害怕皇家军队认为他们有嫌疑而攻击他们的街区,他们或多或少自发地组织起来采取行动——在该事件中是去攻占赫然耸立在街区入口的巴士底狱。这种"*groupe à chaud*"(即时团体)或者说融合中的群体的初始状态是共同实践的状态,没有公认的领袖——虽然即便是这种最整齐划一、最同质化的社会结构形式,萨特也拒绝认为它变成了一个有机整体,而是强调每一位参与者依然保有一丁点个体自由。然而人们很快就会感觉到需要【226】通过从宣誓(对团体宣誓效忠)到创造出拥有"最高统治权"的职位以进一步组织化直到官僚化的诸多步骤来进行组织、分配任务,于是之前的团体又陷入了被动状态,这和《辩证理性批判》中的初始阶段的序列性多少有一点相似。这就是现代社会的一般状况,当然这种状况有许多复杂的变体。

这本著作内容无比丰富且依然被人低估,它里面满是有趣的分析和描述。书中一些地方会让人回想起霍布斯和其他契约论理论家,还有一些地方则让人想起黑格尔和马克思,但它依然具有高度的创造性和原创性。前面这一简单的概述应该至少能让人明白它远离了黑格尔或马克思那种必胜信念。萨特确实在一个脚注里提到过"永远保持团体实践"的可能性[⑪]——这不会成为社会主义的目标——但没有哪个认真研读这一分析的读者会有可能顺着这些线索对未来产生强烈期待。萨特死后出版的第二卷——萨特对斯大林主义在20世纪30年代的实践的长篇分析是计划中但最终没能完成的对作为"总体化"的一个过程(或准确地说是相互间联系越来越紧密的许多过程)的(如副标题所说的)"历史的可理解性"的更大篇幅分析的一部分——也不会改变这一终究是消极的印象。

萨特在其最后的岁月中总结道,马克思主义对他来说归根到底决定论色彩还是太强了,已经无法挽回,他完全没法再认为自己

[⑪]　Jean-Paul Sartre, *Critique of Dialectical Reason*, trans. A. Sheridan-Smith (London: NLB, 1976), 309.

是马克思主义者了;正如他在接受他的秘书本尼·莱维采访时说
的(这个采访在他去世前不久以"现在的希望"⑫之名发表在一份
报纸上),他自己对世界未来的预期远谈不上乐观。虽然萨特在
开始遭受失明之苦的最后时光中一边从事政治活动一边继续写他
的东西,特别是关于福楼拜的书,虽然他去世后还有很多作品出版
(尤其是从 40 年代晚期开始写的、未完成的《伦理学笔记》[*Note-
books of an Ethics*],以及他决定取消在康奈尔大学的讲座作为对
美国在 60 年代入侵越南的抗议前,本计划在那里作的那些讲
座),已经额外展现了他的社会政治思考和伦理思考,但回过头来
看,《辩证理性批判》必须被视为他在"二战"之后学术生涯的最重
要成果。它既是之前一系列作品的顶点(我在前文中就试图将它
这样定位),又是【227】它写作和出版的那个年代,一个生命形式
事实上正在衰老的时代的独特纪念碑。也许我们可以说这印证了
黑格尔的格言:密涅瓦的猫头鹰在黄昏起飞。

推荐阅读

Sartre, Jean-Paul. *Being and Nothingness*. Translated by Hazel Barnes. New
    York: Philosophical Library, 1956.

——. *Critique of Dialectical Reason*. Translated by A. Sheridan-Smith. London:
    NLB, 1976.

——. *Search for a Method*. Translated by H. Barnes. New York: Alfred A.
    Knopf, 1963.

---

⑫ Jean-Paul Sartre and B. Lévy, *Hope Now: The 1980 Interviews*, trans. A. van den Hov-
    en (Chicago: University of Chicago Press, 1996).

15

米歇尔·福柯:一种关心自己和
他人的伦理政治

阿伦·米楚曼、阿伦·罗森博格

【228】米歇尔·福柯的名字似乎已经和对权力这一首要政治概念的讨论难分难解地联系在了一起。福柯写的一切东西几乎都渗透着政治、政治之事,就好像这是他生命的重心所在。我们①相信,福柯的研究路数之所以这么有生命力,离不开它的这一特征:把伦理和政治放在一起考虑。他在晚年试图把自己思想中的几股线索编织到一起,他那时事实上开始把政治看作一种伦理学——不是理解为规范性规则或道德体系,而是理解为自我与自身的关系,一种把自己塑造为主体的方式。在我们看来,福柯 20 世纪 80 年代初的伦理学转向并没有使他离开政治领域,相反,他是在概念层面把政治重塑为一种伦理政治。最后我们主张,福柯 1984 年去世时正在琢磨一种关心自己和他人的伦理政治的大致轮廓。

福柯因为拒绝起源性、基础性、非历史性的主体而为人所知,这种主体概念塑造了从柏拉图和亚里士多德到康德和黑格尔的西方形而上学传统。福柯笔下的"诸主体"——他的书里、讲稿和采访中满是对它们以及它们的谱系的讨论——是以特定的配置(*dispositifs*)和话语(*discours*)为基础历史地塑造出来的,配置和话

---

① "我们"指的是本文的两位作者。——译者注

语本身是偶然且变动着的实践的产物，它们不可分割地与之联系在一起。配置是权力关系、策略和技术构造起来的网络，以这些为基础，一种主体性模式被塑造了出来。话语塑造了特定的规则和程序网络，以此为基础，"真理"得以在特定历史时空中确立起来，福柯所说的"真理"体制就是根据这一网络建立起来的。和由它们塑造出来的各种主体性模式一样，这些配置和话语也都拥有自身的历史性。

【229】从康德的问题"什么是启蒙？"开始，现代哲学的其中一股线索围绕着下面这个福柯自己显然很关注的问题展开：当下的我们是谁？他在 1983 年法兰西学院课程的第一讲对自己的哲学观作了详细说明："哲学作为当下现实显露出来的表面，作为对当下现实（哲学也是其中的一部分）的哲学意义的探问，作为哲学家对他本人归属其中且必须和他处于某种关系之中的这个'我们'的哲学探问，在我看来，这就是作为归属于现代性的话语和以现代性为对象的话语的哲学的独特特征。"②

在 1981 年的一次采访中，福柯被问道："你走过了怎样的历程？是什么驱使你这样思考的？"鉴于福柯在其作品中对谱系学的强调以及他对历史的理解，人们也许会期待他对自己的思想和文本作一番谱系学澄清：从他出版的第一本书《古典时代疯狂史》（*The History of Madness*, 1961）③开始，然后是使他暴得大名的《词与物》（*The Order of Things*, 1966），最后是他对权力关系以及权力关系以哪些方式塑造现代意义上的性的开创性研究，亦即《规训与惩罚》（*Discipline and Punish*, 1975）和《性史》（*The History of*

---

② Michel Foucault, *The Government of Self and Others* (New York: Palgrave Macmillan, 2010), 13.

③ 作者写的是英文书名，但和通行英译本（*History of Madness*, Routledge Press, 2006）不一致。法文原版书名为 *Histoire De La Folie a L'age Classique*，中译本为《古典时代疯狂史》。后文中还会出现中译本和英译本书名对不上的情况，译者的处理方式都是写通行中译本书名，附上英文书名。——译者注

Sexuality, 1976）。不过福柯的回答是："你这个问题挺难回答。这首先是因为在走到道路终点之前,我们是无法确定这条路线的。"④在此我们或许可以这样来学习福柯的思想:从他最后那一系列演讲和课程中关心的问题出发,聚焦人们所说的他的"伦理学转向",关注在他于 1984 年英年早逝之时他自己的"道路"、他的哲学旅程把他带到了何处。⑤

于是,对福柯的"各种历史"的一种有益描述是,这是主体的各种谱系。不过正如福柯 1980 年在伯克利和达特茅斯的演讲中所言,他的历史有着明确的"政治维度":

> 我所说的是这样一种研究,它和我们愿意接受的我们生活的世界中的东西,和我们身上以及我们所处环境中的我们愿意接受、拒斥和改变的东西相关。总之,这就是要去找寻另一种批判哲学。不是那种试图确定我们可能获得的关于客体的知识的条件和界限【230】的批判哲学,而是找寻转变主体、改变我们自身的条件和无限可能的批判哲学。⑥

福柯早在《词与物》著名的(也可以说是声名狼藉的)结论中就提示了这些可能性,他在那里暗示了这一前景:创造出现代主体的各种"安排"可能会崩溃,在这种情况下,我们可以"很有把握地打赌,人会像画在海滩上的面孔一样被抹掉"。⑦ 虽然那时有很多解释者对福柯的解读是,和他所谓的结构主义立场一致,他已经宣告

---

④　Michel Foucault, "What Our Present Is," in *The Politics of Truth* (New York: Semiotext[e], 1997), 147.

⑤　这些问题受到的批判性和解释性关注也是最少的,因此虽然它们在福柯的学术路径中非常重要,但被研究得依然相对较少。

⑥　Michel Foucault, "Subjectivity and Truth," in *The Politics of Truth*, 179.

⑦　Michel Foucault, *The Order of Things*: *An Archaeology of the Human Sciences* (New York: Vintage Books, 1994), 387.

了"主体的死亡"，但在我们看来，福柯是在点出我们可能创造出新的主体模式的历史—政治条件。被抹掉的是弥漫于西方哲学传统的基础性主体及其基底；死去的是人文主义主体模式，这是一种特定的主体性模式，正如朱迪斯·勒韦（Judith Revel）指出的，这被看作是"一种唯我论的、非历史的意识，它是自己构造出来的，享有绝对自由"。⑧

于是福柯的哲学旅程——那种批判哲学的展开——开始走向这一路途：阐述我们所说的关心自己的政治，这一工作的起点可以追溯到 1980 年左右；一直到去世，福柯都在从事这项计划。在1980 年 11 月第二次达特茅斯演讲的末尾，福柯对这项计划作了清晰说明：

> 也许我们现在的问题是要去揭示自我不过就是内嵌于我们的历史之中的技术的历史相关性（historical correlation）。也许问题是要去改变那些技术（或者也许是要摆脱那些技术，然后摆脱与这些技术相关联的牺牲）。那么既然如此，现在一个主要的政治问题就将是我们自身的——严格意义上的——政治。⑨

这样一种关心自己的政治需要谱系学研究，分析塑造了我们的现代主体性的历史偶然性和与之相伴的权力关系，以及我们当下现实中所包含的创造新的主体性模式的可能性。福柯的政治理论因此是一种批判的自我本体论，是对我们自己，对我们在历史中变成的那种主体，对将我们自己塑造为不同样子的可能性的批判。

---

⑧ Judith Revel, *Dictionnaire Foucault* (Paris: Ellipses, 2008), 129.

⑨ Michel Foucault, "Christianity and Confession," in *The Politics of Truth*, 230—1. 括号里的话是编辑加进去的，出自伯克利演讲。

【231】福柯对现代社会权力关系、各种各样的支配模式、规训和控制——他称之为 *assujettissement*，我们将它翻译为"subjec-tification"（屈从化）——的分析不能被简化为服从或压制，后者暗示主体是消极的。它还包含着被屈从化的人进行抵抗的可能性。认识到主体在 *assujettissement* 或者说屈从化过程中的积极作用很重要，这一点在 20 世纪 70 年代变得尤其重要，那时福柯对权力关系的探究超出了主权和规训权力（以及相应的"驯顺的身体"）的范围，拓展到了他所说的"治理术"领域。在福柯看来，现代治理术不再将权力关系局限于强制和服从的范围内，相反，它把对整个人口的生命的全面管理也纳入其中。随着自由主义的诞生，在 18 世纪末、19 世纪初的西欧，个人以及全部人口的整个生命——性、心理、医疗、教育、经济和道德——越来越多地被福柯所说的"生物—权力"（bio-powers）以及由一种"社会医学"（social medicine）施加的关于正常和不正常的区分所覆盖。不过在覆盖生命的方方面面时，治理术也意味着直接将人卷入其微观权力的运作过程之中，并使支配技术和个人技术真正交汇在了一起。正如约翰娜·奥克萨拉（Johanna Oksala）所言，哪怕当治理术允许权力技术渗入个人和政治生活的每一个毛孔之中时，主体在前者的笼罩之下"如今可以背弃自身了：可以批判地研究自身的构造过程，同时可以将之毁坏、完成转变了"。⑩此外，正如朱迪斯·勒韦指出的，生物权力同样可以成为"与之相对的权力出现的地方，表现为去屈从化（*désassujettissement*）的主体塑造过程发生的地方"。⑪

在超越屈从化问题后，福柯的伦理学转向促使他去探究塑造自己的各种可能——在 1982 年法兰西学院的课程中，他会把这称

---

⑩ Johanna Oksala, *Foucault on Freedom* （Cambridge：Cambridge University Press，2005），165.

⑪ Revel，*Dictionnaire Foucault*，26.

为 *subjectivation*(主体化)。主体化是一项"重新把自己作为生命技术、生活艺术的目的和对象"⑫的筹划,包含一种源于主体自身的自我实践、他(或她)自己的选择的自我关系。这成了【232】一种解决主体问题的新方式,虽然天不假年,福柯没能把它系统阐述出来,但在我们看来,这是他在《性史》第一卷出版后的伦理学转向的必要组成部分。它表明了福柯对当代社会文化世界为生活艺术计划和自我改造提供的前景日益增长的兴趣。

屈从化和主体化的重要区分也对应于两种独特的权力模式,由于英语本身的一些用法习惯,这一区分在福柯的英译本中被遮蔽了。福柯在说到屈从化时是把它和 *pouvoir* 联系在一起的,而当他说到主体化时,与之相关的则是 *puissance*。英语用同一个词"power"来凑合翻译这两个术语,但 *pouvoir* 是 power *over*(操控能力),*puissance* 则是 power *to*(行为能力);前者和支配与服从关系相关,后者则和自我创造与去屈从化相关。

福柯在探讨伦理(在他看来这是政治不可分割的一部分)时探究了自我创造的前景,还研究了它与自由问题的关系。在福柯看来,伦理关心的是自我与它自己的关系,亦即我们如何与自身相关。它关心的是我们如何"治理"自己的行为,这构成了他所说的"伦理的四重构造"(ethical fourfold),它的其中两项和我们此处的讨论关系尤其密切:人们作用于自身的伦理实践,即努力"尝试把自己变成自身行为的伦理主题";以及目的,即自我塑造这一目标,这是他所追求的。⑬ 按福柯的看法,伦理和自由无法分离。确实,正如他在最后接受的某次采访中所言:"如果伦理不是自由的实践,不是有意识的(*réfléchie*)自由实践,它还能是什么呢?……

---

⑫ Michel Foucault, *The Hermeneutics of the Subject* (New York: Palgrave Macmillan, 2005), 333.

⑬ Michel Foucault, *The History of Sexuality*, vol. 2, *The Use of Pleasure* (New York: Vintage Books, 1990), 27.

自由是伦理的本体论条件。但伦理是因为思考而变得有知有识时所表现出来的深思熟虑的自由形式。"⑭

　　然而福柯在此所说的具体是何种自由呢？这是一种植根于据说是非历史的人之本性的存在主义式自由？福柯在生命的最后时刻回到了他曾将之严厉批判为无根无据的各种哲学人类学吗？我们认为，这种结论是无根无据的。这是一种由国家或政治体提供给自己公民的法律上的或宪法上的自由吗？我们认为这种说法也不对【233】——虽然福柯并不是那种在有这些"自由"的情况下还拒绝接受的人。在我们看来，福柯意义上的自由存在于我们的无根基性（groundlessness）、我们可以不断改变——改变我们自己、我们的主体性，改变社会、文化和政治环境以及我们偶然在其中发现自身的装置——的可能性之中。这样一种自由观念于是就和拒绝这一概念和实践不可分割地联系在了一起，福柯对此作了极为有力的表述："也许今天的目标不是发现我们是什么，而是拒绝我们是什么。我们必须去想象、去逐步构造我们可以成为的样子，以摆脱这种政治'两难'，亦即现代权力结构的个体化和整体化。"⑮

　　虽然福柯自己对那些可能性的探究引导他走向了古希腊—罗马世界，但我们相信他在做这种研究时也一直关注着我们自己的现实状况。在1983年于伯克利进行的系列讨论中，福柯区分了专注于关心自身的两种方案：一种他称之为自我技术，还有一种是生活技术。后一种方案带有古希腊特色，"致力于照料城邦和自己的同伴"，而非只照料自己。⑯ 虽然福柯除了探究这样一种方案在

---

⑭　Michel Foucault, "The Ethics of the Concern of the Self as a Practice of Freedom," in *The Essential Works of Foucault*, *1954—1984*, vol. 1, *Ethics*: *Subjectivity and Truth*, ed. Paul Rabinow (New York: New Press, 1997), 284.

⑮　Michel Foucault, "The Subject and Power," in *The Essential Works of Foucault*, *1954—1984*, vol. 3, *Power*, ed. James D. Faubion (New York: New Press, 2000), 336.

⑯　Michel Foucault, "On the Genealogy of Ethics: An Overview of Work in Progress," in *Essential Works* 1:259—60.

现代社会所能获得的空间外,确实也探究了使自己的生活变成艺术品的方式,但他并没有忽视政治世界,没有忽视作为艺术品的自己和他生活其中的共同体之间的关联。事实上,关心自己的一个隐含意思就是关心他人,关心那些和我们共享共同体生活的人。因此福柯虽然关心自己、关心自我的养护,但绝没有陷入唯我论。

不过,将自己的生活作为艺术品来对待的其中一个维度是关心自己,这是最初计划的《性史》第二卷的名称。在最后接受的某次采访中,福柯被问道:"关心自己这一问题域是否可能是思考政治的新方式以及和我们如今所知的不一样的政治形式的关键所在?"[17]福柯回答道:"我承认我对这一问题的思考还不深入,我很愿意回到更具【234】当代色彩的问题上,看看在当下的政治问题域中这些东西有何意义。"[18]虽然福柯的这一计划因为去世没能展开,但在我们看来,人们所说的福柯的"希腊之旅",他在 1980 年之后的课程中对古希腊—罗马世界的关注,提示着这种伦理政治可能是何种模样。

在开设于巴黎(1981—1984)和伯克利的课程中,福柯研究了作为技术和精神气质的 *parrhesia*(直言),亦即说真话或者说"坦言"(*franc-parler*)这一古老概念的含义和演变,他坚定地将这一概念与政治联系到一起。在福柯看来,生活艺术、自我文化"需要一种与他者的关系。换句话说:在不与他人发生关系的情况下,人们也无法关心、照料自己"。[19] 这样一种关系本身就是政治性的,并且要求直言。正如福柯所阐发的,直言意味着"这样一种主张:事实上某人真的觉得、判定、认为他所说的真相确实是真的"。[20] 它

---

[17]　Michel Foucault, "The Ethics of the Concern of the Self as a Practice of Freedom," in *Essential Works* 1:294.

[18]　Ibid.

[19]　Foucault, *The Government of Self and Others*, 43.

[20]　Ibid., 64.

"只有在拥有表达真理的自由、主体言说真理的行动的自由时才能存在"，㉑并且人们在直言时会面临这样一种风险："说出真相这一事实……将会、可能或者必然让说出真相的人付出代价。"事实上，说真话的人"是那些如有必要愿意为说真话而死的人"，㉒是愿意为了向权力说真话而死的人。

对福柯来说，直言既是一个首要的政治概念，也与民主直接相关。虽然福柯在巴黎的最后两次课㉓都将直言界定为根本上具有政治性的概念，但他在讨论这一概念时用的主要是古代的文本和例子。不过福柯对当前历史的关切促使他在下面这些人身上找到了与我们自己的现实的联系：参与"政治领域的批判性对话"的人、某种类型的哲学家（我们会这么说）以及这样的革命人物，"他从社会中冒出来，并说道：我在说真话，我以我将要发动的、我们会一起参与的革命的名义说真话"。㉔

【235】福柯对古希腊民主的讨论聚焦于两个紧密结合的元素，它们对于现代意义上的民主（这是关心自己的政治所处的环境）来说也都是不可或缺的：首先是 *isegoria*（平等的发言权），即所有公民平等，平等的发言权、讨论权、积极参与公共生活的权利；㉕其次是附加于公民权利之上的直言，这意味着作出接受"直言协议"、要说真话并"承担由此而来的一切风险"的主体。㉖ 根据福柯的民主概念，平等的发言权、平等权利和直言都存在于他所说的"论争游戏"（agonistic game）之中，这是一个基于规则的共同体架构，在其中，他人的言说、"他人的话语——自己要在一旁为此

㉑　Ibid. , 66.

㉒　Ibid. , 56.

㉓　《治理自我与他人》（*The Government of Self and Others*）和还没翻译出来的 *Le Courage de la vérité*。

㉔　Foucault, *The Government of Self and Others*, 70.

㉕　Ibid. , 150—1.

㉖　Ibid. , 65. 它也潜在地约束那些作出决定的公民，他们对决定产生的结果所负的责任并不少于那些提议作出这些决定的人。（ibid. , 177. ）

留出空间——可能会盖过你自己的话语。使直言的场域变得独特的是话语的这一政治风险,它也给其他话语留出了空间,并承担了这样一种任务:不是让他人屈从自己的意志,而是要说服他们"。㉗因此现代民主社会必须在它自己的论争游戏中体现平等和直言,尽管现代民主社会的公民权观念哪怕是和流行于古希腊的民主城邦的公民权观念比,都是非常不同且更为宽泛的。

福柯在其论述古代民主邦国的课程中,非常敏锐地注意到了煽动家给伯里克利时代的雅典、给区别"好的"和"坏的"直言带来的危险。可以伯里克利为例㉘的好的直言以及它的伦理品质是直言协议的产物,与之相对的是利用修辞、讨好听众的坏的直言。坏的直言的演说者就是想要赢得群众的支持,典型的做法是诉诸最低劣的情感和恐惧;当它胜出时,那些践行好的直言但无法通过自己的 dire vrai(对真理的讲述)影响群众,却又拒绝煽动的人,就会"遭受诸如驱逐之类的做法的威胁——但这些做法可能是放逐或者说流放这样的惩罚,有时候也会……死亡"。㉙ 而在此时此地,除了大众媒体和金钱在民主实践中发挥的作用,我们也不难看到现代代议制或国民投票式民主实践与其克里斯马领袖之间的联系。【236】事实上,福柯在 1983 年 2 月 2 日就以这样一个提醒为他的法兰西学院课程作了总结:

好吧,在我们这样的时代,当我们喜欢以权力分配、每个人在行使权力时的自律、透明度和暗箱操作、公民社会和国家的关系这些词汇来提出民主问题时,我认为回想下这个老问题也许是个好主意,该问题和雅典民主及其危机一道出

㉗ Ibid. , 105.
㉘ Ibid. , 105. 在他对欧里庇得斯的《俄瑞斯忒斯》的分析中,福柯以 autourgos 亦即小自耕农作为好的直言的另一个例子。
㉙ Ibid. , 181.

现——真实话语的问题,真实话语必定会把必要的、必不可少的且脆弱的休止符引入使真实话语成为可能、但又不断威胁它的民主社会之中。[30]

与此同时,好的或者说伦理性的直言"不去讨好人,因为在直言时,确实有某人在说话、在对他人说话,但和讨好不同,他说话的对象能够和他建立起一种自律、独立、全面且令人满意的关系。直言的最终目的不是让听众依赖于说话的人"。[31]

哲学家能不能通过退回到自己的研究之中,来避免政治生活的危险(我们相信这是一种风险)?福柯清楚不存在这种选择,这不只是因为哲学家也在参与城邦、共同体的生活。福柯还把 logos 亦即理性话语和 ergon 亦即行动直接联系了起来,[32]虽然他这里讲的是柏拉图,它对现代哲学家(自然也包括福柯本人在内)意味着什么似乎是很清楚的:哲学家必须行动,在他(或她)作为哲学家和"公民"这一明确的范围之内行动。正如福柯强有力地主张的,"如今哲学家不能只以 logos 来面对政治。除了'空谈',他还必须亲手参与行动(ergon)"。[33]

在他于 1984 年 2 月到 3 月开设的(此时距离他去世没几个月了)最后的法兰西学院课程中,福柯关注的是犬儒主义者和犬儒式直言。这似乎和伊壁鸠鲁学派以及斯多葛学派形成了鲜明的对比,后两个学派就是福柯一年前研究的焦点,那时他着手研究对自我和他人的治理。这种对比在于,犬儒主义者要求脱离、拒斥家庭和城邦纽带、友谊的牵绊以及对城邦或者说政治体的忠诚。不过正如福柯所言,犬儒主义者【237】要求一种能展现伦理普遍性的

㉚　Ibid. , 184.

㉛　Foucault, *The Hermeneutics of the Subject*, 379.

㉜　Foucault, *The Government of Self and Others*, 218—19.

㉝　Ibid. , 219.

自由,这种自由要能"实现伦理普遍性的伟大任务……所有人的普遍性。个人之间、个人对所有个人的纽带,其自由以及其义务面向赋予了犬儒主义者与组成人类的其他一切人的纽带以独特性"。^㉞ 于是在他(或她)对他人的关心中,犬儒主义体现了"真正的政治活动、真正的 *politeuesthai*(作为公民生活和行动)"的品质,"这种 *politeuesthai* 不再是城邦或国家的 *politeuesthai*,而是整个世界的 *politeuesthai*"。^㉟

那么,该如何理解福柯在走向生命终点之时要去研究的民主和关心自己的政治之间的关系呢?他最后一系列课程只是这一研究计划的准备,这一计划戛然而止了。福柯所强调的民主的论争特征和直言游戏相关联,说出真理的行为在这一游戏架构中发挥作用,这一架构通过持续不断的努力为新的主体性模式扩展范围,通过为各种各样的生活艺术创造空间,开启了一条通向关心自己和他人的政治的道路。民主政治将会使那些空间最大化,将对那些试图使主体性变得同质化、统一化,限缩自由空间的实践和话语作出批判。

推荐阅读

除了本章提到的福柯作品,想了解更多的读者可以查阅下述文献。

Bernauer, James. *Michel Foucault's Force of Flight*: *Toward an Ethics for Thought*. Atlantic High-lands, NJ: Humanities Press International, 1990.

Binkley, Sam, and Jorge Capetillo-Ponce, eds. *A Foucault for the 21st Century*:

㉞ Michel Foucault, *Le courage de la vérité*: *Le gouvernement de soi et des autres II* (Paris: Gallimard/Seuil, 2009), 277; 采用的译文是我们自己翻译的。

㉟ Ibid. , 278.

Governmentality, Biopolitics, and Discipline in the New Millennium. Newcastle: Cambridge Scholars Publishing, 2009.

Dreyfus, Hubert L. , and Paul Rabinow. *Michel Foucault: Beyond Structuralism and Hermeneutics*. 2nd ed. Chicago: University of Chicago Press, 1983.

Gutting, Gary, ed. *The Cambridge Companion to Foucault*. Cambridge: Cambridge University Press, 1994.

Revel, Judith. *Dictionnaire Foucault*. Paris: Ellipses, 2008.

16

尤尔根·哈贝马斯:战后德国
政治辩论与一位批判理论家的成长

威廉·E.绍伊尔曼

【238】在同代知识分子中,很少有人像尤尔根·哈贝马斯(1929—)那样,不仅在广博到令人难以置信的学术领域(比如法理学、社会科学哲学、政治理论或者说政治哲学以及社会理论)中塑造了理论话语,而且还一直在常常引来许多公众关注的文化政治争论中扮演着重要角色。自联邦德国建立以来,哈贝马斯就以批判性的眼光仔细关注着它的发展,在联邦德国,他一直——有时候是勇敢地——在压制政治上的复仇主义倾向,不断发言反对反民主、非自由主义的声音与趋势。① 因此,聚焦哈贝马斯作为"政治哲学家"的成就必然意味着要忽视他的许多非常重要的贡献。但至少,他篇幅浩大的全部著作都直接与政治哲学自 20 世纪 60年代以来的其中一项主要关切相关,因此这么做也还算恰当。

在他早年写下的里程碑作品《公共领域的结构转型》(1962)②

---

① See Martin Matustik, *Jürgen Habermas: A Philosophical-Political Profile* (Lanham, MD: Rowman & Littlefield, 2001).

② Jürgen Habermas, *The Structural Transformation of the Public Sphere: An Inquiry into a Category of Bourgeois Society*, trans. Thomas Burger (Cambridge, MA: MIT Press, 1989). 相关文集参见 Craig Calhoun, ed., *Habermas and the Public Sphere* (Cambridge, MA: MIT Press, 1992), 特别是(鉴于我在此处的写作目的) Seyla Benhabib, "Models of Public Space: Hannah Arendt, the Liberal Tradition, and Jürgen Habermas," 73—98.

中,哈贝马斯对经典的自由主义公共领域或者说"布尔乔亚"公共领域的衰败以及它被晚期资本主义"制造"的公共领域取代的过程作了令人印象深刻的描绘,这本著作为他后来的大部分研究奠定了基础。自学术生涯伊始,哈贝马斯就发奋要为无拘无束、不受阻碍的公共辩论提供一个理论上可靠的说明,它既要能面对现代社会的复杂性这一事实,【239】也要能最终为影响深远的政治和社会改革提供指导。正如他一再主张的,只有一个高要求的规范性公共领域观念才能兑现欧洲启蒙运动及其最有价值的政治遗产——现代民主——的解放许诺。虽然在漫长的学术生涯中,他的分析难免有所转变,但他还是不断重申他最初的论点:真正自由且平等的公共辩论——以及与之相关的民主政治——在当代社会状况之下依然脆弱,这是不能让人满意的。虽然在塑造了《公共领域的结构转型》并带有强烈马克思主义色彩的框架中,有许多部分已经被他抛弃,但他依然批判资本主义,依然坚定地站在民主左派这一边。在将近 50 年的时间里,他在政治和思想上对民主审议丰富的规范性潜能——以及它相比之下令人失望的现实命运——的关注一直激励着他在广博到令人难以置信的学术领域中研究不同的问题;他为人熟知的理论尝试——给出一种关于他所说的"沟通行动"(communicative action)的雄心勃勃的理论——就直接源于这一关切。③

　　诚然,由于他思考范围如此广泛,甚至连他最热心的读者也常常只见树木不见森林。不过一旦回过头来看哈贝马斯将近 60 年的思想生涯,我们就会发现,促使他写出这么多作品的关键问题似乎非常明确:我们如何能够在看起来不怎么友好的经济、社会和技术环境下实现强健的民主——尤其是其中必不可少的无拘无束的

---

③　此处涉及的关键文本是 Jürgen Habermas , *Theory of Communicative Action*, trans. Thomas McCarthy, 2 vols. (Cambridge, MA: MIT Press, 1984—87)。

公共辩论和交流? 进而,我们如何能够在不牺牲现代性在政治和社会领域取得的不可磨灭的成就的前提下实现这种民主?

应该把哈贝马斯早年间对政治理论的重要贡献和其他创作于同一历史关头的屈指可数的有影响的作品放到一起,它们的写作都源于非常相似的兴趣:拯救"政治之事",更具体的目标是,拯救一种政治行动构想,它能成为在 20 世纪广受欢迎的险恶的威权主义和极权主义的替代选项。比如汉娜·阿伦特的《人的境况》(1958)、C. 赖特·米尔斯的《权力精英》(1956)(这两本书在哈贝马斯早期作品中都有讨论),以及谢尔顿·沃林的《政治与构想》(1960)。青年哈贝马斯的著作试图让人们重新认识"公共领域和非工具化的实践形态等观念"。④ 与【240】阿伦特和沃林一样,他非常担心广泛流行于现代政治思考中的这一趋势:将政治之事化约为社会、经济和技术因素。哈贝马斯也和他们一样,致力于探索如何守护政治行动尤其是公共审议的独特属性,使其免受其他活动形式的不当侵害。⑤

不过和阿伦特不同(与沃林可能也不一样),哈贝马斯一直都是立场鲜明的现代派;在很早的时候,他就直截了当地拒绝了那种他认为带有过度怀旧情绪且理论上粗鄙的复古尝试,后者致力于复兴古典时代的政治与哲学遗产。⑥ 由于哈贝马斯的这些倾向,以及他对现代社会理论和社会科学充满感激的援用,在那些和他一样对现代性潜在的政治和社会资源作出了稳健评估的人(他们

---

④　参见本书中阿伦特那一章。

⑤　例如可参见他在《通往一个理性的社会》(*Toward a Rational Society*, trans. Jeremy Shapiro [Boston: Beacon, 1971], 81—122)中对"专家统治"的批判,这是他在 20 世纪 60 年代晚期的一项主要计划。

⑥　Habermas, *Structural Transformation*, 19. 亦可参见他在《理论与实践》(*Theory and Practice*, trans. John Viertel, Boston: Beacon, 1973)中对阿伦特的多次引用。有趣的是,哈贝马斯有时会引用列奥·施特劳斯,但没有系统讨论过其复兴古希腊政治哲学的尝试。不过《公共领域的结构转型》显然给出了一种和施特劳斯完全不同的对现代性的说明。

政治上一般是左派）看来，相比阿伦特或沃林的著作，他的著作是更有吸引力的出发点。在很多显著之处，青年哈贝马斯都更接近激进的美国社会学家 C. 赖特·米尔斯，后者在同一时期的诸多思考也强调公共领域具有现代和自由民主底色，同时也像哈贝马斯那样，把公共领域的衰落与现代资本主义和科层化联系起来。同样与米尔斯类似，哈贝马斯也早就清楚把握到了经典马克思主义在规范性层面的缺失，虽然他此时正试图用一种非教条化的马克思主义来揭示晚近以来民主变得脆弱的根源。⑦ 米尔斯对公共生活脆弱性的担忧肯定使这位来自正处于草创期的后极权时代民主国家（在 20 世纪 50 年代，它还没怎么因为活跃的政治交流与辩论而为人熟知）的年轻德国公民深受触动。⑧

　　从这一角度来看，在一定程度上，哈贝马斯的著作有强烈的吸引力与人们对阿伦特等人有强烈的兴趣是出于同样的原因：【241】他的作品触碰到了普通公民和关心政治的知识分子中普遍存在的焦虑不安，他们觉得现实存在的自由民主国家中某些事情"不怎么对劲"，政治行动、政治交流常常显得流于表面，不知怎么就是会脱离根本性事务，我们那些主要制度似乎没法处理当下的重要问题。除了尝试处理这些相当普遍的政治焦虑，他从事这项工作的具体方式也不可避免地是由特定政治历史语境塑造的。正如我希望能在后文中说明的，像大部分英语国家的评论者那样⑨

---

⑦　请比较米尔斯的《马克思主义者》（*The Marxists*，New York：Delta，1962）和哈贝马斯早年写的关于马克思主义的论文，许多收录在《理论与实践》中。

⑧　例如可参见伟大的战后讽刺作家沃尔夫冈·科蓬（Wolfgang Koeppen）在其经典作品《温室》（*Das Treibhaus*，1953 年）中对联邦议院辩论的尖刻描述："前座议员僵化死板，不幸的是，很难想象有人能从反对党的少数党席位上站起来，让执政的多数党相信他是对的，他们是错的。即便是德摩斯梯尼也无法成功地从反对派席位上改变波恩政府的政策；即使某人声如钟磬，他也不过是对牛弹琴。"（W. Koeppen，*The Hothouse*，trans. Michael Hofmann［New York：Norton，2000］，183.）

⑨　一个重要的例外参见 Matthew G. Specter，*Habermas：An Intellectual Biography*（Cambridge：Cambridge University Press，2010）。

轻易忽视下面这个关键事实是个严重的错误：哈贝马斯的思想生涯起始于 20 世纪五六十年代早期的德国，他的政治理论可以被富有成效地重构为是在努力创造性地"扬弃"（黑格尔意义上的）德国马克思主义左派早先的理论成就，同时也是在尝试批判性地回应德国右派以及它在 20 世纪中叶的主要代表卡尔·施米特。简言之，我们不能因为他的政治理论表面看起来很抽象而低估具体政治语境的重要意义，这一语境在如今已基本被遗忘了的、联邦德国早年的政治法律辩论中清晰可见，而哈贝马斯正是在这一语境中开始构思自己的想法的。

战后德国马克思主义和青年哈贝马斯

在回忆自己 50 年代在法兰克福的求学生涯时，哈贝马斯有时会提到，马克斯·霍克海默担心他和其他年轻的左派学生会弄到《社会研究杂志》（*Zeitschrift für Sozialforschung*）的陈旧复印本，这些杂志如今被安全地锁在刚刚重建的社会研究所宿舍的地下室中。他这么做显然是不想让人知道该研究所过去的激进立场。在来到法兰克福研究所之前，青年哈贝马斯已经读过卡尔·马克思、格奥尔格·卢卡奇、恩斯特·布洛赫以及霍克海默与阿多诺合写的《启蒙辩证法》（1944）了，但他承认自己最初对社会研究所在流亡美国期间倡导的跨学科的黑格尔—马克思主义研究计划所知不多。[10] 虽然因为给阿多诺当助手，他迅速摆脱了【242】这种状态，但至少在一定程度上，哈贝马斯进入出现于两次世界大战期间的

---

[10] Jürgen Habermas, *Autonomy and Solidarity*: *Interviews with Jürgen Habermas*, ed. Peter Dews（London：Verso, 1986），94—5. See also Rolf Wiggershaus, *The Frankfurt School*: *Its History*, *Theories*, *and Political Significance*, trans. Michael Robertson（Cambridge, MA：MIT Press, 1995），537—66.

丰富思想传统尤其是德国犹太左翼思想传统得归功于法学家、政治科学家沃尔夫岗·阿本德罗特(Wolfgang Abendroth, 1906—1985),他长期以来都是联邦德国唯一持马克思主义立场的终身教授,在 1966 年发表于《时代周报》(Die Zeit)的一篇颂文中,哈贝马斯将他描述为一个"同路人国家"(nation of fellow travelers)中孤独的"游击战士"。⑪ 这个标签选得很好:持左翼—社会主义立场的阿本德罗特不仅在反纳粹地下组织中很活跃并与反法西斯游击队员并肩作战,还终身投入左翼事业当中。他带领左翼控诉占据绝对多数、控制着德国 50 年代的政治系和法律系的右翼学者,他们中许多人其实曾是活跃的纳粹分子,或至少是(纳粹的)同路人。

熟悉哈贝马斯生平的人都已知道霍克海默对青年时代的哈贝马斯抱有敌意的不幸故事——这位越来越谨小慎微的研究所主任显然觉得哈贝马斯太激进了;也知道哈贝马斯是如何被逼着离开法兰克福,去马堡(一个古雅但多少有些偏僻的大学城镇,就在法兰克福北边)在阿本德罗特的支持下继续写教授资格论文(habilitation,用英文也可以叫 second dissertation,一般在德国大学任教得有这个)《公共领域的结构转型》的。不过很多人不知道,阿本德罗特对青年时代的哈贝马斯在思想和政治上都有相当重要的影响。在一些至关重要的方面,哈贝马斯早期作品表现出,他与阿本德罗特几乎是单枪匹马设法在阿登纳时代的德国保存下来的更早之前的富有创造性的左翼政治法律思想中,进行带有原创性的对话。⑫

阿本德罗特不仅很罕见地承接了几乎被纳粹主义赶尽杀绝的本土马克思主义传统,而且与左翼魏玛法理学和政治理论这一生

---

⑪　Jürgen Habermas, "Partisanenprofessor im Lande der Mitläufer," Die Zeit, April 29, 1966.

⑫　《公共领域的结构转型》题献给了他在马堡的老师,这并不令人惊讶。

机勃勃的思想文化也是血脉相连。⑬ 作为魏玛时代首屈一指的社
会主义法学家胡戈·辛茨海默(Hugo Sinzheimer)与赫尔曼·海勒
(Hermann Heller)的学生,阿本德罗特在阿登纳时代的德国通过
重新挖掘出对 sozialer Rechtsstaat(社会法治国)——海勒在魏玛民
国行将没落的年代奋力倡导过这一观念(青年时代的弗兰兹·诺
伊曼[Franz L. Neumann]对此亦有贡献,但这一点常常被人遗忘,
【243】诺伊曼后来成了流亡中的社会研究所的成员)——的原创
性解释,奠定了他主要的思想和政治成就。在海勒和青年诺伊曼
看来,法律这一观念不再直接和经济上的自由主义相关联。想要
保障法律和经济安全、维护政治民主,就必须以规制措施来驯服、
调整可能会变得独裁专制的私有经济权力。可以依照社会—民主
风格的深入的国家干涉主义来有效地重构法治。⑭ 在他那篇引发
许多讨论的文章《德意志联邦共和国民主社会法治观念》(Zum
Begriff des demokratischen und sozialen Rechtsstaates im Grundgesetz
der Bundesrepublik Deutschland,1954)中,阿本德罗特为魏玛时期
那种对社会法治国观念的原创性理解作了辩护,认为它将开启最
终走向某种类型的民主社会主义的激进改革。⑮ 与厄斯特·福斯
多夫(Ernst Forsthoff)等持保守主义立场的施米特的学生相反,阿
本德罗特拒绝将基本法解释为对经济社会现状的严格的法典化确

---

⑬ 要了解阿本德罗特,可以参见 Friedrich-Martin Balzer, Hans Manfred Bock, and Uli
Schöler, eds., *Wolfgang Abendroth: Wissenschaftlicher Politiker*; *Bio-bibliographische
Beiträge* (Opladen: Westdeutscher Verlag, 2001); Barbara Dietrich and Joachim Per-
els, eds., *Wolfgang Abendroth: Ein Leben in der Arbeiterbewegung*; *Gespräche* (Frank-
furt: Suhrkamp, 1976)。

⑭ Herman Heller, *Rechtsstaat oder Diktatur?* (Tübingen: Mohr, 1930). 对此问题的简
要讨论参见 William E. Scheuerman, *Between the Norm and the Exception: The Frank-
furt School and the Rule of Law* (Cambridge, MA: MIT Press, 1994), 39—45。魏玛
时代的社会主义法律话语当然是弗里德里希·哈耶克在"二战"结束后将法治和
自由市场经济政策关联起来的影响巨大的研究的主要靶子。

⑮ Wolfgang Abendroth, *Antagonistische Gesellschaft und politische Demokratie: Aufsätze zur
politischen Soziologie* (Neuwied: Luchterhand, 1967).

认——按这种看法,基本法不过就是为以总是会产生问题的资本主义经济为对象的、受到严格限制的调控设定的宪法基础。⑯ 随着逐渐形成的经济权力大规模集中开始威胁"形式"民主,经典自由主义下的国家/社会这一区分也崩溃了,此时只有国家和经济的深度民主化才能实现未完成的民主革命首倡的人道理想。虽然阿本德罗特承认,基本法中没有明确表达出支持往社会主义方向发展的意思,但他强调——面对着右翼法学教授的愤怒声讨——基本法不仅允许出现社会主义联邦共和国,事实上还要求立即进行广泛的平等主义社会改革,而这会促使西德走向左翼方向。

【244】正如许多二手文献提到的,哈贝马斯的《公共领域的结构转型》深受早期法兰克福学派的马克思主义尤其是阿多诺对"大众文化"的毁灭性批判的影响。不过很少有人提到,这本书带有总结性、纲领性的那一节直接依赖于阿本德罗特设定的议程。和阿本德罗特一样,青年哈贝马斯也用关于资本主义社会转型的宏大叙事,来支撑对社会法治国观念的激进解读,他同样把它解释为要求对出现于经典自由主义下的国家/社会这一区分崩溃、当代有组织的资本主义形成这一时期的所谓重新封建化的制度结构作民主化改革。⑰ 虽然可能多少要比阿本德罗特更谨慎一些,但哈贝马斯也奋力推动显然可被认证为民主社会主义的改革议程。他为社会权利作了相当有力的辩护,主张社会经济转型使得试图区分"消极"和"积极"自由的尝试丧失了意义:哪怕是最基本的经济保障——按传统做法,它是凭借经典的自由主义财产权实现

---

⑯　基本法第20条要求联邦共和国发展"民主的、社会的法治"。对阿本德罗特、哈贝马斯和其他人参与的这场内容广泛的争论的有见解的探讨,参见 Peter C. Caldwell, "Is a 'Social *Rechtsstaat*' Possible? The Weimar Roots of a Bonn Controversy," in *From Liberal Democracy to Fascism: Legal and Political Thought in the Weimar Republic*, ed. Peter C. Caldwell and William E. Scheuerman (Boston: Humanities Press, 2000), 136—53。

⑰　Habermas, *Structural Transformation*, 222—35。

的——也越来越需要政府通过对经济领域作广泛的调节来实现。
重振适应当代状况的批判性公共领域的尝试想要切合实际，就得
运用后自由主义的新型决策形式和新型利益调节方式。和他持马
克思主义立场的老师一样，哈贝马斯甚至指出了这样一种可能性：
"生产力"的进步以及相应的社会福利的增长可能会磨平相互竞
争的社会利益"充斥敌意的刀刃"。[18] 毫不令人奇怪，阿本德罗特
在他同时期写的一篇文章中热情赞扬哈贝马斯的研究及其核心观
念，很合理地认为这一研究在规范层面完善了他自己的提议。[19]

　　从更一般的层面看，阿本德罗特帮哈贝马斯熟悉了 20 世纪
20 和 30 年代政治理论和法理学中更宽泛的左翼思潮，或至少是
给了他专业上、思想上的空间去拷问这些思潮。[20] 的确，相比阿
本德罗特和他在魏玛时代的左翼先驱的作品，哈贝马斯的著作对
规范性政治理论尤其是民主的规范性基础一直都表现出了更多
的好感，这种好感总是将他和阿本德罗特以及早期法兰克福学派
区别开来，后者即便是在对这类想法最有好感的时候，也绝没有
发展出一种【245】根基牢固的法律和民主理论。话虽如此，哈贝
马斯的《公共领域的结构转型》从魏玛时期左翼思想中所受的诸
多教益依然无可置疑，那篇写于同一时期的重要论文《论政治参
与概念》(Zum Begriff der politischen Beteiligung) 甚至比《公共领
域的结构转型》更仰仗魏玛时期的左翼思想，该文是他在 50 年
代帮着做的对德国学生政治态度的经验研究(*Student und Poli-
tik*, 1961)[21]的长篇理论导言。尤其是在此文中，哈贝马斯更新了

---

[18]　Ibid. , 234.

[19]　Abendroth, *Antagonistische Gesellschaft*, 272, 281—3.

[20]　在发给笔者的邮件中，哈贝马斯肯定了这一解读的准确性。

[21]　Jürgen Habermas, Ludwig von Friedeburg, and Christoph Oehler, *Student und Politik*
(Neuwied: Luchterhand, 1961). 哈贝马斯的文章不仅预示了他后来感兴趣的许多
关于"参与式民主"的问题，还详细说明了它的一些局限性。奇怪的是，尽管很多
政治科学家可能会对它感兴趣，但这篇文章从没被翻译过来。

诺伊曼和恩斯特·弗伦克尔(Ernst Fraenkel)(两人都是辛茨海默的学生)在 30 年代表述的核心命题:随着竞争资本主义转型为垄断或者说有组织的资本主义,经典的法治尤其是一般性的法律规范的中心地位必然会深受打击。㉒ 哈贝马斯广泛引用如今扎根美国的流亡者(大部分是犹太人)——包括研究所的另一个成员奥托·基西海默(Otto Kirchheimer),阿本德罗特说他是魏玛社会主义法学家中"最具天赋最聪明的人物"㉓——的作品,他重申了一个在他们最激进的作品中直接出现过的论点:有组织的资本主义正在带来议会腐败、行政和司法中的任意裁量以及越来越带有威权主义色彩的政治统治形式等后果。哈贝马斯直接拣起了海勒在《法治还是独裁?》(*Rechtsstaat oder Diktatur ?*)中的核心主张,预言或者将不得不采取通向社会民主化的决定性步骤,或者像德国那样的自由主义民主国家就得面对政治威权主义卷土重来的可怕前景。他再次赞同阿本德罗特的观点—— 该观点直接受到魏玛时期辩论的影响——具有社会民主属性的干预主义可以通过保障社会权利以及与规范化的法律程序、行政程序相符的相对可预测的国家经济活动形式,来维护法治的规范性内核。

毫无疑问,对于年轻的哈贝马斯的这部以及其他作品,变得越来越谨慎保守的霍克海默都充满了敌意:它们肯定使他回想起了关于 20 世纪 30 年代德国的痛苦记忆,可以想见对他而言这是一个让人难受的时期,似乎最好还是深埋在心底——以及研究院的地下室中。

【246】后来在许多场合,哈贝马斯都赞美阿本德罗特在政治和思想上的忠贞不二,与此同时却逐渐但明确地远离了他的这位

㉒　William E. Scheuerman, "Social Democracy and the Rule of Law: The Legacy of Ernst Fraenkel," in *From Liberal Democracy to Fascism*, 74—105.

㉓　Dietrich and Perels, eds., *Wolfgang Abendroth*, 146 (译文出自笔者).

马堡老师一直捍卫的马克思主义民主社会主义的改革主义标签。哈贝马斯主张,我们的社会必然是个功能分化的社会,对这一事实的恰当认识能让人理解计划性的民主社会主义的整体模式已经不适应时代了,在这种模式中,市场机制正当的自主性必然会被忽视。㉔ 1989 年举办了一个会议来庆祝姗姗来迟的《公共领域的结构转型》英译本出版,哈贝马斯为此发表了一篇文章,他在文中再次非常感激地提到了阿本德罗特对他的恩惠,但同时也承认事后看来"人们禁不住被黑格尔—马克思式的思考风格的弱点影响,一切都逃不出总体性观念,阿本德罗特令人心动的计划就表现得很明显"。㉕ 因为抱有一种幼稚的科层制国家干预观念,像阿本德罗特那样的传统社会主义者没能很好地处理法律化(*Verrechtlichung*)带来的风险,所谓法律化,就是法律调节的一种负面形式,思想成熟期的哈贝马斯花了大量精力来分析这一问题。㉖ 在他最近出版的《在事实与规范之间》㉗(这本书部分是通过与英美法理学和政治哲学进行对话,对他长期以来关注的政治问题作了更新)中,魏玛时期和战后早期的政治法律理论中的争论似乎变成了外围问题,同时哈贝马斯公开批判了把法律规范的一般性作为法治核心特征的法治解释。哈贝马斯专门提到了《学生与政治》,如今他显然认为其中一些更为激进的命题只是年轻气盛的表现:按他现在的观点,其中暗含的对 20 世纪二三十年代黑格尔—马克思主义的重构是被一种对法律规范的一般性特征的偏见塑造的,这种偏见来自卡尔·施米特特别是他那本很有影响的《宪法理

㉔ Jürgen Habermas, "What Does Socialism Mean Today? The Rectifying Revolution and the Need for New Thinking on the Left," *New Left Review*, no. 183 (September—October 1990), 3—21.

㉕ Jürgen Habermas, "Further Reflections on the Public Sphere," in *Habermas and the Public Sphere*, 435—6.

㉖ Habermas, *Theory of Communicative Action* 2: 356—73.

㉗ Jürgen Habermas, *Between Facts and Norms: Contributions to a Discourse Theory of Law and Democracy*, trans. William Rehg (Cambridge, MA: MIT Press, 1998).

论》(*Constitutional Theory*, 1928)，后来又进入了像诺伊曼等人的左翼德国法律话语之中。㉘

　　尽管在理论上和阿本德罗特拉开了距离，但后者的影响依然很明显。哈贝马斯依然在捍卫一种对社会【247】法治国的解释，这种解释认为，社会法治国意味着呼吁他如今所说的社会福利国家的"自反性"改革。㉙ 根据这一模式，社会福利国家必然要求执行这一尚未实现的计划，即采取远比单纯的规范调节更具抱负的措施来对付当代资本主义，虽然该模式在具体细节上还比较薄弱。简言之，哈贝马斯从未认可社会经济现状，或满足于主要致力于维护社会秩序、不花心思去让处于不利地位的人取得重大提升的家长主义风格的管理行为模式。哪怕其理论轮廓在几十年间发生了显著改变，在更大范围内对社会作民主化改革的原初要求却丝毫没有褪色，即便哈贝马斯如今倾向于强调社会复杂性和功能分化对传统左翼的纲领性观念的艰巨挑战。《在事实与规范之间》尝试系统刻画激进民主化、法治和"自反性"福利国家三者之间不可分割的联系，这一尝试显然也带有阿本德罗特首先作出的对战后德国施米特主义者的批判性回应的痕迹——施米特主义者将法治与抱负更大的福利国家模式尖锐对立起来，认为后者和前者必然无法相容。

　　现在有些左翼批判家哀叹哈贝马斯最近的作品缺少激进色彩，他们事实上想说的是，阿本德罗特曾经提倡的那种有说服力的民主社会主义模式(在哈贝马斯的近作中)消失了。不过毫无疑问，哈贝马斯的怀疑主义依然是可以理解的。他自己对从根本上改变政治经济现状后可能出现的状况持谨慎态度，这种态度至少表明了民主左派今天面对的真正两难。

㉘　Ibid. , 563 n. 75.

㉙　Ibid. , 388—446.

哈贝马斯遭遇施米特

哈贝马斯还以另一种方式受教于阿本德罗特和两次大战之间的左翼法学家(在阿本德罗特的努力下,他们在战后德国为人所知):他的许多政治法律思考瞄准的对象依然是卡尔·施米特(1888—1985),后者是 20 世纪德国首屈一指的威权主义右翼法律思想家和——至少有那么几年——【248】热切的"第三帝国的桂冠法学家"。㉚ 虽然施米特二战后被禁止在大学教书,但他的学生——比如福斯多夫(Forsthoff)和维尔纳·韦伯(Werner Weber)——却在战后积极更新他的许多核心观点;在法学界和其他领域,施米特的思考依然极有影响。前面提到,阿本德罗特和施米特的追随者之间在多场关于社会法治国的争论中有过恶斗。比他们早一辈的诺伊曼和基西海默等魏玛左派法学家(他们后来成了社会研究所的第一代政治、法律理论家)的理论关切和政治怒火也集中在施米特及其信徒身上。从哈贝马斯的作品中我们也能看出,他非常熟悉施米特的各类作品,同时在政治和道德层面深深厌恶施米特。㉛ 根据一种对诺伊曼和基西海默的解读,他们试图给出一种基于社会民主立场的反驳,来同时回应施米特在规范性层面对现代民主国家和法治的消解,以及他在经验层面作出的诊断:"规范论"合法性不可避免地必然会在当代政治社会传统中衰败。有趣的是,哈贝马斯也以相似的抨击策略重新批判了施米特,有时

㉚ 关于施米特的文献有很多。在此特别相关的是这本关于他对战后德国思想之影响的思想及制度史著作 Dirk van Laak, *Gespräche in der Sicherheit des Schweigens：Carl Schmitt in der Geistesgeschichte der frühen Bundesrepublik*（Berlin：Akademie Verlag, 2002）。

㉛ 例如可参见 Jürgen Habermas, "The Horrors of Autonomy," in *The New Conservatism：Cultural Criticism and the Historians' Debate*（Cambridge, MA：MIT Press, 1989）, 128—39。

把自己的理论工作视为能最有效地提出一种与施米特危险的决断论倾向针锋相对的必要选项。事实上,反对施米特就像贯穿哈贝马斯政治法律理论研究的一条红线:施米特不只是哈贝马斯早期政治作品中最重要的靶子,在他最近讨论全球化和展望后民族民主化的作品中同样如此。正如哈贝马斯在 1984 年的一次采访中明确提到的:"我很早就开始批判决断论——比如从我读施米特的第一分钟起。"㉜

虽然事实上哈贝马斯甚至在职业生涯开始之际就对施米特持强烈的批判态度,但他早期的政治作品偶尔会从施米特及其追随者那里梳理出令人担忧的经验层面的趋势——比如审议型议会制的败坏——与施米特相反,哈贝马斯试图克服这些趋势。㉝ 在与施米特的早期缠斗中,通过将施米特讨人厌的【249】威权主义政治纲领偏好解读为是在具体呈现现实生活中令人不安的经验趋势,哈贝马斯重复了诺伊曼和基西海默的说法。在《公共领域的结构转型》中,哈贝马斯描述了行政官员支配的全民公决政权令人不安的前景:在其中,自由辩论、法治和议会统治被制造出来的公众(manufactured publics)、遭任意适用的法律和全民欢呼(plebiscitary acclamation)所取代。哈贝马斯对这些要点的描述折射出施米特为以群众为基础的威权主义所作的辩护。

通过反对法律和政治中的决断论模式,哈贝马斯明确转向了经典自由主义的一项特征,而这恰恰是施米特时常嘲笑的:尽管施米特将自由主义布尔乔亚抨击为不过是"闲话阶级"(talking class),好的时候有些无害的非政治的冲动,糟糕的时候则会产生无政府的、消解权力的危险冲动,但哈贝马斯推崇一种关于政治正

㉜ Habermas, *Autonomy and Solidarity*, 194.
㉝ 这种研究上的重叠导致一些人(最近的一个是 Hartmut Becker, *Die Parlamentarismkritik bei Car lSchmitt und Jürgen Habermas* [Berlin: Duncker & Humblot, 1994])看不到关键差异。

当性的审议观念,暗示现代国家是有可能作出根本转型的,甚至于说普遍与强制联系在一起的"政治事物"也有可能被消解。抱歉施米特,如果以细致的方式作出恰当的解读,权力和法律是可以按一定比例配置的。当与激进的社会民主改革结合到一起时,布尔乔亚社会对现代性最重要的贡献也许可以保留下来。与施米特的规范性期许以及阴郁的经验诊断相反,也许有可能为有效的批判性报道以及通过审议形成意愿的过程留下新的空间。

　　哈贝马斯一生致力于勾画一种植根于其细腻的沟通行动理论、能够被辩护的审议型政法模式,这一探索可以被合理地解读为至少一定程度上是在尝试驳倒施米特的政治存在主义和威权主义。所以在批判专家治理的《通往理性社会》(*Toward a Rational Society*,1971)一书中,哈贝马斯指出了赫尔曼·吕伯(Hermann Lübbe)那种新版本的"纯决断"政治与施米特之间的相似性,而在《合法性危机》(*Legitimation Crisis*,1973)中,他毫不留情地把尼克拉斯·卢曼(Niklas Luhmann)解读为施米特及其决断论法律理论的隐秘追随者。这些文本所采取的批判策略与其说是"牵连获罪"(即因为那些理论与施米特的理论有这样那样的相似之处而作出指控),不如说是暗中承认施米特在思想和政治上的广泛吸引力,因此哪怕是对相当温和的施米特式观点,也必须作出反击。然后在《在事实与规范之间》中,哈贝马斯不再停留于批判决断论,而是开始处理施米特在政治法律学术中的具体贡献。他在此书中为司法审查作辩护,这部分是在回应施米特在魏玛时代 1931年的一场辩论中对汉斯·凯尔森的抨击,凯尔森那时为司法审查作了热情洋溢的辩护。㉞【250】他还试图通过诉诸审议型公民社会理论来反驳施米特关于议会制衰败的极具影响的论述:哪怕民

㉞　Carl Schmitt, *Der Hüter der Verfassung* (Tübingen: Mohr, 1931);凯尔森的回应,参见 *Wer soll der Hüter der Verfassung sein?* (Berlin: Rotschild, 1931)。

主国家的立法机构绝不会是无拘无束的审议机构,它们也可以和公共审议及辩论在其中——至少偶尔——依然充满活力的公民社会结合到一起发挥作用。哈贝马斯修正了他早期作品中多少令人感觉看不到希望的说明,他现在似乎更愿意承认具有批判意识的公众依然存在,即便还是有许多因素在威胁他们。[35]

大约在最近十年,哈贝马斯开始捍卫全球治理,在相关论述中,施米特频繁作为靶子出现。对前南斯拉夫和中东地区的"人道主义军事干涉"留下的好坏参半的记录无疑使施米特对所谓的歧视性战争(discriminatory wars)的批判在思想上复活了,这一批判认为,自由主义国家往往将其残暴本色和帝国主义意图掩盖在虚伪的人道主义修辞和自由主义国际法之下。一些左派批判诸如北约对南斯拉夫的军事干涉或由联合国背书的第一次海湾战争等事件,但甚至在他们眼中,施米特如今也表现出了一定的吸引力,这一点在《新左派评论》(New Left Review)和世界各地不计其数的左派学术期刊上都有明显表现。看到施米特越来越受欢迎,哈贝马斯在《分裂的西方》和其他作品中主动提醒施米特的新拥趸注意这一令人苦恼的事实:对歧视性战争的批判是以带有生机论和存在主义性质的站不住脚的"政治的概念"为基础的。[36] 施米特及那些最近受他影响的人轻易模糊了国际关系经历了充满抱负的合法化过程这一事实。施米特为鲁莽的战争"道德化"感到担忧,按这套道德化逻辑,自由主义普遍主义必然会把政治上的对手贬低为非人的敌人。施米特的担忧很误导人且夸大其词,这一定程度上是因为这种担忧掩盖了当代法律发展的基本特征。

---

[35]　Habermas, *Between Facts and Norms*, 184—6, 241—4.

[36]　Jürgen Habermas, *The Divided West*, trans. Ciaran Cronin (Cambridge: Polity, 2006); also, Jürgen Habermas, *The Postnational Constellation*, trans. Max Pensky (Cambridge: Polity, 2001).

　　哈贝马斯甚至还更具抱负地与施米特在国际政治理论上最
厉害的对头联起手来:哈贝马斯现在忙于重述伊曼努尔·康德
关于不需要一个全球性政府的全球宪制化的世界主义观点,试
图捍卫一种和平但又【251】非国家化的世界主义全球治理方
案——换句话说就是捍卫反世界主义的卡尔·施米特眼中最大
的噩梦。

推荐阅读书目

Habermas, Jürgen. *Between Facts and Norms*: *Contributions to a Discourse Theory
of Law and Democracy*. Translated by William Rehg. Cambridge, MA: MIT
Press, 1998.

——. *The Divided West*. Translated by Ciaran Cronin. Cambridge: Polity, 2006.

——. *Legitimation Crisis*. Translated by Thomas McCarthy. Boston:
Beacon, 1975.

——. *The Structural Transformation of the Public Sphere*: *An Inquiry into a Cate-
gory of Bourgeois Society*. Translated by Thomas Burger. Cambridge, MA:
MIT Press, 1989.

推荐阅读的二手文献

Dews, Peter, ed. *Habermas*: *A Critical Reader*. Oxford: Blackwell, 1999.

McCarthy, Thomas. *The Critical Theory of Jürgen Habermas*. Cambridge, MA:
MIT Press, 1982.

Scheuerman, William E. *Frankfurt School Perspectives on Globalization*, *Democra-
cy*, *and the Law*. London: Routledge, 2008.

Specter, Matthew G. *Habermas*: *An Intellectual Biography*. Cambridge: Cam-
bridge University Press, 2010.

White, Stephen K. , ed. *The Cambridge Companion to Habermas*. Cambridge:

Cambridge University Press, 1995.

——. *The Recent Work of Jürgen Habermas: Reason, Justice and Modernity*. Cambridge: Cambridge University Press, 1988.

17

阿拉斯代尔·麦金太尔
论政治思想和政治的任务

亚瑟·马迪根

【252】用寥寥数语总结阿拉斯代尔·麦金太尔对政治思想的贡献实在是说来容易做来难。因为他在政治思想领域的大部分贡献,都深嵌于更为一般的伦理学论述之中,散布在他60年来写下的一系列著作和文章里面,并且已经是大量二手文献的研究对象。因此,这一章的目标必须定得谦逊一些:简要追溯麦金太尔政治思想的发展过程,勾勒出他在20世纪80年代末以来所持的立场,并简要评价他为我们时代的政治思想作出的贡献。

麦金太尔的第一本书是《马克思主义:一种解读》(*Marxism: An Interpretation*)。在写作此书时,麦金太尔认为自己既是马克思主义者也是基督徒,或至少是在设法同时成为马克思主义者和基督徒。在书中,他尝试论证马克思主义和基督教的兼容性,或至少就两者的关系给出一种比当时流行的看法更细致的理解。当他在1968年以"马克思主义和基督教"之名发表这本书的修订版时,他已不再是马克思主义者或基督徒。① 虽然本章不会花太多工夫在麦金太尔与马克思主义长期相爱相杀

---

① Alasdair MacIntyre, *Marxism and Christianity* (New York: Schocken Books, 1968; Notre Dame, IN: University of Notre Dame Press, 1984).

的细节上,②但要理解他现在的立场,有两个文本是非常重要的。

第一个文本是《道德荒野来信》。③ 这篇文章的语境是 20 世纪 50 年代后期左派批判斯大林主义。它的论点是,虽然无疑应该拒斥斯大林主义,但同时代的自由主义【253】并没有为这种拒斥提供可靠的基础。这篇文章记录了麦金太尔对当代自由主义的拒斥,而这一直是麦金太尔思想中的一个不变主题。

如果某人信奉马克思对资本主义社会的批判,那他肯定要面对一系列针对马克思和恩格斯,以及针对各种自诩的马克思主义或共产主义政权提出的异议。麦金太尔对此作了回应,其核心观点可见于他 1994 年的文章《关于费尔巴哈的提纲:一条未行之路》。④ 他在文中辩称,马克思没能接受自己 1845 年写的《关于费尔巴哈的提纲》中的某些基本洞见,后来不幸地从哲学一头扎进了经济学。因此,针对马克思的经济学以及后来的马克思主义的常见批判无关乎马克思哲学的核心,20 世纪八九十年代共产主义统治在许多国家的崩溃也不能被看作是对马克思哲学的反驳。

从写作《道德荒野来信》到写作《关于费尔巴哈的提纲:一条未行之路》的几十年间,麦金太尔在几方面发展了自己的思想,这使他远远超出了马克思和马克思主义所能涵盖的范围。在《追寻美德》(1981)中,麦金太尔对启蒙筹划的失败作了清晰有力的批判。他所谓的启蒙筹划就是为道德提供理性证成的计划,他认为这一筹划分几个阶段进行,一直发展到尼采的超道德主义。⑤ 这

---

② Paul Blackledge 和 Neil Davidson 将麦金太尔在马克思主义时期的一系列出版物结集成了《阿拉斯代尔·麦金太尔的马克思主义研究》一书(*Alasdair MacIntyre's Engagement with Marxism*, ed. Blackledge and Davidson [Leiden: Brill, 2008])。

③ Alasdair MacIntyre, "Notes from the Moral Wilderness," in *The MacIntyre Reader*, ed. Kelvin Knight (Notre Dame, IN: University of Notre Dame Press, 1998), 31—49.

④ Alasdair MacIntyre, "The Theses on Feuerbach: A Road Not Taken," in *The MacIntyre Reader*, 223—34.

⑤ Alasdair MacIntyre, *After Virtue*, 3rd ed. (Notre Dame, IN: University of Notre Dame Press, 2007).

一筹划失败了,且必定失败,因为它想证成一种继承而来的道德,却不提及能使这种道德说得通的唯一语境,亦即对人之本性的目的论理解,后者对实际所是之人与如果他们实现了自己的本性或目的后可以成为的人作了区分。人之本性的目的论理解的经典倡导者自然是亚里士多德。在麦金太尔看来,亚里士多德是失败了的启蒙筹划和随之而来的尼采的超道德主义的替代选择。⑥ 在《谁之正义? 何种合理性?》《三种对立的道德探究观》及《依赖性的理性动物》中,麦金太尔借鉴托马斯·阿奎那进一步发展了他的亚里士多德主义。⑦

【254】这一章的主要任务是概括麦金太尔的托马斯式亚里士多德主义政治思想。然而,由于在他阐明自己的建设性伦理与道德立场之前先澄清了某些思想方式和社会形式的缺陷,因此提及他的几个主要靶子(这并没有穷尽他的批判对象)也许可以为说明他的建设性立场铺平道路。

在《关于马克思主义的三种观点:1953,1968,1995》一文中,麦金太尔从三个方面批评了政治上的自由主义。⑧ 首先,自由主义意味着(除别的因素外)工会参与资本主义和议会政治,这弱化了工人的力量,使之又变成了单纯为资本形成(capital formation)服务的工具。其次,自由主义是精英群体的政治,它将绝大多数人排除在政治参与之外。最后,自由主义将政治共同体和国家理解

---

⑥ 这并不是说麦金太尔认为启蒙运动是完全负面的。在他的《诸启蒙筹划再思考》("Some Enlightenment Projects Reconsidered", in *Ethics and Politics: Selected Essays*, Volume 2 [Cambridge: Cambridge University Press, 2006] 172—85.)中,他显然同情启蒙运动的目标,即塑造能对道德及政治问题作理性辩论的公众,但他认为启蒙运动留给我们的制度没有提供适于这类辩论的平台。

⑦ Alasdair MacIntyre, *Whose Justice? Which Rationality?* (Notre Dame, IN: University of Notre Dame Press, 1988); MacIntyre, *Three Rival Versions of Moral Enquiry* (Notre Dame, IN: University of Notre Dame Press, 1990); MacIntyre, *Dependent Rational Animals* (Chicago: Open Court, 1999).

⑧ Alasdair MacIntyre, "Three Perspectives on Marxism: 1953, 1968, 1995," in *Ethics and Politics*, 145—58.

为满足个人偶然拥有的任何欲望的工具;因此,它包含一种难以与共同善观念相容的个人主义,除非共同善仅被理解为个人偏好的总和。⑨ 正如麦金太尔在他 1984 年的演讲《爱国主义是一种美德吗?》中指出的,国家的存续有赖于某些公民(警察、消防员、军人)有甘心为了保卫国家抛头颅洒热血的意愿,而这种意愿在自由主义的个人主义伦理中是毫无意义的。⑩ 因此,至少得有一部分公民还没接受自由主义,自由主义国家才能存在下去。

麦金太尔所说的自由主义不只是当代政治辩论中自称或被称为自由主义的那一方。在《谁之正义? 何种合理性?》中,麦金太尔写道,

> 按我在本书中的理解,自由主义当然确实是以各种伪装形式出现在当代辩论中的,借助伪装,它常常能先发制人地重新阐释与自由主义的争吵和冲突,使之变成似乎是自由主义的内部之争,即对这组或那组特定观点或政策提出质疑,但从不质疑自由主义关于个人和他们的偏好表达的根本教条。因此在这类当代伪装下,所谓的保守主义和激进主义总体来看都只是自由主义的烟雾弹:如今在现代政治体制内部进行的辩论几乎只在保守主义自由派、【255】自由主义自由派和激进主义自由派之间进行。在这种政治体制内部,几乎不存在针对这一体制本身的批判空间,亦即没法质疑自由主义本身。⑪

---

⑨ Alasdair MacIntyre, "Three Perspectives on Marxism: 1953, 1968, 1995," in *Ethics and Politics*, 153—4.

⑩ Alasdair MacIntyre, "Is Patriotism a Virtue?" in *Theorizing Citizenship*, ed. Ronald Beiner (Albany: SUNY Press, 1995), 209—28.

⑪ MacIntyre, *Whose Justice? Which Rationality?* 392.

在 2007 年为《追寻美德》第三版写的序言中，麦金太尔挑明了自己并不拥护一般所说的政治保守主义：

> 对自由主义的这一批判不应被解读为我似乎同情当代保守主义。这种保守主义在太多方面都是它表面上反对的自由主义的镜像。它对由自由市场经济安排的生活方式的许诺同时也是对一种个人主义的许诺，这种个人主义和自由主义的个人主义一样有害。自由主义已经尝试通过放纵性立法利用现代国家的权力去改变社会关系，而保守主义如今想借助抑制性立法利用同样的权力来为自己的有害目的服务。和自由主义一样，这种保守主义也不符合《追寻美德》的筹划。[12]

因此对麦金太尔来说，当代"自由主义"和"保守主义"之间的差异远比一般所认为的要来得微不足道。

资本主义的批判者不时反驳说，不受控制的自由市场免不了会带来——事实上已经导致——严重的经济不平等。麦金太尔的批判不同于此，他绝不反对自由市场，相反他的论点是，在超出相对小的地方共同体层面后，就不存在自由市场了："真正的自由市场总是地方性、小范围的市场，生产者可以选择是否进入其中进行交易。"[13]资本主义经济并非真正的自由市场："当代资本主义的市场关系绝大多数都是强加于工人和小生产商的，在任何意义上都谈不上自由选择。"[14]但这绝不是资本主义最严重的不正义。虽然资本主义确实使物质繁荣水平不断提高，但它也会引导人们追求他们恰好想要的任何东西，而不是追求自己应得之物。资本主义

---

[12] MacIntyre, *After Virtue*, xv.

[13] Alasdair MacIntyre, "Politics, Philosophy and the Common Good," in *The MacIntyre Reader*, 249.

[14] MacIntyre, "Three Perspectives on Marxism," 149.

教导人们首先将自己理解为消费者。它使人们变得贪婪(pleonexia)——一种"想要更多"的恶,因此使人趋于不正义。

麦金太尔认为,资本主义会对工人进行系统剥削:"资本雇佣越有效,工人就愈加【256】只是资本实现目标的一个工具,服务于长期利润最大化和资本形成等需求。"⑮这样一种剥削不仅导致经济不平等;经济不平等还使得弱势群体没法在审议公共善的政治过程中有效参与进来。并且,即使弱势群体能有效参与这一过程,他们所受的让人变得贪婪的教育也导致他们无法满足理性审议的要求。

麦金太尔将当代民族国家视作资本主义、自由主义和个人主义的肉身和保护者。民族国家的政治是一种冒牌政治,因为投票、选举过程只是显得像是允许选举人自由选择他们的代表和政策。实际上,选举人不得不在由政治精英给他们规定的有限范围内进行选择。"在政治上,发达的西方现代社会只是伪装成自由民主政制的寡头制。"⑯这种冒牌货色沉闷单调,因为事实上没有可能就首要原则展开真正的政治辩论。对占支配地位的自由主义的批评被转化为这种自由主义内部的立场。为了赢得权力并继续掌权,占支配地位的精英以许多不同且互不相容的价值观为基础,来吸引许许多多各色各样的利益群体。

然而仅仅发现和批判当代自由主义的不融贯性还远远不够。正是因为不融贯,当代自由主义才能存续和繁盛:

> 在对待国民时,现代国家……有时好像仅仅是个巨大且垄断了公共事务的公司,有时则像神圣的守护者,保卫所有那些被认为最受珍视的东西。在表现为第一种身份时,它要求

---

⑮　MacIntyre, "Three Perspectives on Marxism," 147.

⑯　MacIntyre, "Politics, Philosophy and the Common Good," 237.

我们一式三份按要求填写表格。而在表现为另一种身份时，它间歇性地命令我们为它献出生命。现代国家这一深刻的不融贯性并非秘密，人人皆可自行发现这一事实，但这完全无助于颠覆现代国家。⑰

发达的（自由主义、个人主义、资本主义的）西方现代社会以高度分隔和强调适应性著称。根据家庭、学校、【257】工作场所等活动领域的具体特性，个人被鼓励将自己表现为有着不同观念的不同的人。"一个分隔化的社会施加了一种碎片化的伦理。"⑱

现在我要尝试根据这些背景，来概括我所认为的麦金太尔政治思想的要点。这一思想深嵌于一种亚里士多德式的伦理学，后者主张善优先于正当。这种伦理学最基本的范畴是实践，善内在于实践，而美德是维续实践所必需的。麦金太尔将实践定义为：

> 任何在社会中建立起来的融贯且复杂的合作性人类活动形式。一些卓越标准适合于、并部分定义了这种实践。通过这种活动形式，在试图达到那些卓越标准的过程中，内在于特定实践的善被实现了；那一活动形式，连同其结果，即致力于变得卓越的人类能力和其中包含的关于人之目的与善的观念，被系统地拓展了。⑲

他所说的内在于特定实践的善是只有通过参与那种实践才会认识和获得的善，这不同于外在善，例如金钱和名望，它们可以通过许多不同的方式得到。要获得特定实践的内在善，行动者必须培养一系列美德。麦金太尔将美德定义为"一种习得的人类品质，拥

---

⑰　MacIntyre, "The Theses on Feuerbach," 227.

⑱　MacIntyre, "Politics, Philosophy and the Common Good," 236.

⑲　MacIntyre, *After Virtue*, 187.

有和实践它将使我们能够去获得那些内在于实践的善,缺乏这种品质则会严重妨碍我们获得这类善"。⑳

麦金太尔理解的良善人生有一种叙事统一性,探索良善人生过程中的统一性。然而,个人无法独自探索良善人生,这是一场合作之旅。麦金太尔强调,存在真正的共同善,也就是真正跨群体共享的善,与之相对的是单纯的个人善的集合。他经常举的真正的共同善的例子是由全体船员共享的、成功的捕鱼航行中的善,以及由全体音乐家共享的、精彩呈现的弦乐四重奏中的善。

实践需要制度支持,但制度与实践之间的关系颇为复杂。制度可以且经常破坏而非支持实践及其善;因此还需要靠其他一些美德来利用好制度,防止它们去破坏它们本应去支持的实践。【258】进言之,实践、共同体和被创建出来支持实践的制度都必然存在于传统的发展过程之中。麦金太尔并不把传统理解为柏克式的静止不变的传统,他认为传统是一场持续不断的辩论,辩论的主题包括实践的内在善,如何才能最好地维续和提升实践,如何安排这些实践以及支持它们的制度。正是这一探究维度将我们带到了政治领域。作为探究共同体,政治共同体要勇于承认自己的传统内部可能存在的问题,甚至向这样一种可能性开放,即其他传统内部也许存在能克服这些问题的资源。

按麦金太尔的理解,政治思想思考的是如何安排实践、内在于这些实践的善以及被用来维续实践的制度。政治共同体"由对其他类型的实践作出安排的那类实践构成,这样人们就可以指示自己去追求对于他们以及共同体最好的事物"。㉑ 政治共同体因此必然是探究共同体。麦金太尔的许多政治立场都是对这一要点的阐发。

---

⑳　MacIntyre, *After Virtue*, 191.

㉑　MacIntyre, "Politics, Philosophy and the Common Good," 241.

没有完美的政治;良善政治就是进行理性探究和辩论,每个能对群体有所教益的人(麦金太尔认为每个人对群体都会有所教益)都能在政治生活中讲授自己的想法,不会有谁被排除出去。对如何安排善、实践和制度的政治审议是政治共同体的一种独特的共同善。

要成就共同善,尤其是政治审议这种共同善,该群体就得承诺以某些可列举的方式对待别人,尤其是还得承诺不能以另外某些可列举的方式对待别人。这些义务和禁令大多符合托马斯·阿奎那所理解的自然法戒律:"我们认为它们是这样一种戒律:几乎任何一种改善了人们对他们个人的善和共同善的学习和探询的情形,任何一种人们可以带着理性真诚行事的关系,都预设了它们的约束性权威。"㉒因此,自然法的戒律不是在理性探究过程的终点得出的结论,而是理性探究本身的先决条件。"自然法的【259】无例外戒律(exceptionless precepts)是那样一种戒律,即只要我们还理性,就会承认如果要成就我们的诸种善和终极善,那它们在每一个社会、每一种情形中都是不可或缺的,因为它们指引我们追求我们的共同善,并部分定义了这种善。"㉓

不可避免地,良善政治的范围必须相当小,小到每个人的观点都能被听到,人们可以评价彼此的品格,衡量每个人的贡献。在当代民族国家这一层面,这当然是不可能的,但在学校、教区和小共同体中还有可能。因此在麦金太尔看来,就其最重要、最正面的意义而言,政治活动是在一般所认为的政治层面之下进行的。

既然政治共同体是一种理性探究共同体,而当下的民族国家对这种共同体类型并不友好,麦金太尔便提倡他所说的地方共同

㉒　Alasdair MacIntyre, "Natural Law as Subversive: The Case of Aquinas," in *Ethics and Politics*, 48.

㉓　Alasdair MacIntyre, "Natural Law as Subversive: The Case of Aquinas," in *Ethics and Politics*, 49.

体政治。此外,考虑到地方共同体显然处在资本主义"自由市场"
和自由主义民族国家内部,它们便需要实践一种共同体自卫政治,
防范市场和国家的腐蚀性影响:"因为国家和市场经济就是为颠
覆破坏地方共同体政治构造出来的。在这两种政治之间只会有持
续的对抗。"㉔

　　在写于 2004 年美国总统选举时的简短声明《11 月唯一值得
投的选票》(The Only Vote Worth Casting in November)中,麦金太
尔声称,没有充分理由给两位主要候选人中的任何一位投票,并建
议弃权。这份声明本身似乎暗示麦金太尔赞成完全脱离政治,但
事实上麦金太尔的立场要微妙得多。为了捍卫、扩大自己的行动
自由,地方共同体需要参与"自由市场"和自由主义国家;它们要
审慎小心地参与其中。麦金太尔当然反对尝试以旧式马克思主义
革命形式或其当代的社会民主或社群主义形式去修正或接管自由
主义国家。然而在《11 月唯一值得投的选票》中,他还勾勒了一种
可能实现也应该实现的政治:

　　　　那么,什么是正确的政治问题呢? 其中一个就是:我们应
　　给予自己的孩子什么? 答案是,从怀孕时起,我们就要尽自己
　　所能,使他们有最好的机会获得保护和抚育。【260】要做到
　　这一点,我们必须尽自己所能,使他们有最好的机会过上红红
　　火火(flourishing)的家庭生活,父母的工作都能获得公平且充
　　足的回报;有最好的机会获得教育,从而他们也能过上红火的
　　日子。如果得到充分阐发,那么这两句话就是一种政治。㉕

因此,麦金太尔将对当下政治的强烈批判观点与对更好的政治的

㉔　MacIntyre, "Politics, Philosophy and the Common Good," 252.

㉕　这份声明可见于 http://perennis. blogspot. com/2004/10/alasdair-macintyre-only-voteworth. html。

期待——至少是有一种微弱的期待——联系了起来。

麦金太尔反对个人主义、自由主义,强调共同善的重要性,这使得某些评论者将他归为社群主义者,而他极力拒绝这一标签。他把社群主义视为当代自由主义的内部思潮,而非自由主义真正的替代性选择:

> 社群主义者往往强调他们反对任何纯粹的个人主义的共同善观念。但社群主义的共同善观念完全不是一种进行政治学习的共同体的共同善观念,个人要发现他们的个人善和共同善是什么,就必须在这种共同体中进行探究。事实上,在由社群主义倡导者作出的,我能在其中读到社群主义如何理解共同体、共同善和个人善之关系的准确本性的每一项声明都令人难以捉摸。㉖

因此,麦金太尔的政治思想是亚里士多德式的,因为它关注的是获得由人的共同本性规定的诸善,尤其是获得真正的共同人类善。它的亚里士多德特色还表现在,它将审议共同善看作获得共同善的必要条件,同时认为它本身也是一种主要的共同善。麦金太尔修正了亚里士多德对女人、自然奴隶和体力劳动者的忽视,在这一问题上,他沿着明确的托马斯主义路线以及其他思想资源发展了亚里士多德的观点。相比于亚里士多德和阿奎那,他更明确地承认,代表年轻人、弱者和残疾人利益的政治的重要性。㉗ 天主教政治传统支持辅助性原则(subsidiarity),即高级社会实体(social entities)应帮助低级社会实体,但不应对其作不必要的干涉,麦金太尔的地方共同体政治则姑且可称为"由下而上的辅助

㉖　MacIntyre, "Politics, Philosophy and the Common Good," 246.

㉗　这一主题在《依赖性的理性动物》中有极为突出的体现。

性原则"的具体化,它强调地方共同体要在"自由市场"和自由主义国家的影响下主动增进自己的自由。【261】在批判资本主义、总体而言的自由主义现代性以及当代民族国家的运作时,麦金太尔的政治思想保留了强烈的马克思主义面向。凯尔文·奈特(Kelvin Knight)将其恰切地描述为"革命的亚里士多德主义"。说它革命,不是因为它计划暴力推翻现政权,而是说,它不对这些政权表达忠诚:"如果……对政治忠诚的要求只有在共同体的政治学习这一共同善存在的地方才能得到证成,那么现代国家就不能对自己的成员提出任何可证成的忠诚要求。"㉘

　　在亚里士多德式的政治理论家族内部,我们还必须把麦金太尔的观点与某些亚里士多德式观点区分开来,那些观点试图或声称已经实现与当代自由主义的结合,尤其是莫迪默·阿德勒(Mortimer Adler)的美国化的亚里士多德主义观点,以及玛莎·纳斯鲍姆的自由主义的或者说社会民主亚里士多德主义观点。还必须把麦金太尔的立场区别于当代自由主义版本的罗马天主教的社会训导,后者将共同善理解为一组能使个人发展自我的背景条件,并要求民族国家肩负起保证这些背景条件的责任。如果我对麦金太尔的理解是准确的,那么他会觉得这种共同善和诸共同善观念太单薄了。

　　麦金太尔谈不上是在单枪匹马批评我们时代的自由主义,但他的批评要比大部分此类批判来得更为基本和影响深远。尤有洞见的是他将当代保守主义和激进主义理解为特定类型的自由主义,他坚持认为,对自由主义作单纯的理论批判并没什么用;这种批判必须同时是实践的,这涉及对小范围政治共同体的建构和维续,后者可以支持由实践、共同善、理性探究和美德共同构成的生活。

㉘　MacIntyre, "Politics, Philosophy and the Common Good," 243.

麦金太尔将他的伦理和政治思考呈现为一种时刻准备面对质疑、进行修改的思考。既然认可这种开放性,那就让我指出两处有待进一步研究和发展的地方吧。

其中一处是麦金太尔得出自然法戒律的做法——他从探求共同体发挥功能的必要条件推导出了自然法戒律。如果我对此的理解无误,那么他的这一论证核心就在于,除非探究共同体的大多数成员习惯以某些方式而非其他方式对待彼此,否则这一共同体很难发挥好作用,并且也许完全没法作为一个理性探究共同体发挥作用。【262】现在看来,以这种方式为自然法戒律奠基明显胜过将自然权利本身设定为纯粹的事实——据我了解,麦金太尔如今还像《追寻美德》中那样拒绝这种观点。然而,这似乎会引出问题:这是不是意味着我们只对和我们同在一个探究共同体的伙伴负有义务?尊重的基础不是人的共同本性或人格之类的东西,而是探究共同体的成员身份?托马斯式的自然法一般被理解为规定了我们对其他所有人,而非仅仅是对那些与我们一同进行探究的人的义务。有一种方法也许可以解决这个困难,那就是将每一个人都理解为探究共同体的潜在成员。如果我们这样理解人类,那么从探求共同体发挥功能的必要条件推导出的这些义务就有可能扩展到超越小范围地方性探究共同体实际边界的范围,把所有人都包括进来。㉙ 然而要迈出这一步,就得在麦金太尔的小范围地方性共同体的政治和伦理中引入某种世界主义元素。也许还会有更好的解决办法。

第二个可以发展的地方是政治和科技的关系。麦金太尔对古希腊人和中世纪人作了(并非毫无限制的)富有同情的描写,还嘉许性地引用手摇纺织机织工共同体、捕鱼船员队伍和正在消失的

㉙ 虽然我还没有在麦金太尔教授的作品中发现这一观点,但他曾评论说,理解一个想法不仅可以将它理解为它实际上是什么,还可以理解为一项尚未完成的筹划。参见 MacIntyre, "Is Patriotism a Virtue?" 223—4。

家庭农场,将它们看作学习美德的地方,因此他有时被指控为对前现代社会以及存在于正在现代化或已完成现代化的社会内部的也许可以被称为前现代残留的东西抱有怀恋之情。这类指控虽然并不公允,但确实指出了麦金太尔思想中一个可以被继续发展的地方:政治和科技的关系。科技的进步(如果确实可以这么说的话)必然会在何种程度上影响乃至决定国族(nation)或国族内部小范围地方性共同体的政治生活形式? 小范围地方性共同体在下决心何时接受、何时拒绝新科技等问题上该如何处理? 我们乐于看到麦金太尔教授去关注这些问题或类似的问题。

进阶阅读建议

要理解麦金太尔的伦理学和整体哲学立场,《追寻美德》依然是最基础的一个文本。至于麦金太尔思想中明确的政治维度,则可参见本章引用的凯尔文·奈特编的《麦金太尔读本》(*The MacIntyre Reader*)和麦金太尔的《伦理学与政治学:文选》(第2卷)(*Ethics and Politics: Selected Essays, Volume 2*)中的几篇文章。

对于麦金太尔的政治思想有两篇简要的导读,分别是凯尔文·奈特的《革命的亚里士多德主义》("Revolutionary Aristotelianism," in *Contemporary Political Studies*, ed. Iain Hampsher-Monk and Jeffrey Stanyer, Proceedings of the Political Studies Association 3 [Belfast: Political Studies Association of the United Kingdom, 1996], 885—96)和马克·C. 墨菲(Mark C. Murphy)的《麦金太尔的政治哲学》("MacIntyre's Political Philosophy," in *Alasdair MacIntyre*, ed. Mark C. Murphy [Cambridge: Cambridge University Press, 2003], 152—75.)。

更详尽的研究可参见凯尔文·奈特的《一种革命的亚里士多德主义》("A Revolutionary Aristotelianism," in *Aristotelian Philoso-*

phy：*Ethics and Politics from Aristotle to MacIntyre*［Cambridge：Poli-
ty，2007］，chap. 4.）。

　　凯尔文·奈特和保罗·布莱克利奇（Paul Blackledge）编的
《革命的亚里士多德主义：伦理学、抵抗和乌托邦》（*Revolutionary
Aristotelianism*：*Ethics*，*Resistance and Utopia*［Stuttgart：Lucius &
Lucius，2008］）论述了麦金太尔的政治思想及其影响，这本文集
很有用。

18

又一位哲学家公民：
查尔斯·泰勒的政治哲学

露丝·阿比

【264】查尔斯·泰勒向八十大寿的哈贝马斯致敬时,称这位八旬老者

> 是一位杰出的公共知识分子。他从不满足于写哲学、教哲学、讨论哲学,而是坚持不懈地以极大的勇气参与我们时代的重要讨论。……在哈贝马斯的思想中,理论和实践几乎可以说是有机地联系在一起……他带着一种充满激情的正直活出了自己的哲学。

泰勒进一步称,哈贝马斯"阐述了 20 世纪后期意识中"围绕对话概念所发生的"两个深刻变化"。第一个深刻变化是哲学上的变化:对西方现代哲学受笛卡尔作品的影响所产生的独白转向提出挑战。第二个变化出现在西方政治文化领域,越来越多的人要求民主国家应该更充分地代表其人口多样性。为了寻求泰勒所谓的"对政治契约的重新协商",先前被排除在政治主流之外的群体上下奔走、四处活动,以便能进入政治主流的行列。这就像泰勒在向哈贝马斯的致敬中所指出的,只有通过对话,这样的重新协商才能

进行。①

　　只要是熟知泰勒政治哲学的人,就能凭直觉判断出,泰勒对哈贝马斯的描述是多么适合泰勒自己。泰勒也是一位哲学家公民——这个词出自柏拉图,是泰勒为哈贝马斯所创造的一个术语。泰勒自己的学术生涯也与各种政治参与交织在一起。②【265】史密斯(Nicholas Smith)将泰勒的政治参与分成了三个阶段③:第一个阶段是 20 世纪 50 年代加入英国新左派,④第二个阶段是 60 年代加入加拿大新民主党,第三个阶段是八九十年代参与关于魁北克在加拿大联邦中是何种角色的大讨论。⑤ 史密斯的清单必须更新一下,以把下面这件事加上:2007 至 2008 年,泰勒合作主持了一项如何对待该省文化和宗教特殊性的公开调查。⑥ 因此,在他的祖国加拿大,泰勒是一位知名的公共知识分子,参与过国内的好几场政治讨论。

　　泰勒的政治实践和政治哲学之间有着密切的联系。他对民族

①　The Immanent Frame 网站的一篇文章《哲学家公民》含有泰勒致敬哈贝马斯的缩减版内容,详见 http://blogs. ssrc. org/tif/2009/10/19/philosophercitizen/。泰勒出生于 1931 年 11 月(出生地是加拿大魁北克省蒙特利尔),与哈贝马斯年岁相仿。

②　泰勒于 1961 年从牛津大学获得哲学博士学位,后回到加拿大,在麦吉尔大学哲学和政治学系任职。1976 年,泰勒回到牛津大学担任奇切利社会和政治理论教授,但于 1981 年再次回到麦吉尔。泰勒于 1998 年从麦吉尔退休,但仍然是哲学系的名誉教授。

③　Nicholas H. Smith, *Charles Taylor: Meaning, Morals and Modernity.* Cambridge: Polity, 2002, 12—17, 172—198.

④　泰勒自己对这一阶段的思考,见 Charles Taylor, "On Identity, Alienation and the Consequences of September 11th: Interview with Hartmut Rosa and Arto Laitinen," in *Perspectives on the Philosophy of Charles Taylor*, ed. Arto Laitinen & Nicholas H. Smith. Helsinki: Societas Philosophica Fennica, 2002, 165—195。

⑤　泰勒在这个阶段所写的多篇论文收录于 *Rapprocher les solitudes: Ecrits sur le fédéralisme et le nationalisme au Canada*, ed. Guy Laforest. Sainte-Foy, QC: Les Presses de l'Université Laval, 1992。英译本为 *Reconciling the Solitudes: Essays in Canadian Federalism and Nationalism*, ed. Guy Laforest. Montreal and Kingston: McGill-Queen's University Press, 1993。介绍这一文集的过程中,拉福雷(Guy Laforest)还强调了生活—工作关系对于理解泰勒政治思想的重要性。

⑥　关于该委员会报告的概要,以及对这份报告与泰勒政治思想的关系的讨论,见 Ruth Abbey, "Plus ça Change: Charles Taylor on Accommodating Quebec's Minority Cultures," *Thesis Eleven* 99, no. 1 (2009): 71—92。

主义的思考,对民主需要更包容以维持其合法性的思考,对承认政治(politics of recognition)富有影响力的论述,都直接受到他在魁北克的生活经历和积极参与政治的经历的影响。泰勒定居在与世界上最大的,或许仍然是最自信的自由民主国家相接壤的国家,这也塑造了他对不同风格、不同理解的自由主义的思考。史密斯甚至认为,为了恰当地理解泰勒的政治思想,需要了解他的政治活动。⑦ 这一说法大抵有两个原因。第一个原因是,泰勒的政治理论以现实问题为驱动力。正如史密斯所看到的那样,泰勒不是一个体系化的思想家,而是对政治实践领域所出现的问题进行回应。⑧【266】这一点在他那篇具有里程碑意义的论文《承认的政治》(The Politics of Recognition)中尤为明显,这篇论文探讨了多元文化主义和身份政治对自由民主国家的挑战。

与史密斯的主张相关(史密斯说泰勒的思想具有受问题驱动的本质),有意思的是,泰勒对政治哲学的贡献往往出现在论文中,而不是在著作中。尽管我不是在说他的大部头著作《黑格尔》(Hegel)、《自我的根源》(Sources of the Self)和《世俗时代》(A Secular Age)对政治哲学没有贡献,但这些巨著显然不是或不只是这种类型的作品。泰勒对政治思想领域的严肃问题,如自由、民主、民族主义、多元文化主义、权利、跨文化理解、合法性、分配正义、自由主义—社群主义之争以及公共领域等更直接、更集中的研究,是以论文的形式出现的。⑨

---

⑦　Smith, *Charles Taylor*, 172.

⑧　Smith, *Charles Taylor*, 9. 我同意,泰勒不是建立体系者,但我们不应忽视,泰勒对不同主题的看法和思考有很多交叉的地方。见 Ruth Abbey, *Charles Taylor*. Princeton, NJ: Princeton University Press, 2000, 4—5。实际上,史密斯自己就在泰勒的著作中发现了"一个统一的哲学课题",关于意义在人类生活中的重要性(Smith, *Charles Taylor*, 1)。

⑨　泰勒的《现代社会想象》是个例外(*Modern Social Imaginaries*, Durham, NC: Duke University Press, 2004)。但这是本小书,正如后面所提到的,它属于一个更大的课题,本质上不是一部政治哲学作品。

史密斯之所以提议需要重视理论和实践的关系，第二个原因在于，泰勒的政治思想主要由促进变革这种愿望所推动。史密斯认为泰勒持这样一种观点，即"政治理论的价值与它所传达的社会批评的质量密不可分，除此之外，还与它改善社会生活的能力密不可分"。[⑩] 因此，泰勒作为一名政治哲学家所关切的问题来自实践领域，他也希望，自己对这些问题的回应能够反过来影响实践。在这种情况下，注意到这一点就很重要，那就是，泰勒通常采用一种非技术性的、相对自由的风格写作，这使得他的观点与更为专业性的哲学相比，更容易被普通读者所接受。毕竟，如果想要影响政治实践领域，就不能用一种正式、高冷、高度技术性或拒人于千里之外的风格写作。正如史密斯所解释的那样，"对泰勒而言，重要的是，他的观点能够与普通人所关心的具体问题联系起来。他为非专业、非学术的读者撰写了大量文章"。[⑪]【267】以上面这些思考为基础，似乎就可以恰如其分地得出，泰勒认为哈贝马斯所具有的那种理论与实践之间的有机联系，也出现在泰勒自己的作品中。[⑫]

泰勒所强调的哈贝马斯的贡献的第三个方面，也体现在泰勒自己的作品中。对话是泰勒哲学的核心范畴，也是其政治哲学的

---

⑩ Smith, *Charles Taylor*, 172. 但参阅 Ronald Beiner, "Hermeneutical Generosity and Social Criticism," in *Philosophy in a Time of Lost Spirit*: *Essays on Contemporary Theory*. Toronto: University of Toronto Press, 1997, 155—166, 了解对泰勒的作品所带来的社会批评的不同评价。

⑪ Smith, *Charles Taylor*, 11; 见 9—10. 不过，泰勒的代表作《世俗时代》结合了他迷人的话语风格以及大量新词，如"新（古、后）涂尔干时期""内在框架""新效应""专属人文主义"和"封闭世界结构"。

⑫ 雷德海德（Mark Redhead）同样强调了泰勒作品中理论与实践之间的密切联系，正如其书名所示：Mark Redhead, *Charles Taylor*: *Living and Thinking Deep Diversity*. Lanham, MD: Rowman & Littlefield, 2002。雷德海德尽管提到了泰勒早期的激进主义（5—7），但其关注点在于泰勒参与魁北克政治（45），特别是史密斯所说的第三个阶段，即在关于魁北克在加拿大大联邦中何去何从的大讨论中，泰勒所扮演的角色。雷德海德称，"只研究泰勒的学术著作，我们就会错过泰勒在政治分裂问题上的独特视角所具有的重要意义"。

核心范畴。泰勒提出了"对话的自我"的概念；他以对话为模型思考政治生活，至少对民主国家的政治生活的思考是如此。已有不少著述讨论泰勒思想的这些方面，但我现在想指出，这种把政治理解成是对话的方式导致泰勒淡化了国家的强制力和潜能。考虑这种情况，比如，泰勒经常引用马克思·韦伯，他这么做的时候，更多地指韦伯认为观念在社会生活和社会变化中具有重要作用，以及韦伯强调社会解释要解释意义，而非指韦伯把国家定义成是"通过强制手段享受垄断"。⑬ 在这个方面，泰勒与罗尔斯形成了鲜明的对比。正如魏特曼（Paul Weithma）在本书中所指出的那样，对于罗尔斯而言，在他对正义的思考中，对国家强制力的思考处于中心位置。⑭

　　上面简单地回顾了泰勒的人生与其作品之间的关联。接下来，本章按照本书主线来讲述泰勒。将本书各章串联起来的这条主线就是，【268】20 世纪的政治哲学家如何应对现代科学的兴起，又如何应对这一具有影响力的信念，即自然科学可以为社会和政治世界的知识提供一种范式。然后，本章追踪泰勒在这个问题上的立场所产生的影响，以思考这本文集的另一个关注点，即 20 世纪知名政治理论家在政治理论是什么、该如何开展研究等问题上

⑬　见 *The Malaise of Modernity*. Concord, ON: Anansi, 1991, 125 n. 16; *Sources of the Self*. Cambridge, MA: Harvard University Press, 1989, 203, 225—226。《自我的根源》和泰勒最近关于西方现代社会宗教问题的著作也大量借鉴了韦伯的祛魅概念，但《当今宗教多样性》（*Varieties of Religion Today*）（Cambridge, MA: Harvard University Press, 2002）提到了有魅力的领导。不过，泰勒确实一度引用了韦伯关于国家的观点：见 *Philosophical Arguments*. Cambridge, MA: Harvard University Press, 1995, 205。

⑭　我并不是说泰勒对强制在政治中的作用一无所知或漠不关心，见"Interpretation and the Sciences of Man"（1971）, in *Philosophy and the Human Sciences: Philosophical Papers* 2. Cambridge: Cambridge University Press, 1985, 43。而是说在泰勒的思想中，这并不是处于前列或中心的要点。不过，可以说，国家强制力就像幽灵一般，在泰勒思考多元民主国家的凝聚力的社会基础时反复出现，因为如果不对这些基础加以重建，民主国家就可能会沦为这样的政体；其中，强制力越来越突出。

的看法具有多样性。⑮

　　在人与自然科学是何种关系的争论中,泰勒是个中心人物。实际上,史密斯认为泰勒是"英语世界倡导诠释性社会科学的人中,最雄辩、最有影响力的"。⑯ 自 1964 年出版第一本著作《行为的解释》(*The Explanation of Behaviour*)以来,泰勒一直拒绝人类被自然科学所同化。泰勒之所以坚持认为人与自然科学之间存在不可逾越的鸿沟,一个主要原因是"人是自我理解的动物……他往往部分地由自我理解所构成……"。⑰ 这一本体论主张给人文科学注入了一个不可避免的诠释学维度,因为我们若想要理解人类行为,就必须了解是什么样的自我理解带来了这样的行为。自我理解是人类身份的重要组成部分,因而也是社会和政治现实的重要组成部分。⑱ 例如,仅仅通过描述人们出现在投票站、在纸片(或电脑屏幕)上做标记,是无法解释选举的。为了理解选举,一

---

⑮ 在解释泰勒对最后一个问题的看法时,我引用了 20 世纪 80 年代早期的两篇文章。关于泰勒有大量二手文献,但这众多二手文献都没有注意到泰勒的这两篇文章:"Political Theory and Practice," in *Social Theory and Political Practice*, ed. Christopher Lloyd. Oxford: Clarendon, 1983, 61—85; "Use and Abuse of Theory," in *Ideology, Philosophy and Politics*, ed. Anthony Parel. Waterloo, ON: Wilfrid Laurier University Press, 1983, 37—59。

⑯ Smith, *Charles Taylor*, 120. 由于篇幅有限,无法全面描述泰勒如何看待自然科学和人文科学的差异。较为完整的讨论见 Abbey, *Charles Taylor*, 152—165, 以及 Smith, 120—128。泰勒近来对这个问题有较多的讨论,其中一个讨论见 Charles Taylor, "Gadamer and the Human Sciences," in *The Cambridge Companion to Gadamer*, ed. Robert J. Dostal(New York: Cambridge University Press, 2002), 126—142。

⑰ Charles Taylor, "Self-Interpreting Animals," in *Human Agency and Language: Philosophical Papers* 1. Cambridge: Cambridge University Press, 1985, 72, 另见47。他先前提出过这一点,见"Interpretation and the Sciences of Man," 54。在研究这一主张时,泰勒认为自己是在继续狄尔泰、海德格尔、伽达默尔和哈贝马斯的工作("Self-Interpreting Animals," 45; 他也提到了利科[Paul Ricoeur],见"Interpretation," 15)。

⑱ 对泰勒在这些问题上的观点的更全面讨论,见 Abbey, *Charles Taylor*, 58—62; Smith, *Charles Taylor*, 120—128。罗莎(Hartmut Rosa)受泰勒某些观点的启示,对自我理解进行了更系统化的研究,见 Hartmut Rosa, "Four Levels of Self-interpretation," *Philosophy and Social Criticism* 30, no. 5/6 (2004): 691—720。

个重要的方面是要知道选民投票时他们自己认为自己在做什么。⑲

【269】泰勒认为,诸如投票之类的实践必然充满意义:"社会首当其冲是一套制度和实践,没有一定的自我理解,它们不可能存在和继续。"⑳为了理解某项实践的意义,比如投票、多数规则或谈判,必须掌握构成这项实践的规则和规范。"构成"是指,规范"与实践的关系如此密切,以至于凡是对规范不敏感的人,都不能被视作参与该实践"。㉑为了准确起见,在这里,我们应该说实践的不同意义——意义不止一种,而是多种,因为隶属于同种文化的成员并非都会以相同的方式理解同种实践。不过,根据泰勒,政治实践应该是政治理论方面的主题,政治实践与意义密不可分。

但是,这样的实践,其意义并不是个体自己瞎想的东西;个体通过他们所在的政治文化知晓它们。因此,在处理意义时,政治理论必须参考行动者(比如参加投票的人)所处的更宽泛的政治文化。㉒意义不是个体头脑中(和心中)的观念,前者超越后者。实践形成于主体间,在主体间得到延续:实践所包含的意义是"社会的共同财产……它们不(纯粹或完全)是主体的主观意义、某个个体或某些个体的财产,而是主体间的意义。这种主体间的意义构成了一个社会矩阵,个体在其中发现自我并作出相应的行动"。㉓因此,在研究政治的过程中,意义问题事关重大,但对意义的分析

---

⑲　Taylor, "Interpretation," 29.

⑳　Taylor, "Political Theory and Practice," 62—63.

㉑　Taylor, "Use and Abuse of Theory," 41. 另见 Taylor, "Interpretation," 34—35,这篇文章讨论了塞尔(John Searle)关于构成性规则的著述。

㉒　由于政治文化各不相同,很少能用普遍的术语来形容(Taylor, "Interpretation," 32, 42, 47—48)。这突出了自然科学和人文科学之间的另一个区别,因为前者渴望对它的客体进行普遍解释。在《分配正义的性质和范围》(The Nature and Scope of Distributive Justice)中,泰勒发现迈克尔·沃尔泽(Michael Walzer)的《正义诸领域》有很多值得认可的东西,比如方法上的特殊主义和多元主义,以及对社会意义的关注。见 Taylor, Philosophy and the Human Sciences, 289—317。

㉓　Taylor, "Interpretation," 37;另见 39。括号是我插入的,以便意思更明确。

不能以个体为基本单位。要理解任何一个个体都怀有的意义,我们必须看向他或她所在的那个更广泛的社会环境。因此,泰勒坚信,理解政治生活的基本特征意味着拒绝构成主流政治科学之基础的原子论假设:"主流社会科学的本体论所缺乏的是这样一种意义概念,【270】即意义不仅仅只是某个个体性主体的意义;这个主体既可以是'我',也可以是'我们'。"㉔

不过,强调主体间性意义在政治中的中心地位,就像泰勒这样,不应被误解成是明确共识。在政治文化中,异见和批评本就与主体间性意义相依相存,构成一种寄生关系。为了改变这个世界,批评者必须参与并挑战其他行动者所秉持的权威解释。㉕ 制度往往体现了主体间性意义的存在,这种主体间性意义的存在使得共同意义或意义趋同成为可能,因为行动者可能会就民主选举的价值达成一致。即使他们未能达成一致,且整个社会也无法形成共同意义,关于民主选举的价值的讨论仍然是在主体间进行的。㉖

因此,对于泰勒而言,实践处于政治生活的核心。实践内在地充满意义,或对参与者而言具有一系列可能的意义,而且这些意义是主体间的。但是,这并不要求实践的意义对所有参与者而言都是明了的:实践的构成规则和规范可以是参与者直觉地、不明不白就掌握的。这些规范和规则通常是做了就懂了,"测试"参与者是否掌握这些规范和规则,在于他们能否有效地进行实践。反过来,泰勒认为,规范被违反的时候能够看出来规范被违反——用他的话说是"宣判犯规",也表明了对规范的实际掌握。㉗ 因此,参与实践可以是"先于理论"或"先于表述"的:实践的存在或传播既不需

㉔　Taylor, "Interpretation," 40;另见 41。其中一些问题得到了更详细的讨论,见 Charles Taylor, "Atomism"(1979), in *Philosophy and the Human Sciences*, 187—210;Taylor, "Irreducibly Social Goods," in *Philosophical Arguments*, 127—145。

㉕　Taylor, "Interpretation," 36—37.

㉖　Taylor, "Interpretation," 39.

㉗　Taylor, "Use and Abuse of Theory," 42; "Political Theory and Practice," 62.

要充分、有说服力地阐明实践,也不需要用理论完成这种阐明工作。不过,如果泰勒的"先于理论"一词指必会出现对实践的理论性解释,那可能有点用词不当。因为正好相反,泰勒允许实践可以在其意义和逻辑没有用理论的方式加以阐明的情况下存在和继续。㉘

【271】如果充满意义、具有主体间性的实践是政治生活的支柱,但它们又不需要理论表达,那么就出现了一个非常严峻的问题:政治理论的目的是什么? 泰勒曾一度宣称,"理论是明确描述社会生活,即一套制度和实践"。㉙ 但是紧接着,用这种有限且保守的说法来陈述政治理论的目的,就显得过于狭隘了,因为泰勒随后明确为政治理论赋予了如下资格,即"社会理论所做的事情之一……是明确描述构成社会生活的自我理解"。㉚ 就我对泰勒的阅读而言,他提出了政治理论相对于社会实践的四种可能功能。

所有理论都致力于提供对政治实践更正式、更系统的阐述,比人们通过日常意识知道的更正式、更系统。因此,泰勒认为,"当我们试图明确阐述我们在做什么,描述某种实践要开展哪些关键性活动,阐明对某种实践至关重要的规范是什么时,社会理论就应运而生了"。㉛ 在这样做的过程中,理论不需要涵盖实践的所有方面,可以只局限于确认和整合最重要的方面。根据我对泰勒立场的理解,这是政治理论的必要组成部分,或许可以让理论止步于此——仅仅只是解释政治实践。理论"可以只起到这样的作用,即澄清或整理我们的自我描述已经隐约道出的意义"。㉜ 不过,泰

㉘　Taylor, "Use and Abuse of Theory," 42, 46; "Political Theory and Practice," 63. 这里,泰勒的政治思想交叉着他对"具体应对"理念的充分认可,他受到了梅洛·庞蒂、海德格尔、维特根斯坦和迈克尔·波兰尼的影响。对泰勒认识论这一方面更全面的讨论,见 Abbey, *Charles Taylor*, 178—190。

㉙　Taylor, "Use and Abuse of Theory," 46.

㉚　Taylor, "Use and Abuse of Theory," 49; 加了强调。

㉛　Taylor, "Political Theory and Practice," 63.

㉜　Taylor, "Political Theory and Practice," 68.

勒认为,理论止步于解释实践,这并不寻常。㉝泰勒的一个主张
或许可以解释这个观点。他说,人们在遇到困难和困惑之际,意
识到对制度和实践的常识性理解并不足够的时候,转向理论。
可见,泰勒看到,"制定和采纳理论"不仅仅只是为了整理实践的
意义,而是有着一个"更强烈的动机"。这个更强烈的动机就是
"感觉到我们不明就理的理解在某种程度上严重不足,甚至大错
特错"。㉞ 因此,理论可能具有的其他功能包括但不限于这第一
个阐明功能。

　　政治理论第二个可能具有的功能是支持、加强甚至改进实
践。通过探索出实践的核心特征,理论可以帮助【272】参与者更
好地理解他们在做什么,以及为什么要做。这样就加强了自我
理解,可以反过来使他们成为更有效的实践者。正如泰勒所说:
"拥有一个好的理论……就是更好地理解我们在做什么,这意味
着我们行动时不会再像之前那样跌跌撞撞、挫败不已;我们的行
动变得不那么随意和矛盾;更不容易产生我们根本就不想要的
东西。"㉟

　　与第二个功能紧密相关(不过我认为还是不同),理论第三个
可能具有的功能就是加强行动者对实践的承诺,让行动者更投入。
通过阐明实践是关于什么的,理论可以提炼出其中的好东西和值
得称赞的东西,不断更续行动者对实践的忠诚。正如我们所看到
的,规范和实践不需要通过理论性阐述而得以存在和传播。但是,
从不阐述到阐述,指导实践的规范可以变得更强大、更激动人心。
正如泰勒所描述:"对我们的困境加以解释,可以更加强调我们的

㉝　Taylor, "Political Theory and Practice," 64. ("形成理论框架,很少只是把一些正在
　　进行的实践讲清楚。")

㉞　Taylor, "Political Theory and Practice," 另见 62,81,以及"Use and Abuse of Theo-
　　ry," 51。

㉟　Taylor, "Use and Abuse of Theory," 53；另见 45,52,以及"Political Theory and Prac-
　　tice," 78。

实践,或者表明它们比我们想象的更重要。"㊱理论可以服务于这
个过程,在于让行动者明白他们的政治生活所拥有的一些不言而
喻的共有善,从而使他们更加欣赏这些善。当这些规范在公共生
活中得到承认时,这个过程就得到强化。因此,理论可以将实践的
意义从主体间转到公共区域。泰勒进一步指出,这种对共有善的
公开承认,有助于调动为了保护或发展共有善而采取共同行动所
需要的政治意愿。㊲

最后第四个功能是,政治理论可以破坏实践。比如,马克思主
义理论试图说服人们,作为西方社会重头戏的私有财产这种实践,
本质上是不公正的、剥削性质的,应当被推翻。当然,并非所有的
批判理论其含义都像马克思主义那样具有革命性;有些可能对社
会整体不那么挑剔,或者将它们的批判矛头局限于更加本地化的
实践。但是,无论批评多么广泛,在西方现代传统中,挑战社会实
践以破坏它们一直是政治理论的一个重要功能。㊳

【273】在实现这里所列举的第二、第三或第四项功能时,理论
有可能改变实践。改变的方式五花八门,改变的程度也不尽相同,
但泰勒坚信,理论一旦被众人接受,就会影响实践的实施方式。㊴
这就道出了自然科学无法为人文科学提供可靠模型的另一个原
因,因为在自然科学中,理论不改变它们的客体。正如泰勒有时所
说,客体独立于理论。理论独立于但被应用于客体。㊵ 当然,自然
科学得出的理论可以帮助操纵和控制它们的客体:正如泰勒所承

㊱　Taylor, "Political Theory and Practice," 70; 另见 67,以及 "Use and Abuse of Theo-
ry," 46。

㊲　Taylor, "Political Theory and Practice," 71.

㊳　Taylor, "Use and Abuse of Theory," 45; "Political Theory and Practice," 64. 可以比
较政治理论的表达功能与道德理论的表达功能,这会有所助益。见 Abbey, *Charles
Taylor*, 41—47。

㊴　Taylor, "Use and Abuse of Theory," 42, 45, 47, 53.

㊵　Taylor, "Use and Abuse of Theory," 47; "Political Theory and Practice," 70, 77.

认的,在自然科学中,"有了更好的理论,就能够更加有效地应对这个世界。以前没法进行干预以实现我们的目标,但现在有了更好的理论便能成功地做到"。⑪ 但是,自然科学的主体不是自我理解的,关于它们的理论从定义上讲既不塑造其自我理解,也不塑造基于自我理解的行为。这也就意味着,政治理论不能像那些旨在模仿自然科学的人所希望的那样被应用,因为在社会科学中,客体与被应用于客体的理论并非完全相互独立。相反,"在政治中……'接受理论'本身就可以改变理论所影响的东西"。⑫

然而,如果在自然科学为何不适合作为社会科学的模型这个问题上,泰勒所给出的理由是正确的,那么所出现的显而易见的问题就是,为什么这么多人曾经、现在仍然试图将两者结合起来。我可以提出泰勒可能提出的三个相关原因。首先,自然科学在现代西方享受到了巨大的威望,社会科学家希望享受其中的一些荣誉。第二,如前所述,自然科学许诺操纵和控制这个世界,改善人类境况(引培根的话)和过上舒适生活(引霍布斯的话)的愿望在西方现代性中非常强烈。现代人希望,如果我们能够发展出一门允许我们控制和预测人类行为的政治科学,那么政治生活将变得更加有效。⑬ 自然科学模型如此诱人的第三个解释是,与自然科学之间的距离已然最小的社会科学是经济学。【274】毕竟,"经济"被认为是独立于理论的客体,理论对它"指手画脚",但无法改变。"经济"被认为应该受其自身法则的管理,不受行动者的解释和自我理解的影响——或者更确切地说,那些不能调整自我理解以适应经济规则的人注定一败涂地。于是,我们似乎就假设,如果自然科学模型可以在经济领域被模仿,那么也可以在其他领域被模

⑪ Taylor, "Political Theory and Practice," 61.

⑫ Taylor, "Use and Abuse of Theory," 47;另见 40。("理论不能只是应用于人类事务,因为它也会改变[人类事务]。")

⑬ Taylor, "Political Theory and Practice," 61.

仿——在政治学、社会学、心理学领域。然而,泰勒指出,几个世纪以来,人们只是在努力构建一个看似独立、有其自身明显规律和模式的经济学领域。㊹ 所以他坚信,无论经济学在沿着模仿自然科学的道路上走了多远,这条道路都无法推广到其他社会科学。㊺

总结思考泰勒作为政治理论家,其实践在多大程度上符合他对政治理论应该是什么、应该做什么的解释,对我们很有启发。(由于篇幅的限制,这里只能对这个问题做个初步、粗略的探讨,因而难免会有争议。)正如我们所看到的,泰勒提出,人们在遇到困难和困惑之际,觉得对某种实践的普遍理解似乎不足以理解实践的时候,会转向政治理论。这一观点可以与本章的观点联系起来,即泰勒成为政治理论家也是受问题所驱动:实际领域出现问题时,对问题作出回应。泰勒还认为,政治理论应该关注实践——实践充满意义,具有主体间性,且因社会而异。这一主张无疑在他自己关于现代社会想象的著作中得到了证实。在这部著作中,他概述了对西方现代制度,如经济、公共领域和人民主权等的共有理解。但是,也可以说,泰勒在这本书中的所作所为,属于前面所说的理论的第一个功能,即正式并系统地阐明政治实践。我想这是因为,他研究现代社会想象不仅仅只是为了研究现代社会想象,而是为了实现更大的野心,他想要追踪世俗性在西方现代社会的兴起,想要解释那些曾经由宗教世界观覆盖其重要制度的社会【275】如何能够想象它的那些制度独立于宗教。

泰勒的其他一些作品体现了前面所说的政治理论的第二个功能,即支持或者加强甚至改进实践。通过清晰地探索出实践的核心特征,理论可以帮助参与实践者更好地理解他们在做什么,以及

㊹ Taylor, "Use and Abuse of Theory," 47—48; "Political Theory and Practice," 75. Taylor, "The Economy as Objectified Reality," in *Modern Social Imaginaries*, 第 5 章讨论了经济如何变得被视为一个独立和自我调节的领域。

㊺ Taylor, "Political Theory and Practice," 77.

为什么做。这似乎抓住了前面提到的泰勒一些文章中所含有的意图(那些文章表明,他往往把政治生活解释成对话)。例如,《承认的政治》一开始观察指出,西方社会中的一些群体要求他们的特殊性得到公开的承认。泰勒从政治思想史中汲取资源,给这一发展加上一些哲学背景,并且通过解释不承认如何伤害深受其害的人,给这一实践加上一个心理维度。通过用这种方式阐明对承认的寻求,泰勒可以让寻求承认的人以及给予承认的人更好地理解他们所参与的进程,并理解拒绝承认所涉及的危险。

与此类似,泰勒在《民主排斥的机制》(The Dynamics of Democratic Exclusion)中描述了西方民主国家内部努力按照各自的主张参与政治的群体。他展示了民主内在的包容逻辑如何鼓励这一点,与包容逻辑共生的排斥逻辑又如何反对这一点,因为民主需要一种强烈的集体认同感。他最后示意建立更包容的、拥护多样性的民主模式。他的分析使民主社会之民对政治进程有了更具洞察力的理解,对多样性既拉动民主、又压垮民主的方式有了更深刻的理解。《自我的根源》尽管不是一部纯粹的政治理论著作(前面已经提到这点),但也可以从这个角度来看。因为为了努力增强读者的自我认识,它努力阐明"我们如今的现代身份"。⑯ 这本著作强调了现代自我是一个多么多元、多么复杂的实体,泰勒则希望,通过追踪这种复杂性的历史轮廓,可以让人们摆脱否认和扼杀善之多元性的倾向,善之多元性是现代的自我事实上(如果说并不总是在知情的情况下)所肯定的。⑰

【276】不过,正如前面所提到的,由于本章所揭示的政治理论的第二个和第三个功能之间存在着相对细微的差异,因此或许可以说,这些对政治理论的突袭实际上执行了理论的第三个功能,即

---

⑯　Taylor, *Sources of the Self*, 319.

⑰　Taylor, *Sources of the Self*, 106—107, 503, 511, 514, 520.

加强行动者对实践的承诺,让行动者对实践更投入,不管是承认还是民主包容。⑱ 如果考虑到泰勒往往聚焦于实践的积极方面的倾向,那就更是如此。实际上,我的感觉是,泰勒作为一名政治理论家的大部分作品都履行了政治理论的第二个或第三个功能:在他的文集中,几乎没有试图挑战、更不用说破坏政治实践的内容。在很多情况下,预期效果似乎是更清晰地认识某项实践发生了什么,强调所发生的事情有什么好处。但是,这一效果并不妨碍批判,因为在强调某项实践的价值的同时,有助于识别其令人不安的方面,从而使得实践者能够"宣判犯规"并解释他们为什么这样做。⑲

正如我们所看到的,泰勒坚持认为,如果我们想要理解人类行为,我们就必须了解带来行为的自我理解,了解是什么样的自我理解带来了这样的行为。自我理解是人类身份的重要组成部分,因此也是社会和政治现实的重要组成部分。然而,正如强调主体间意义不一定意味着共识,承认自我理解的重要性也并不意味着强迫它们为最终结果。以诠释为路径的社会科学并不局限于只是解释现有的自我理解。自我理解并非无法改正;对行动和行为的某些解释优于其他解释;行动者的自我理解是可以修改的,如果它们遇到更好的解释。正如泰勒所言:"如果新的说法真的比现有的解释更清晰,那么它一旦被内化为自我理解,就将在某种程度上改变行为。"⑳只要泰勒的工作是史密斯所谓的"改变社会生活",

---

⑱ 在《万变不离其宗》(Plus ça change) 一文中,我提出,虽然不是用这些确切的术语,但这正是泰勒在提交魁北克委员会的报告中试图做的。

⑲ 正如我在回应拜纳(Beiner)对泰勒的批评中所指出的(拜纳批评过泰勒的承认政治概念),泰勒提供的一些资源有助于批判拜纳所担心的那种关于身份的不理智主张。泰勒展示了承认如何在自由民主传统的环境中,凭借这种环境中的一些道德资源动态地发展。它的基本价值包括普遍性、平等、自由、尊重、互惠、宽容和自治。在泰勒的框架内,违反部分或任何这些规范的身份表达都会受到批判。见 Ruth Abbey, "Pluralism in Practice: The Political Thought of Charles Taylor," *Critical Review of International Social and Political Philosophy* 5, no. 3 (Autumn 2002): 98—123。

⑳ Taylor, "Interpretation," 27.

【277】那它所致力于的主要就是改变自我理解。

　　泰勒想要改变或修正他的读者理解他们自己的一些方式,这种企图在泰勒最近的作品《世俗时代》中显而易见。这本书部分是为了通过展示宗教信仰的衰落并非现代化的必要条件,而影响他那些信教的以及不信教的读者的自我理解。宗教在西方现代性中扮演了什么样的角色? 在关于这个问题的辩论中,改变辩论条件也涉及破坏这场辩论中目前所设定的两个(明显)极端。泰勒想要表明,被认为站在两个极端、他们自己也觉得他们处于两个极端的对手,实际上有很多共同点,比他们自己所意识到的还要多。因此,为了让变化朝着更有成效的方向发展,目前(明显)处于两个极端的人需要弱化各自的自我理解。⑤

推荐阅读

Abbey, Ruth. *Charles Taylor*. Princeton, NJ: Princeton University Press, 2000.

Smith, Nicholas H. *Charles Taylor*: *Meaning*, *Morals and Modernity*. Cambridge: Polity, 2002.

Taylor, Charles. "The Dynamics of Democratic Exclusion." *Journal of Democracy* 9, no. 4 (October 1998): 143—156.

——. "Nationalism and Modernity." In *The Morality of Nationalism*, edited by Robert McKim and Jeff McMahan, 31—55. New York: Oxford University Press, 1997.

——. "The Politics of Recognition." In *Multiculturalism and* "*The Politics of Recognition*," edited by Amy Gutmann, 27—73. Princeton: Princeton University Press, 1994.

---

⑤　Taylor, *Secular Age*, 618, 624—625, 656, 674—676, 726—727. 更充分的讨论,见 Ruth Abbey, "Theorizing Secularity 3: Authenticity, Ontology, Fragilization," in *Aspiring to Fullness in a Secular Age*: *Essays on Religion and Theology in the Work of Charles Taylor*, ed. Carlos D. Colorado and Justin D. Klassen. Notre Dame, IN: University of Notre Dame Press, forthcoming。

索　引

(以原书页码为准)

译后记

  "二战"后的英美学界盛行"政治哲学已死"的说法,取而代之的学术范式是概念分析和思想史研究。摆在读者面前的这本文集,意在展现 20 世纪政治思想的丰富性,从而回击这一陈词滥调:"政治理论和哲学已经在 50 年代的某个时刻死去,直到 1971 年罗尔斯的《正义论》出版,才得以重获新生。"也因此,虽然图书市场上以 20 世纪政治哲学为主题的概论、导读类书籍并不少,但本书在篇目设定和写作风格上都极具特色,完全摆脱了以罗尔斯为中心的主流写法。

  具体言之,相比同类书籍,本书关注的时间段更长,理论光谱更广,"二战"前后、欧陆英美兼收并蓄。主流的政治哲学家只选了罗尔斯、伯林、哈贝马斯和泰勒,大量篇幅给了施米特、葛兰西、施特劳斯、阿伦特、福柯等基本不被英美政治哲学界关注的人物,哈耶克、奥克肖特、哈特、罗蒂、萨特、麦金太尔等因为学科或风格而在主流政治哲学中相对边缘的英美学者也相继登场,此外还有耶夫·西蒙这样相对冷门的学者。在写作风格上,各篇都是作者的生平、文本交织介绍,不断探究其深层意图或思想困境,少有脱离语境的分析论证。

  本书的翻译分工如下:陈哲泓(东方出版中心)翻译导论部

分;赵柯(上海大学马克思主义学院)翻译1—7章,以及第18章;钱一栋(同济大学法学院)翻译8—17章。

衷心感谢华东师范大学出版社六点分社的编校人员,特别是责任编辑王寅军老师为本书出版所付出的辛勤劳动! 对于书中的错误或疏漏之处,还盼读者和学界同人不吝指正。

图书在版编目(CIP)数据

　　二十世纪政治哲学/(美)凯瑟琳·扎克特编;赵柯,钱一栋,陈哲泓译.--上海:华东师范大学出版社,2022

　　ISBN 978-7-5760-3154-6

　　Ⅰ.①二…　Ⅱ.①凯…②赵…③钱…④陈…　Ⅲ.①政治哲学-西方国家-20世纪-文集　Ⅳ.①D095-53

　　中国国家版本馆CIP数据核字(2023)第050569号

华东师范大学出版社六点分社

企划人　倪为国

本书著作权、版式和装帧设计受世界版权公约和中华人民共和国著作权法保护

二十世纪政治哲学

编　　者　[美]凯瑟琳·扎克特
译　　者　赵　柯　钱一栋　陈哲泓
责任编辑　王寅军
责任校对　王　旭
封面设计　卢晓红
出版发行　华东师范大学出版社
社　　址　上海市中山北路3663号　邮编　200062
网　　址　www.ecnupress.com.cn
电　　话　021-60821666　行政传真　021-62572105
客服电话　021-62865537　门市(邮购)电话　021-62869887
地　　址　上海市中山北路3663号华东师范大学校内先锋路口
网　　店　http://hdsdcbs.tmall.com
印　刷　者　上海盛隆印务有限公司
开　　本　700×960　1/16
印　　张　21.625
字　　数　211千字
版　　次　2023年6月第1版
印　　次　2023年6月第1次
书　　号　ISBN 978-7-5760-3154-6
定　　价　88.00元
出　版　人　王　焰

(如发现本版图书有印订质量问题,请寄回本社客服中心调换或电话021-62865537联系)

上海市版权局著作权合同登记 图字:09-2018-784 号